管理学——理论、实务、案例、实训

易善安／刘春玲／著

张瑞夫／主审

中国商业出版社

图书在版编目(CIP)数据

管理学:理论、实务、案例、实训/易善安,刘春玲著.—北京:
中国商业出版社,2018.12
ISBN 978 - 7 - 5044 - 9635 - 5

Ⅰ.①管… Ⅱ.①易…②刘… Ⅲ.①管理学—教材

Ⅳ.①C93

中国版本图书馆 CIP 数据核字(2018)第 293687 号

责任编辑:蔡 凯

中国商业出版社出版发行

010 - 63180647   www.c - cbook.com

(100053   北京广安门内报国寺 1 号)

新华书店经销

涿州市荣升新创印刷有限公司印刷

*

787×1092 毫米   1/16 开   17.75 印张   320 千字

2018 年 12 月第 1 版   2018 年 12 月第 1 次印刷

定价:56.00 元

* * * *

(如有印装质量问题可更换)

前　言

　　管理学是人类在认识社会、了解社会的漫长过程中实践经验的积累、概括和总结，是人类智慧的结晶，是近当代史上发展最迅猛、对经济社会发展影响最重大和深远的一门应用型学科。正如美国著名管理学家彼得·德鲁克所说："在人类历史上，还很少有什么比管理学的出现和发展更为迅猛，对人类具有更为重大和更为激烈的影响。"

　　以提高组织绩效为主旨的管理学是专门研究管理活动的基本规律和一般方法的科学。事实上，由于组织活动性质的千差万别，要找到并掌握一条"放之四海而皆准"的理论和"包治百病"的良方确实有相当大的难度——或许根本就不存在。这是由于，一方面，管理活动本身是一个十分复杂的过程，往往涉及多学科的知识及复杂的管理者、被管理者和人这个各种组织的基本构成单元。而更重要的是，在管理学科发展的过程中，古今中外丰富的管理实践孕育了浩如烟海的管理理论和管理学派，其赖以生存的土壤和理论假设在具有不同文化背景的国家或地区、具有不同业务活动性质的各类组织中有着天壤之别，或许也恰恰由此才形成管理学界"中国学美国、美国学日本、日本学中国"的怪象。

　　我们编写此书的动因就是试图在作者多年从事管理教学和研究的基础上，结合当下转型中的中国及其组织的现状，从人类丰富的管理思想宝库中为有志于从事管理工作并决心提升管理技术的大中专院校的学生，特别是那些把培养生产、服务、管理一线需要的、具有较高理论和技能的复合性人才为己任的高等职业技术学院，提供一部本系统、全面、实用、内容丰富的教材，同时也为那些刚刚走上管理岗位的管理者提供一部得心应手的实用参考书——我们虽然不能给你整个世界，但却希望给你一把打开世界管理知识宝库的钥匙。因此，在本书编写过程中，我们力求做到理论结合实际、博采众长，充分吸收国内外管理理论和最新研究成果；在语言上力求深入浅出、循序渐进；在内容取舍与安排上，力求做到体系完整、重点突出、简明扼要；在形式和结构编排上，力求做到新颖独特、引人入胜。我们希望你学习本书的过程能成为一次赏心悦目而又收获颇丰的愉快之旅。

本书由易善安、刘春玲共同编写。其中易善安负责大纲拟定，刘春玲负责结构安排、体系设计和修改定稿工作，张瑞夫教授对全书进行了审校。各章节的编写分工如下：易善安编写模块一、模块二、模块三、模块四和模块五，刘春玲编写模块六、模块七、模块八、模块九、模块十和模块十一。

编者在写作过程中直接或间接地参阅和借鉴了国内外大量的有关专著、教科书和论文，因数量众多，难以一一列举，在此一并致谢。

由于作者水平所限，书中缺点、疏漏和错误在所难免——尽管我们一直在努力。衷心希望广大读者不吝赐教，以便今后再版时修订。

作　者

2018 年 12 月于常州

目　录

第一篇

基础篇

模块一

管理导论

学 习 目 标

认识管理学的定义;熟知谁是管理者;理解管理的特性与职能。

导 入 案 例

H公司行为科学应用

H公司是一家电器生产企业,多年来在市场上有不俗的表现,消费者也颇为认可。

1990年,公司张总经理因年龄已大,身体也不好,所以提出了辞职退休的要求。董事会再三挽留不住,只得另外聘任年轻有为的李志强先生为公司新的总经理。临别时,张总告诉他的后任李志强先生:"我们公司过去之所以取得良好的业绩,在市场的竞争中保持了相当大的优势和市场份额,全依赖公司员工上下一条心,有很强的凝聚力;只要万众一心,就没有战胜不了的困难。希望李总千万不要忘了这一点。"对于张总的一番话李志强颇为赞同,深感自己责任重大,因为自己过去虽然也做过一些高级管理工作,但大都与业务有关,如何激励员工保持凝聚力的确未曾很好实践,也缺乏经验。

李志强走马上任后对公司的各方面情况作了调查研究,召开一些各职能部门管理人员、公司一般员工的座谈会了解情况。一个月后,一个增强企业内部和谐氛围、增强员工协作与努力的方案在李志强的脑海中形成了,于是他召开总经理办公会议,诸副总们、部门经理们一起讨论其方案。

"各位同事,经过一个月的了解,我感到H公司的确是在各方面都有骄人业绩,管理方面尤其突出,这些成绩的取得的确应归功于全体员工上下一条心,把公司看作是自己的家,把公司的事业看作是自己的事业来努力。这方面我们应该继续下去,过去各种好的做法不变,大家可以大胆地按照原来的惯例进行工作。

"我也注意到成绩的背后,还有一些问题尚未解决,例如,员工间、部门间因工作产生的纠纷近来时有出现。"纠纷出现是正常的,问题是解决的方法。我们原来采用的方法是由上级或上级部门裁决，裁决后尽管纠纷各方面都表示服从，但我知道其中一定有一方心中不痛快或不服气，如果长此以往，必定会使我们公司凝聚力强、上下一条心的集体精神遭到破坏。把青蛙扔进开水锅里它倒死不了，因为它能马上会跳出来；而把青蛙放进温水里慢慢加热，它则会在不知不觉中送了命。为此，我们提出一个解决员工间、部门间工作纠纷的新方案。具体地说，就是纠纷双方自己坐下来协商解决，即自我管理。"

望着下属们不解的目光，李志强清了一下喉咙继续说："公司专门设一大房间，注意，该房间我特请心理学家和行为科学家来布置。凡发生工作纠纷的各方请自动一起到那个房间坐一坐，我相信，最终一定是各方心情愉快，纠纷圆满解决。"

李志强的话刚结束，下面就像开了锅，大家议论纷纷，好像天方夜谭一般，充满了迷惑。"这样吧，我先带大家参观一下这个房间，然后我们再接着开会。"李志强笑嘻嘻地说着，起身招呼大家跟他走。大家来到了那间神秘的大房间，有一位工作人员打开了门，让大家进去。

原来这个大房间被分隔成了四小间，一间套一间。进入大房间先得进第一小间，第一小间迎面立着的一个屏风上装有一大块玻璃镜，绕过镜子几步就进入第二小间；第二小间的门口挂着一个大沙袋，非得推着它人才能进去；第三小间的墙上挂满了公司历年所获各种奖状、公司优秀员工的事迹与照片、公司各年业绩的图示等；第四小间就是几个沙发和小桌椅，旁边还有可自取的咖啡、茶、饮料等，似乎就是一个小会议室。另外，还有一扇门可供外出。

李志强带着他们回到会议室，这下可好了，大家议论开来……（案例来源：徐国良，王进主编.企业管理案例精选解析［M］.中国社会科学出版社，2009）

项目一 ——认识管理学

一、管理的科学定义

管理是人们在一定组织环境下所从事的一种智力活动，随着共同劳动的出现而出现。人们在共同劳动中为有效地达到一定目标，需要有管理的活动，以组织人们有效劳动与生存发展，因此，管理是共同劳动和社会组织的产物。由于共同劳动和社会组织的普遍存在，管理成为了人类社会中最普遍的行为之一。大到国家，小到班组、商店等，无一不需要有效管理。

什么是管理？仁者见仁、智者见智，主要有以下几种观点：

◆赫伯特·西蒙，诺贝尔经济学奖获得者，他认为"管理就是决策"指出了管理的实质与核心。

◆孔茨对管理的定义是："管理是在正式组织起来的团体中，通过他人并同他人一起把事情办妥的艺术。"与此类似的提法有："管理可以定义为通过人们把事情办成。"

◆法国著名管理学家法约尔等则定义为："管理，就是实行计划、组织、指挥、协调和控制。"

◆我国学者的普遍性定义为："管理就是根据计划，进行指挥、监督和调节。凡是许多人在一起共同劳动的单位，都需要有管理。"

◆我国台湾学者认为："管理，就是研究如何将人力与物力投向于一个动态的组织之中，使达成目标，使得接受服务者得到最大的满足；对内还要使得提供服务者不但士气高昂，而且在工作上感到有所成就。"

从以上分析可以看出两点：一是对管理的概念有不同见解，二是对管理所涵盖的内容有不同理解。

管理的实践与发展表明，管理的三元素（人、物、组织）观点更为全面，反映管理的现实世界。我国大庆油田的成功管理经验表明，只有处理好人与物的关系，管理才能更有效地发挥作用。管理将"人尽其才"与"物尽其用"相结合，才能获得最大的经济效益。

综合各种观点，对管理的理解是：管理是管理者或管理机构，在一定范围内，通过计划、组织、控制、领导等工作，对组织所拥有的资源（包括人、财、物、时间、信息）进行合理配置和有效使用，以实现组织预定目标的过程。这一定义有四层含义：第一，管理是一个过程；第二，管理的核心是达到目标；第三，管理达到目标的手段是运用组织拥有的各种资源；第四，管理的本质是协调。

二、管理学的特点

一般说来，管理学具有以下几个特点。

（一）一般性

管理学区别于"宏观管理学"和"微观管理学"，是研究所有管理活动中共性原理的基础性理论学科。因此，管理学是各门具体的或专门的管理学科的共同基础。

（二）综合性

管理学的综合性表现为：在内容上，需要从社会生活的各个方面以及各种不同类型组织的管理活动中概括和抽象出对各门具体学科都具有普遍指导意义的管理思想、原理和方法；在方法上，需要综合运用现代社会科学、自然科学和技术科学等成果，来研究管理活动中普遍存在的基本规律和一般方法。管理活动是复杂的活动，影响因素多种多样。除生产力、生产关系外，还包括自然因素，以及政治、法律、心理等社会因素。因此，要做好管理工作必须考虑到组织内外部的多种因素，利用经济学、数学、工程技术学、生理学、仿真学、行为科学等研究成果和运筹学、系统工程、控制论、电子计算机等最新成就，对管理进行定性的描述和定量的预测，从而研究出行之有效的管理理论。因此，管理学既是一门交叉学科或边缘学科，但从它综合利用多种学科的成果发挥作用来看，又是一门综合性学科。

（三）历史性

任何一种理论都是实践和历史的产物，管理学也是如此。管理学是对前人管理实践、经验和思想、理论的总结和发展。

（四）实践性

管理学是为管理者提供有效管理的理论、原则和方法的实用性学科，需要通过经济效益和社会效益等来加以衡量。因此，管理学要结合实际，既要借鉴国外先进经验，又要总结我国自己的经验，使管理学更好地为社会主义现代化建设服务。

三、管理的重要地位与作用

（一）管理在现代社会中的地位和作用决定学习管理学的必要性和重要性

科技进步决定着社会生产力水平，从而推动社会发展。但是，仅有先进的科学技术，没有先进的管理水平，科学技术就无法得到推广和有效运用。因此，当代普遍认为，先进的科学技术和先进的管理科学是推动现代社会发展的"两个车轮"，缺一不可。还有人认为，管理与科学和技术三足鼎立，是现代社会文明发展的三大支柱之一。国外学者普遍认为，19世纪经济学家特别受欢迎，而从20世纪40年代以后却是管理人才的天下。这些都表明管理在现代社会中占有重要地位。

（二）学习管理学是提高各级主管人员管理能力的重要途径

我国管理水平滞后，有些管理者片面地认为仅仅凭借权威、直觉和经验就能从事管理工作。管理知识来源于经验，其包括直接经验和间接经验，直接经验是主管人员在亲身管理实践中获得的，间接经验是通过学习他人经验获得的。主管人员要提高自己的管理能力，必须把这两种经验结合起来，而学习管理学正是获得他人成功经验最有效、最快捷的途径。

（三）未来的社会更需要管理

管理是人类不可缺少的活动，随着未来社会共同劳动的规模日益扩大，分工协作更加精细，社会化大生产日趋复杂，管理就显得更加重要了。在人类经历了农业革命、工业革命两个文明浪潮后，以新技术为主要特征的"第三次浪潮"不久将会袭来。可以预测，全新的技术、高速度的发展必将需要一套更科学的管理体制，使新技术、新能源、新材料充分发挥作用。

项目二 谁是管理者

管理者在组织中履行职能时要扮演哪些角色？在扮演这些角色的过程中，管理者需要具备哪些技能？

一、管理者的角色

亨利·明茨伯格的研究表明，管理者在组织中扮演十种角色，可归纳为三类：人际角色、信息角色和决策角色如图 1 - 2 - 1 所示。

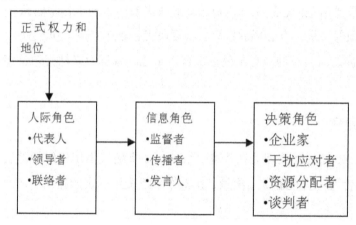

图 1 - 2 - 1　管理者的角色

资料来源：Henry Mintzberg . The Manager's Job ：Folklore and Fact, Haruard Business Review . March - April 1974, pp. 49 - 61.

（一）人际角色

人际角色直接产生于管理者的正式权力基础之上。管理者在处理与组织成员或其他利益相关者的关系时，主要扮演三种人际角色，即代表人、领导者和联络者。

有时管理者行使代表人的角色，行使一些具有礼仪性质的职责，如出现在社区集会上、参加社会活动，或宴请重要客户等。

由于管理者对所在组织的成绩负有重要责任，所以必须扮演领导者角色。对这种角色而言，管理者和员工需共同努力工作来确保组织目标的实现。

管理者须扮演组织联络者的角色。管理者无论是在组织内部，还是在和外部利益相关者的关系中，都起着联络者的作用，需要有敏锐的洞察力，从而建立起良好的关系网络。

（二）信息角色

在信息角色中，管理者负责确保和自己一起工作的人具有足够的信息，以便顺利完成工作。管理者的责任性质决定的，管理者既是所在单位的信息传递中心，也是组织内其他工作小组的信息传递渠道。整个组织的人员依赖于管理结构和管理者以获取或传递必要的信息，以便完成工作。

管理者必须要扮演的一种信息角色是监督者角色。作为监督者，管理者持续关注组织内外环境的变化以获取对组织有用的信息。管理者通过接触下属来收集信息，并从个人关系网中获取对方主动提供的信息。根据这种信息，管理者可以识别工作小组和组织潜在的机会和威胁。

在作为传播者的角色中，管理者把他们作为信息监督者所获取的信息分配出去。作为传播者，管理者把重要信息传递给工作组成员。管理者有时也向工作组隐藏特定信息。更重要的是，管理者必须保证员工有必要的信息，以便切实有效地完成工作。

管理者所扮演的最后一种信息角色是发言人角色。管理者必须把信息传递给单位或组织以外的个人。

（三）决策角色

在决策角色中，管理者处理信息并得出结论。如果信息不用于组织的决策，这种信息就丧失了其应有的价值。管理者做出决策，让工作小组按照既定的路线行事，并分配资源以保证计划的实施。

管理者所扮演的一种决策角色是企业家角色。在前述的监督者角色中，管理者密切关注组织内外环境的变化和事态的发展，以便发现机会。作为企业家，管理者对所发现的机会进行投资以利用这种机会，如开发新产品、提供新服务或发明新工艺等。

管理者所扮演的第二种决策角色是干扰应对者角色。一个组织不管被管理得多好，在运行过程中总会遇到或多或少的冲突或问题。管理者必须善于处理冲突或解决问题，如平息客户怒气、同不合作的供应商进行谈判或调节员工间争端等。

作为资源分配者，管理者决定组织资源用于哪些项目。组织资源不仅包括财力资源或设备，也包括其他类型的重要资源。例如，对管理者的时间来说，当管理者选择把时间花在这个项目而不是那个项目上时，实际上也是在分配一种资源。除时间以外，信息也是重要的资源，管理者是否在信息获取上为他人提供便利，通常决定了项目的成败。

管理者所扮演的最后一种决策角色是谈判者角色。对所有层次管理工作的研究表明，管理者把大量的时间都花费在了谈判上。管理者的谈判对象包括员工、供应商、客户和其他工作小组等，以便确保朝着组织目标迈进。

二、管理者的技能

管理者在行使五种管理职能和扮演三类角色时必须具备以下三类技能。

（一）技术技能

技术技能是指"运用管理者所监督的专业领域中的过程、惯例、技术和工具的能力"。如监督会计人员的管理者必须懂会计知识。管理者未必是技术专家，但需要具备足够的技术知识和技能，以便指导员工和组织任务等。

技术技能对于不同层次管理者的重要性如图1-2-2所示。由图1-2-2可知，技术技能对基层管理最重要，对中层管理较重要，对高层管理则相对不那么重要。

（二）人际技能

人际技能（人际关系技能）是指"成功地与别人打交道并与别人沟通的能力"。包括对下属的领导能力和处理不同小组间关系的能力，以便树立团队精神。管理者作为小组成员，其工作能力取决于人际技能。

人际技能对于不同层次管理的重要性大体相同，如图1-2-2所示。

（三）概念技能

概念技能是指"把观点设想出来并加以处理以及将关系抽象化的精神能力"。具有概念技能的管理者能够把握工作单位之间、个人之间和工作单位以及个人之间的相互关系，了解组织行动的后果，正确行使五种管理职能。概念技能为管理者识别存在的问题、拟订可供选择的解决方案、挑选最好的方案并付诸实施提供了便利。

概念技能对于不同层次管理的重要性如图1-2-2所示。由图1-2-2可知，概念技能对高层管理最重要，对中层管理较重要，对基层管理较不重要。

图1-2-2　各种层次管理所需要的管理技能比例

项目三 管 理 的 特 性 与 职 能

一、管理的自然属性

管理的出现是由人类活动的特点决定的。如果没有管理，一切生产、交换、分配活动都不能正常进行，劳动过程就会混乱或中断，社会文明难以继续。正如马克思所说："一切规模较大的直接社会劳动或共同劳动，都或多或少地需要指挥，以协调个人的活动，并执行生产总体的运动——不同于这一总体的独立器官的运动——所产生的各种一般职能。一个单独的提琴手是自己指挥自己，一个乐队就需要一个乐队指挥。"由此可见，管理是人类社会活动的客观需要。

管理也是社会劳动中的一种特殊职能。管理寓于社会活动之中，所以它是一般职能，但就管理职能本身而言，由于社会的进化、分工的发展，早在原始社会就有专门从事管理职能的人从一般社会劳动中分离出来，如有人专门从事围猎、有人专门从事农业一样。人类社会经过几千年的发展，出现专门从事国家管理的政治家和行政官员，从事军队管理的军事家和军官，从事商店、工厂、银行管理的店主、厂长、银行家等。据估计，在全体就业人员中，至少30%~40%的人专门从事各类管理工作，他们的职能就是协调人们的活动，而不是直接从事物质或精神产品的生产。因此，管理职能早已成为社会劳动过程中不可缺少的职能。

管理也是生产力。任何社会、企业的生产力是否发达，取决于它所拥有的各种经济资源、生产要素是否得到了有效利用，取决于人的积极性是否被充分发挥，两者都依赖于管理。在同样的社会制度下，企业外部环境基本相同，企业内部条件如资金、设备、人员素质和技术水平等基本相同，经营结果却千差万别，其他社会组织也有类似情况，其原因也在于管理。不同的领导者采用不同的管理思想、管理制度和管理方法，管理效果明显不同。同样，科学技术也需要有效管理，才能转化为生产力。

管理的上述性质并不以人的意志为转移，也不因社会制度、意识形态的不同而有所改变，这是一种客观存在，所以，我们称为管理的自然属性。

二、管理的社会属性

管理是为了达到预期目的而进行的具有特殊职能的活动。谁的预期目的，什么样的预期目的？实质上就是"为谁管理"的问题。管理是为统治阶级、生产资料占有者服务的。管理是一定社会生产关系的反映。国家的管理、企业的管理，以及各种社会组织的管理概莫能外。以资本主义企业管理为例，马克思说："资本家的管理不仅是一种由社会劳动过程的性质产生并属于社会劳动过程的特殊职能，它同时也是剥削社会劳动过程的职能，因而也是由剥削者和他所剥削的原料之间不可避免的对抗决定的。"列宁也曾指出："资本家所关心的是怎样为掠夺而管理，怎样借管理来掠夺。"因此，资本主义企业管理的社会属性具有剥削性和资本的独裁性特点。

三、管理的职能

人类的管理活动具有哪些基本职能？管理学家提出了不同观点，自法约尔提出五种管理职能以来，有人提出了六种、七种、三种等不同观点。各种提法都是表 1 – 3 – 1 所列 14 种职能中不同数量的不同组合而已。最常见的提法是计划、组织、领导、控制。管理理论和管理实践的发展证明：计划、组织、领导、控制是一切管理活动的最基本职能。

表 1 – 3 – 1　　　　　　　　　　　　管理职能表

管 理 职 能	古典的提法	常见的提法
计划 planning	O	O
组织 organizing	O	O
用人 staffing		
指导 directing		
指挥 commanding	O	
领导 leading		O
协调 coordinating	O	
沟通 communicating		
激励 motivating		
代表 representing		
监督 supervising		
检查 checking		
控制 controlling	O	O

（一）计划

组织中所有层次的管理者，包括高层管理者、中层管理者和一线（或基层）管理者，都必须从事计划活动。所谓计划，就是指"制定目标并确定为达成这些目标所必需的行动"。高层管理者负责制定总体目标和战略，其他层次管理者为其工作小组制定经营计划。所有管理者需要制定符合并支持组织总体战略的目标，并制定出一个支配和协调所负责资源的计划，以保证实现工作小组的目标。

(二) 组织

计划的执行要靠人的合作。为了提高管理效率，根据工作要求与人员特点设计岗位，通过授权和分工将适当的人安排在适合的岗位上，用制度规定成员的职责和相互关系，形成一个有机的组织结构，使整个组织高效协调地运转。这就是管理的组织职能。

组织目标决定组织的具体形式和特点。例如，政府、企业、学校等由于组织目标不同，组织形式和特点也不同。反之，组织工作的状况又在很大程度上决定着组织的工作效率。在计划执行中，每项管理业务都需要大量组织工作，组织工作的优劣决定着计划和管理活动的成败。任何社会组织是否具有自适应机制、自组织机制、自激励机制和自约束机制，很大程度上取决于该组织结构的状态。因此，组织职能是管理活动的根本职能，是其他一切管理活动的保证和依托。

(三) 领导

计划与组织工作做好了，未必能保证组织目标的实现，因为目标的实现要依靠全体组织成员的共同努力。配备在组织机构各种岗位上的人员，由于在个人目标、偏好、价值观、工作职能和掌握信息量等方面存在差异，因此在合作中容易产生矛盾和冲突。所以，需要有权威的领导者进行领导，指导人们的行为，通过沟通增强理解、统一思想和行动，激励成员为实现组织目标共同努力。管理的领导职能也是一门艺术，贯彻于整个管理活动中。

(四) 控制

在计划执行过程中，由于受到各种因素的干扰，容易使实践活动偏离原来的计划，所以需要控制职能。控制的实质就是使实践活动符合计划，计划则是控制的标准。管理者需要及时监督计划执行情况，发现问题，分析原因，采取纠正措施。从纵向上看，各个层次的管理都要重视控制职能，越是基层管理者，控制的时效性越强，控制的定量化程度也越高；越是高层管理者，控制的时效性要求越弱，控制的综合性越强。从横向上看，各项管理活动、各个管理对象都要进行控制。实际上，无论是什么人，如果你对他放纵不管，只是给他下达计划、布置任务、给他职权和奖励而不对工作实绩进行严格检查、监督，发现问题不采取有效纠正措施，听之任之，那么这个人迟早会成为组织的累赘，所以控制与信任并不完全对立。管理中可能有不信任的控制，但绝不存在没有控制的信任。

近年来，有些管理学家逐渐将创新列为重要管理职能。由于科学技术迅猛发展、市场瞬息万变、社会关系复杂，管理者每天都会遇到新情况、新问题，因循守旧是无法应对新形势的挑战的。许多管理者成功的关键就在于创新，因此，要办好事业，大到国家改革，小到办实业、办学校等，都要敢于走创新之路。

各项管理职能的相互关系如图1-2-1所示。每项管理工作一般都从计划开始，经过组织、领导到控制结束。同时，各职能间相互渗透，控制的结果可能会导致新的计划，开始一轮新的管理循环。如此循环不息，才能把工作推向前进。创新在管理循环中处于轴心地位，成为推动管理循环的原动力。

项目四 管 理 学 的 研 究 对 象 与 方 法

一、管理学的研究对象

尽管不同企事业单位的组织工作性质、职务迥然不同，但都是由人担任管理工作，他们都是为了实现既定目标，通过计划、组织、领导、控制、创新等职能进行任务、资源、职责、权力和利益的分配，协调相互关系，这是管理工作的共性。

管理工作的共性是建立在不同管理工作的特殊性基础之上的。就管理的特殊性而言，工厂不同于商店、政府不同于军队，有多少种不同的社会组织就会有多少种特殊的问题，就会有多少种解决这些特殊问题的管理原理和管理方法，由此形成了不同门类的管理学，例如企业管理学、行政管理学、军队管理学等。专门管理学根据具体研究对象可以进一步细分，例如企业管理学分为工业企业管理学、商业企业管理学等。但是，专门管理学中包含着共同、普遍的管理原理和管理方法，这就形成了本课程——管理学的研究对象。所以，管理学是以各种管理工作中普遍适用的原理和方法作为研究对象的。各种管理学的关系如图1-4-1所示。

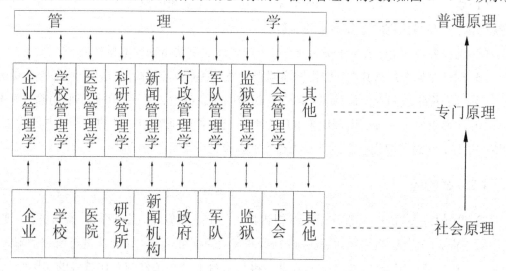

图1-4-1 管理学关系

二、管理学的研究方法

管理学研究方法基本上有以下三种：第一种是归纳法，第二种是试验法，第三种是演绎法。

（一）归纳法

归纳法就是通过对客观存在的一系列典型事物（或经验）进行观察，从掌握典型事物的典型特点、典型关系、典型规律入手，进而分析研究事物之间的因果关系，从中找出事物变化发展的一般规律，这种从典型到一般的研究方法也称为实证研究。由于管理过程较为复杂，影响管理活动的相关因素较多，人们所能观察到的往往只是综合结果，很难把各个因素的影响程度分解出来，因此大量的管理问题可以用归纳法进行实证研究。

1. 在管理学研究中，归纳法应用最广，局限性也比较明显。

（1）一次典型调查（或经验）只是近似于无穷大总体中的一个样本，因此实证研究必须对足够多的对象进行研究才有价值。如果选择的研究对象没有代表性，归纳出的结论也就难以反映出事物的本质。

（2）研究事物的状态不能人为地重复，管理状态也不可能完全一样，所以研究得出的结论只是近似。

（3）研究的结论不能通过实验加以证明，只能用过去发生的事实来证明，但将来未必是过去的再现。

2. 在运用归纳法进行管理问题的实证研究时，应注意以下几点。

（1）要弄清楚与研究事物相关的因素，包括外部环境和内部条件，以及系统的或偶然的干扰因素，并尽可能剔除各种不相关因素。

（2）选择好典型，分成若干类，分类标志应该能够反映事物的本质特征。

（3）调查对象有足够数量，即按抽样调查原理，使样本容量能保证调查结果的必要精度。

（4）调查提纲或问卷的设计要力求包括较多的信息数量，便于得出简单而明确的答案。

（5）对调查资料的分析整理应采取历史唯物主义和辩证唯物主义的方法，去寻找事物间的因果关系，切忌采取先有观点再收集材料加以论证的形而上学方法。

（二）试验法

管理中的许多问题，特别在微观组织内部，关于生产管理、工作程序、操作方法、现场管理以及工资奖励制度、组织行为、商务谈判等许多问题都可以采用试验法进行研究。即人为地为某一试验创造一定条件，观察试验结果，再与未给予这些条件的对比试验的实际结果进行比较分析，寻找外加条件与试验结果间的因果关系。如果做过多次试验，而且总是得到相同的结果,那就可以得出结论了,这里存在某种普通适用的规律性。著名的霍桑研究就是采用试验法研究人际关系的成功例子。

试验法可以得到接近于真理的结论。但是,管理中也有许多问题,特别是高层、宏观的管理问题,由于问题的性质复杂、影响因素很多,不少因素是协同作用,所以很难逐个因素孤立地进行试验,并且此类管理问题的外部环境和内部条件特别复杂,要想进行人为的重复是不可能的,例如,投资决策、财务计划、资源分配等许多问题几乎是不可能重复试验的。

(三)演绎法

对于复杂的管理问题,管理学家可以从某种概念出发,或从某种统计规律出发,也可以在实证研究的基础上用归纳法找到一般的规律性并加以简化,形成某种出发点,建立起能反映某种逻辑关系的经济模型,这种模型与被观察的事物并不完全一致,它所反映的是简化了的事实,完全合乎逻辑的推理。它是从简化了的事实前提推广得来的,所以这种方法称为演绎法。从理论概念出发建立的模型称为解释型模型,例如投入产出模型等。现代科技的迅速发展推动了管理学研究方法的现代化,特别是计算机技术的发展,管理中的各种模型,甚至几百个变量的线性规划模型都可以在计算机上进行快速运算,或进行动态模拟。计算机的应用大大促进了管理学向更加精密的方向发展。

课后案例

管理的理论流派

某大学管理学教授在讲授古典管理理论时,竭力推崇科学管理的创始人泰罗的历史功勋,鼓吹泰罗所主张的"有必要用严密的科学知识代替老的单凭经验或个人知识行事"的观点,并且宣传法约尔的 14 条管理原则。

后来,在介绍经验主义学派时,他又强调企业管理学要从实际经验出发,而不应该从一般原则出发来进行管理和研究。他还说,E. 戴尔(Ernest Dale)在其著作中故意不用"原则"一词,断然反对有任何关于组织和管理的"普遍原则"。

在介绍权变理论学派时,他又鼓吹在企业管理中要根据企业所处的内外条件随机应变,没有什么一成不变、普遍适用的"最好的"管理理论和方法。

不少学生认为,这位教授的讲课前后矛盾,要求教授予以解答。教授却笑而不答,反而要求学生自己去思考并得出结论。(资料来源:周三多编著.管理学原理 [M].南京大学出版社,2009)

重要概念:

管理 管理学 角色 技能 职能

小结:

主要介绍管理的概念和职能,管理的二重性,同时对管理学的研究对象和研究方法和管理者的角色和管理技能进行介绍。

练习与实训：

1. 在企业管理中，如何将管理原则与实践有效结合？

2. 选取当地一家熟悉的企业，了解企业的管理状态，撰写企业管理方式、方法的报告。

模块二

管理理论的演变与发展

学习目标

了解早期管理思想；了解西方管理思想的内容。

导入案例

自我改善的柔性管理

大连三洋制冷有限公司(简称大连三洋)成立于1992年9月,1993年正式投产。公司是在激烈竞争中成立的。对外,面对来自国内外同行业形成的市场压力;对内,面临如何把引进的高新技术转化成高质量产品,如何使文化程度、价值观念、思维方式等存在差异的员工,形成统一的经营理念和行为准则。因此,公司成立伊始便把严格管理作为企业管理的主导思想,强化遵纪守规意识。

随着公司的发展,原有的制度、管理思想和方法已不能完全适应企业的管理需求和员工实现精神价值的需要。面对国内外市场竞争的加剧,大连三洋如何增强自身应变能力,为用户提供不同需求的制冷机产品,已成为亟待解决的问题。因此,公司有针对性地培养和提高员工的自我管理意识,不把员工当成"经济人",而当成"社会人"和"自我实现的人",使其提升为立足岗位的自我改善行为,即自我改善的柔性管理,形成特有的经营理念和企业价值观,通过一系列改革举措,公司获利颇丰,5年利税超亿元,合资各方连续3年分红。以下是自我改善柔性管理运作的部分内容:

员工是改善活动的主体,公司从员工入厂开始,坚持进行以"爱我公司"为核心的教育、以"创造无止境的改善"为基础的自我完善教育、以"现场就是市场"为意识的危机教育。他们在研究员工危机意识与改善欲求的基础上,总结出了自我改善的10条观念:

1. 抛弃僵化固定的观念。
2. 过多地强调理由,是不求进取的表现。
3. 立即改正错误,是提高自身素质的必由之路。
4. 真正的原因,在"为什么"的反复追问中产生。

5.从不可能中寻找解决问题的方法。

6.只要你开动脑筋,就能打开创意的大门。

7.改善的成功,来源于集体的智慧和努力。

8.更要重视不花大钱的改善。

9.完美的追求,从点的改善开始。

10.改善是无止境的。

这些观念逐渐成为职工立足岗位自我改善的指导思想和自觉行为。

公司职工的自我改善是在严格管理基础上形成的。从公司创建伊始,他们便制定了严格的管理制度,当员工把严格遵守制度当成自我安全和成长需要的自觉行动时,有利于发挥员工的潜能,使制度能促进员工的发展,具有相对灵活性。

例如,"员工五准则"第一条"严守时间"后面附有这样的解释"当您由于身体不适、交通堵塞、家庭有困难,不能按时到公司时,请拨打7317375通知公司"。在这里没有单纯"不准迟到""不准早退"的硬性规定,体现出了规章制度"人性化"的一面。公司创立日举行庆典,将所有员工家属请来予以慰问。逢年过节,公司常驻外地的营销人员都会收到总经理的亲笔慰问信。"努力工作型"员工受到尊重,职工合理化提案被采纳的有奖,未被采纳的也会受到鼓励。企业与员工共存,为员工提供舒适的工作环境,不断提升员工的生活质量,员工以极大的热情关心公司发展,通过立足岗位的自我改善成为公司发展的动力。(资料来源:周三多编著.管理学原理[M].南京大学出版社,2009)

项目一 ——了解早期管理思想

一、中国早期管理思想与实践

中国有丰富的管理思想和管理实践。封建社会中央集权的国家管理制度,财政赋税的管理、官吏的选拔与管理、人口田亩管理、市场与工商业管理等方面,历朝历代都有新的发展,涌现了许多杰出管理人才,在军事、财政、文化教育等领域显示卓越的管理才能。积累宝贵的管理经验,体现出高超的管理智慧。

中国早期管理实践表现出了管理与行政相融合的特色。传统中国是典型的农业经济,行政管理是社会管理最主要模式,任何一项工程或管理活动,无不以国家或官府的名义展开,管理实践只有在同行政融合的过程中才有表现的机会。

中国传统的管理实践也是一种经验管理。管理实践的成功与否主要取决于管理者或决策者的素质高低。管理者个人的知识和经验丰富、能力强,管理就卓有成效,反之,则缺乏成效甚至失败。因此,管理实践的成功与否和个人经验分不开,是一种典型的经验管理。

（一）中国古代名家管理思想

中国古代有许多思想家，老子、孔子、商鞅、孟子等管理思想最具有代表性。

老子是先秦道家学说创始人。在他的思想体系中，不仅有深邃的哲学思想，而且涉及政治、经济、文化等诸多方面的社会及国家管理思想。诸如"道法自然""无为而治"等对中外管理思想的发展影响很大。

孔子是儒家学派创始人。孔子以仁为核心、以礼为准则、以和为目标的"以德治国"是其管理思想的精髓，成为中国传统思想的主流。

孟子是继孔子之后儒家学派的重要代表，被尊为"亚圣"。孟子性善论的人性观、施"仁政"的管理准则以及"修其身而天下平"等思想，对中国管理思想的发展作出了重要贡献。

孙子是中国著名军事家，其军事和管理思想主要体现在《孙子兵法》中。国外许多大学师生和企业家们把《孙子兵法》作为管理著作来研读。"不战而屈人之兵""上兵伐谋""必以全争于天下""出其不意，攻其不备"等思想至今仍为商界管理者们所运用。

管子是杰出政治家、军事家和思想家。他的"以人为本"的思想、"与时变"的创新精神、"德能并举"的选才标准等管理思想，无不透射出智慧之光。

（二）中国古代管理思想的基本特征

第一，把人作为管理重心。"以人为本"在中国古代管理思想中占据主导地位，强调"爱人贵民"，认为管理的成败在于用人。

第二，把组织与分工作为管理的基础。强调组织与分工是管理的基础，建立层次分明的组织体系，家庭是最基本组织形式，儒家和法家的富国富民之学都把一家一户作为单位，以男耕女织的个体农业作为社会生产的基本形式，"齐家"是管理的主要方面。

第三，强调农本商末的固国思想。重农抑商一直在中国古代思想中居于主导地位，倡导以农富国。《管子》认为，农业是富国富民的本业，商鞅主张以农固国，认为只有通过政治、经济、法律等手段把农民固定在土地上，国家才能安稳。

第四，重视义与情在管理中的价值。充满浓重的讲情讲义的管理思想，倡导"见利思义""义然后取""义，利也""兼相爱，交相利""晓之以理，动之以情""以德服人"等。

第五，赞赏用计谋实现管理目标。重视谋划，主张以谋取胜为上策，适应环境变化，善于权变，不拘泥于既定的清规戒律。

第六，把中庸作为管理行为的基准。把中庸思想作为道德标准和决策准则等。

第七，把求同视为管理的重要价值。传统管理思想凸显"求同性"，国家统一始终是当政者的追求，这种思想被扩展到了社会生活的各个方面。管理体制和思维方式比较稳定地延续着，没有发生过大的文化"断层"和更替现象。

(三)有代表性的管理实践活动

1.商鞅变法。战国时期,商鞅(约前390—338)在秦国进行了一系列改革:(1)法律上承认井田制的崩溃和土地私有合法化,促进封建地主土地所有制的形成,解放生产力;(2)按军功授爵,取消旧贵族世袭的政治特权;(3)废除分封制,建立县制,实行中央集权;(4)重农抑商,奖励耕织,禁止弃农从商,鼓励开荒,任其所耕,不限多少,以增加国家收入,促进小农经济发展,将对从事工商或闲懒贫困之人收入官府为奴;(5)统一度量衡,统一赋税。变法后,秦国加强中央管理,废除奴隶制,发展封建经济,增强军队战斗力,成为七国中实力最强国,为秦统一六国创造了条件。因此说,商鞅变法是通过改革提高国家管理水平的成功范例。

2.文景之治。西汉文、景二帝时,推行汉高祖刘邦制定的休养生息政策。汉文帝重视发展农业生产,减轻人民负担,把原来的十五税一减成三十税一。减轻人头税、徭役。奖励兴修水利,发展生产。削弱诸侯势力,加强中央集权等。景帝继续实行"轻徭薄赋",把三十税一正式定为制度。在刑罚方面,文帝废除肉刑和连坐法,对犯人全家不再一同问罪,对犯人妻、子不再罚作奴婢。景帝进一步减轻刑罚,即所谓"刑罚大省"。文景政策的实施,体现了以民为本、繁荣经济的思想,合乎封建经济发展方向,对恢复和发展生产、安定人民生活、稳定封建统治秩序起到了积极作用。

3.万里长城。长城修建在地势险峻的山巅,工程复杂浩大,技术条件有限,施工仅凭肩挑手抬,但是却折射出了古人卓越的管理智慧:第一,严谨的工程计划。对工程所需土石及人力、畜力、材料、联络等都安排得井井有条,环环相扣,保证工期不延误;第二,严格的工程质量管理。主要是工程验收制度,如规定在一定距离内用箭射墙,箭头碰墙而落,工程才算合格,否则应返工重建;第三,有效的分工制。在事先确立走向的前提下,分区、分段、分片同时展开,保证工程进度的同步性,体现有效的分工。

4.丁谓"一举三得"。宋真宗时,皇城失火被焚,宋真宗命丁谓重修皇宫。这是一项复杂工程,不仅要设计施工、运输材料,还要清理废墟。丁谓实行"一举三得"的建设方案:首先在皇宫前开沟渠,利用开沟取出的土烧砖把京城附近的汴水引入沟中,使船只运送建筑材料直达工地。工程完工后,又将废弃物填入沟中,复原大街,很好地解决取土烧砖、材料运输、清理废墟三个难题,使工程如期完成。丁谓"一举三得"重建皇宫,是典型的系统管理实践,工程建设的过程与现代系统管理思想相吻合。

二、西方早期管理思想

(一)西方早期管理思想的产生

18世纪60年代,以英国为代表的西方国家开始了第一次产业革命,生产力快速发展,管理思想与管理方法等也不断创新,出现了一批卓有贡献的思想家、经济学家和管理学家。

1.亚当·斯密的劳动分工观点和经济人观点

1776年,亚当·斯密发表《国富论》,系统阐述了其政治经济学观点,对劳动分工能带来劳动生产率的提高进行全面分析。此外,斯密认为,经济现象是由利己主义的人们活动产生的。人们在经济行为中,追求的完全是私人利益。

2.查尔斯·巴贝奇的作业研究和报酬制度

查尔斯·巴贝奇是一位精通数学、机器制造的经济学家。1832年,他发表《论机器与制造业的经济》,认为要提高工作效率必须研究工作方法,还提出了一种工资加利润的分配制度,为现代劳动工资制度的发展和完善做出了重要贡献。

3.罗伯特·欧文的人事管理

罗伯特·欧文是一位空想社会主义者。他曾在自己经营的一家大纺织厂中做过试验,提出缩短工人的劳动时间、提高工资、改善住房等。他的改革试验证明:重视人的作用,尊重人的地位,可以使工厂获得更大利润。从一定程度上可以说,欧文是人事管理的创始者。

18世纪末到20世纪初,管理学基本上处于积累实际经验的阶段,为后来泰罗等创立科学管理体系打下了良好基础,因而开始了从经验管理向科学管理的过渡。

(二)西方管理思想的逻辑体系

管理学作为一门科学,经历了近一个世纪的演变。泰罗的科学管理理论、法约尔的一般管理理论和韦伯的行政组织理论开创了管理理论的先河;梅奥的人际关系理论将管理理论与思想推向新的发展阶段;现代管理理论呈现出管理理论和思想的繁荣局面;文化知识管理理论成为20世纪管理理论与思想的里程碑。

1.古典管理理论(19世纪末至20世纪30年代):以泰罗、法约尔、韦伯为代表,人性假设是"经济人"假设,管理方法强调制度化、标准化、规模化,管理目标追求企业效率化。

2.人际关系理论(20世纪30~60年代):以梅奥为代表,人性假设是"社会人"假设,管理方法是满足员工的社会和心理需要,让员工参与管理,管理目标追求企业效率化。

3.现代管理理论(20世纪60~80年代):第二次世界大战后,进入到管理理论的"热带丛林"时期,管理科学发展重点在于运用数量分析的方法来提高决策的精确性和管理的效率,因此管理科学成为系统工程和运筹学的同一语,人性假设是"系统人"假设,管理方法是运用系统方法研究管理活动,管理目标是追求效率与效益的统一。

4.文化知识管理理论(20世纪80年代—):以威廉·大内和彼德·圣吉为代表,人性假设是"文化人"假设,管理方法倡导文化管理和知识管理,管理目标是追求综合效益和企业的可持续发展。具体如表 2 - 1 - 1 所示。

表 2 - 1 - 1　　　　　　　西方管理思想的逻辑体系

	理论	人性假设	管理方法	管理目标
西方管理思想	古典管理理论	经济人	制度化、标准化、规模化	企业的效率化
	人际关系理论	社会人	满足员工的社会和心理需要，参与管理	企业的效率化
	现代管理理论	系统人	系统方法	效率与效益的统一
	文化知识管理理论	文化人	文化管理	综合效益和可持续发展

项目二　了解西方管理思想的内容

一、古典管理理论

（一）泰罗的科学管理理论

背景资料：

19 世纪末，如何提高劳动生产率是美国工业生产中面临的突出问题，泰罗对工人的低效率感到震惊，"磨洋工"现象普遍，他认为工人的生产率只达到应有水平的 1/3。他开始尝试在车间里运用科学方法来改变这种状况。泰罗认为，如果通过工作专业化和劳动分工，使每一位工人生产每一单元产出（一件/项完成的产品或服务）花费的时间和精力有所减少，那么生产过程就会变得更有效率；能够创造最高效率的劳动分工的方式是科学管理技术，而不是凭直觉而来的简单估算。他花费 20 年时间来寻求从事每项工作的"最佳方法"。

泰罗的科学管理理论主要包括以下六个方面：

1. 确定合理的工作标准

泰罗认为，提高效率的首要问题是如何合理安排日工作量，以解决消极怠工问题。为此，泰罗在伯利恒钢铁公司进行了搬运生铁块试验：75 名工人把 92 磅重的生铁块搬运到 30 米远的铁路货车上。他们每天平均搬运 12.5 吨，日工资 1.15 美元。泰罗找一名工人进行试验，试验搬运时的姿势、行走的速度、持握的位置对搬运量的影响以及多长的休息时间为好。经过分析确定装运生铁块的最佳方法，工作效率提高，每个工人的日搬运量提高到 47 ~ 48 吨，工人的日工资也提高到 1.85 美元。

2. 工作方法标准化

这实质上同第一点是一致的，工作标准的制定必定是方法的标准化，否则就不会有一套科学而统一的操作程序。泰罗又进行了铁锹试验：当时铲运工人拿着自家铁锹上班，铁锹大小不一，公司物料有铁矿石、煤粉、焦煤等，每个工人的日工作量为16吨。泰罗发现，由于物料比重不同，铁锹的负载也大不相同。如果是铁矿石，一铁锹有38磅；如果是煤粉，一铁锹只有3.5磅。经过试验，确定一铁锹21磅对工人最适合。泰罗针对不同的物料设计出形状和规格不同的铁锹，工人根据物料情况从公司领取标准铁锹，工作效率大大提高，堆料场工人从400～600名降为140名，平均每人每天的操作量提高到59吨，工人日工资从1.15美元提高到1.88美元。

3. 合理配备工人

泰罗主张科学选择工人。为了提高劳动生产率，必须为工作挑选第一流的工人，根据工人的具体能力安排恰当的工作。

4. 差别计件工资制

为了激励工人努力工作、完成定额，泰罗提出差别计件工资制。内容包括：(1)通过对工时的研究和分析，制定出一个定额或标准。(2)根据工人完成工作定额的不同，采用不同的工资率。如工人完成定额的80%，则只按80%付酬；超定额完成120%，则按120%付酬。这就是所谓的"差别计件工资制"。(3)工资支付的标准依据表现而不是职位。即根据工人的实际表现而非工作类别来支付工资。泰罗认为，实行差别计件工资制会大大提高工人的劳动积极性，从而提高劳动生产率。

5. 实行职能工长制

泰罗主张把计划职能从工长的职责中分离出来，设立专门的计划部门。计划部门制定计划，工长负责执行。工长之间按职能分工，一个工长只承担一项管理职能。每个工长在其业务范围内有权监督和指导工人的工作。明确职能，有利于提高劳动生产率，但也存在着各职能工长间的协调问题，出现工人同时接受几个职能工长的领导的情况。

6. 例外管理

泰罗认为，小规模的企业可采用上述职能管理方式，大规模的企业就不能只依靠职能管理，还需运用例外管理。他认为，企业的高级管理人员把例行的一般的日常事务授权给下级管理人员去处理，自己只保留对例外事项的决定权和监督权。泰罗认为：如果一个大企业的经理几乎被办公桌上的大量信件和报告淹没，而且每一种信件和报告都被认为要他签字或盖章，那么这样的情景是极其可悲的。

科学管理理论一经提出便风靡世界，成效显著，以至于亨利·福特最初应用它们造就了福特汽车王国。

任何事物都有两面性，客观而言，科学管理理论也有片面性和局限性，如该理论把人视为提高生产效率的工具，忽略人本身发展的需要；把人看作是纯粹的"经济人"，认为人的活动仅仅出于个人的经济动机，忽视企业成员之间的交往及感情、态度等社会因素对生产效率的影响。

(二)法约尔的一般管理理论

背景资料:

法约尔与泰罗的不同之处在于他们所站的角度不同。法约尔认为,对一个高层管理者而言,重要的才能不是技术而是管理的技能。他首次提出管理职能概念,确立了管理的基本原则。

1. 企业的基本活动和管理的五种职能

法约尔认为,任何企业都存在着六种基本活动,这些活动统称为经营。六种基本活动是技术活动、商业活动、财务活动、安全活动、会计活动和管理活动,管理只是六种活动中的一种,管理活动指计划、组织、指挥、协调和控制,即管理的五种职能。

2. 管理的十四项原则

法约尔认为,正如宗教需要教规约束教徒的行为一样,管理也需要用"管理原则"作为管理者行动的指南。法约尔根据自己的管理经验总结出了十四条原则:分工、权责相等、纪律、统一指挥、统一领导、个人利益服从整体利益、报酬合理、集权与分权(集中化)、等级链、秩序、公平、人员稳定、首创精神和团结精神。

十四条原则在管理中具有重要意义,但在管理工作中又不是绝对和死板的东西,其中有一个度的问题,关键在于了解其真正的本质,并能灵活地应用于实践。

(三)韦伯的行政组织理论

背景资料:

1. 权力和权威是组织形成的基础

韦伯认为:任何社会组织的管理都必须以某种形式的权力为基础,社会存在的权力分为三种类型:

(1)合法合理的权力:社会公认的、法律规定的权力。对这种权力的服从是绝对的,没有普通百姓和领袖、官员之分。这种权力是由依照一定法律而建立的一套等级制度赋予的,对这种权力的服从就等于对确认的职务或职位权力的服从。

(2)传统的权力:是由历史沿袭下来的惯例、习俗而规定的权力。对这种权力的服从是绝对服从统治者,因为它具有沿袭下来的神圣不可侵犯的权力地位(犹如帝王的权力一样)。

(3)神授的权力(个人崇拜式的权力):是指以对某人特殊、神圣的、英雄主义或模范品质的忠诚热爱与崇拜为依据而规定的权力。

总之,对各种权力的服从是由于追随者对领袖人物权力的信仰和信任。根据对权力的分类,韦伯在描述其理想行政组织体系时使用的是合法合理的权力。

2. 理想的行政组织体系的特点

所谓"理想的"并不是最合乎需要的,而是指组织的"纯粹形态",在实践中出现的可能是各种组织形态的混合,这个理想的行政组织机构只是便于进行理论分析的一种标准模式。韦伯将理想行政组织体系的特点归纳为：

(1)明确的分工；

(2)责权分明、层层控制的等级系统；

(3)人员的任用；

(4)管理人员专职化；

(5)遵守规则和制度；

(6)组织中人员的关系。

通常我们把以泰罗、法约尔、韦伯三位学者为代表的理论称为古典管理理论，通过以上讲述可以找出其内在的逻辑体系：即人性假设是"经济人"假设，管理方法是强调制度化、标准化、规模化，管理的目标是追求企业的效率化。

二、人际关系理论

以泰罗为代表的科学管理理论的广泛应用，大大提高了劳动效率。但这些理论侧重于生产过程、组织控制方面的研究，强调科学性、精密性、纪律性，对人的因素很少关注，把工人当作机器的附属品，不是人在使用机器，而是机器在使用人，激起工人的强烈不满，迫使资产阶级不得不重视企业管理中的人际关系，于是，20世纪20年代产生了人际关系理论，以后又发展为组织行为理论。

人际关系理论代表人物是埃尔顿·梅奥(Elton Mayo,1880—1949年)。梅奥是原籍澳大利亚的美国行为科学家，主要著作有《工业文明中的人类问题》(1938年)、《工业文明中的社会问题》(1945年)。

梅奥对人际关系的研究源于霍桑实验。1924—1932年，梅奥在美国芝加哥郊外的霍桑工厂进行了一系列实验。工厂拥有2.5万名工人，专营电话机和其他电器设备，具有较完善的娱乐设施、医疗制度和养老金制度，按道理工厂的劳动生产率应该较高，但现实并非如此，工人们有着强烈的不满情绪，生产率很低。为了探究原因，美国国会组织了由多方面专家组成的小组进驻工厂，开始实验。最初，实验目的是考察工作条件与生产率之间是否存在直接的因果关系。8年的霍桑实验大体分为四个阶段：工作场所照明试验阶段、继电器装配室试验阶段、大规模访谈阶段和接线板接线工作室试验阶段。梅奥等逐渐认识到，人们的生产效率不仅受到生理方面、物质方面等因素的影响，而且受到社会环境、社会心理等方面的影响。这个结论意义深远，对"科学管理理论"只重视物质条件而忽视社会环境、社会心理对工人的影响来说是一个重大修正。人际关系理论的主要内容如下：

1.职工是"社会人"的假设

古典管理理论把人假设为"经济人"，认为人是追求最大经济利益的理性动物，工人工作是为了追求最高的工资收入。而梅奥则把人假设为"社会人"，认为工人并非单纯追求金钱收入，还有社会心理方面的需求，如追求人与人之间的友情、安全感、归属感和受人尊重等。

2. 满足工人的社会欲望，提高工人的士气，是提高生产效率的关键

古典管理理论认为，良好的物质条件一定能够促使生产效率的提高。梅奥认为，生产效率提高的首要因素并不是包括经济刺激在内的物质条件的变化决定的，而是由工人的共同态度即士气的变化决定的。工人的满足度越高，士气越高，生产效率也就越高。

3. 企业内存在非正式组织

古典管理理论只承认正式组织，把正式组织看作是达到最高效率的唯一保证。梅奥认为，在企业中除正式组织外，还存在非正式组织。非正式组织与正式组织有很大差别。在正式组织中以效率的逻辑为重要标准，而在非正式组织中则以感情的逻辑为重要标准。梅奥认为，非正式组织的存在并不是一件坏事，它同正式组织相互依存，对生产率的提高有很大的影响。

4. 存在霍桑效应

对于新环境的好奇与兴趣会导致较佳的成绩，至少在最初阶段如此。如何保持霍桑效应，也是管理学和每个管理者都应重视和研究的问题。

人际关系理论以梅奥为代表，内在逻辑体系是：人性假设是"社会人"假设，管理方法是满足员工的社会和心理需要，让员工参与管理，管理目标还是追求企业的效率化。

梅奥人际关系理论的贡献在于，克服古典管理理论的不足，奠定行为科学的基础，为管理思想的发展开辟新的领域。但也存在局限性，如过分强调非正式组织的作用；过多强调感情的作用，似乎职工的行动主要受感情和关系支配；过分否定经济报酬、工作条件、外部监督、作业标准的影响等。

横向比较泰罗的科学管理理论和梅奥的人际关系理论可以看出：科学管理理论把职工视为"经济人"，认为他们追求个人的经济利益，他们只是一些机械、被动的生产要素（会说话的机器），视为一个个孤立存在的个体，忽视人的感情因素的作用，忽视他们是群体中的一员，不可避免地受群体的影响，受社会环境的影响。人群关系理论则看到人都有各自的需要、欲望和感情，作为一种"社会人"，他们的需要、欲望和感情同他们所处的群体及社会环境有着密切联系，而这些需要、欲望和感情又制约着人的行为，进而制约着生产效率。

如前所述，科学管理以金钱为唯一诱因，以效率逻辑为行为准则，人群关系理论则主张重视人的心理满足，以感情逻辑为行为准则。科学管理强调合理的分工和对组织的控制，人群关系理论则强调对人群行为的激励与协调。由此可见，由科学管理到人群关系理论，实质上是从一种以物为中心的"物本"管理到以人为中心的"人本"管理的转变与发展，而融合了管理文化的以人为本的管理思想，在知识经济时代具有特别重要的意义。

三、现代管理理论

第二次世界大战后，随着科学技术的发展、生产和组织规模的扩大，生产力飞速发展，社会化程度日益提高，不同学科的科学家加入到管理理论的研究中来，他们用不同的方法对管理问题进行多方位研究，形成了众多管理学派，我们形象地称为管理理论的"热带丛林"。最初，美国管理学家哈罗德·孔茨将这些理论划分为6大学派，后来，他认为6大学派已不能概括管理学派的所有观点，又在原有基础上增至11个学派。其实，划分学派是为了便于理论上的归纳和研究，并非意味着彼此独立、截然分开，他们在内容上相互影响，彼此交叉融合。

此阶段，管理科学的发展重点在于运用数量分析的方法来提高决策的精确性和管理的效率，因此管理科学成为系统工程和运筹学的同一语，此时期理论的人性假设是"系统人"假设，管理方法是运用系统方法研究管理活动，管理目标是追求效率与效益的统一，如表2-2-1所示。

表2-2-1　　　　　　　　　**主要的管理学派的代表人物及其主要观点**

学派名称	代表人物及其代表作或突出贡献	学派的理论观点
管理过程学派	孔茨、奥唐奈《管理学》	①管理是由相互关联的职能所构成的一种程序；②管理的职能与程序是有共性的；③对管理职能的分析可归纳出管理原则，用于指导实践
权变理论学派	伍德沃德《工业组织：理论和实践》；劳伦斯、洛希《企业分类研究法》	①组织和成员的行为是复杂的、变化的，因此，管理不可能存在一种通用程序，它完全依环境、自身的变化而变化；②管理的规律性与方法应建立在调查、分类的基础之上
经验主义学派	德鲁克《管理的实践》、《管理：任务、责任、实践》；戴尔《伟大的组织者》；彼德斯等	①管理的理论知识解决不了现实问题，充其量只是过时的经验；②管理的科学应建立在目前成功或失败的企业管理经验之上，对它们调查、概括、抽象，最后提出建议
行为科学学派	马斯洛需要层次论，赫兹伯格双因素理论，麦格雷戈人性假设，布莱克领导方格理论	①管理之本在于人，要探索人类的行为规律，善于用人，善于激励人；②强调个人目标与组织目标的一致性，调动积极性要考虑人的需求；③企业应恢复人的尊严，实行民主参与管理，启发职工的创业、自主精神
系统管理学派	卡斯特《系统理论和管理》，约翰、罗森茨韦克	①企业是一个开放的系统，由多个职能子系统构成，并与环境保持协调；②企业组织是一个完整的系统、结构与运行机制；③管理靠系统性实现
决策理论学派	西蒙《管理决策新学科》，马奇	①管理的关键在决策；②决策是一个复杂的过程；③决策分程序化决策与非程序化决策；④决策的满意行为准则；⑤管理是设计决策系统

主要的管理学派的代表人物及其主要观点

管理科学学派	伯法《现代生产管理》；布莱克特，丹齐克，丘奇曼等	①尽量减少决策中的个人成分，尽量以数量方法客观描述；②决策依据尽量以经济效果为准；③尽量使用数理方法与计算机
企业战略学派	安索夫公司战略，波特竞争战略，欧迈《制胜要素》	①企业经营之魂在于正确的战略，战略是一种指导思想与行为的准则；②战略是一个协调环境与自身能力的全局性决策过程

四、文化知识管理理论

这一时期以威廉·大内和彼德·圣吉为代表，人性假设是"文化人"假设，管理方法是倡导文化管理和知识管理，管理目标是追求综合效益和企业的可持续发展。

1. 威廉·大内的 Z 理论

威廉·大内（William Ouchi）是美国加利福尼亚大学的日裔管理学教授，这使他在研究美日两国差异时具有很大优势，代表作是 1981 年出版的《Z 理论——美国企业界怎样迎接日本的挑战》。

大内的最大贡献在于通过比较研究美日管理方式，提出有关组织发展的 Z 理论，Z 理论结合美国企业特点，又融合日本管理方法，得到美国企业管理的赏识，被视为一种新兴的企业文化——Z 文化。

大内把美国企业管理模式称为 A 组织管理模式，把日本企业管理模式称为 J 组织管理模式，进行横向比较分析后，发现在每个重要的方面两者恰恰是对立的，J 组织雇佣的特点如下：

（1）J 组织实行终身雇佣制；

（2）对雇员进行缓慢的评价和升级；

（3）雇员从普通员工到管理人员走非专业化道路；

（4）企业对员工的控制是含蓄的，以员工对企业的认同感为基础；

（5）企业的决策是集体决策，因而也有集体对此负责；

（6）形成整体关系。

A 组织雇佣的特点：

（1）A 组织雇佣的特点是短期；

（2）雇员的流动性迫使企业采取迅速评价和升级的办法；

（3）企业对员工的专业化程度要求高，因而员工走的是一条专业化道路，管理人员具有很高的专业水平，但仅限于自己的部门；

（4）企业对员工的控制更多地靠具体的规章和制度，是明确的；

（5）企业的决策是个人决策，个人负责；

（6）形成一种局部关系。

由此可见，A组织注重硬管理、形式管理、理性管理和外显管理，管理显得生硬、机械、正式化，缺乏软性、人性、整合力差，组织凝聚力也差。而J组织注重软管理、整合管理、人性管理和隐形管理，因而管理具有有机性、非正式性、软性、人性，注重经营思想、组织风气、企业文化、人才开发、情报和技术开发能力等"软件"建设。组织精神上统一，士气高昂，能应对变化。因此，大内认为应该取长补短，以美国文化背景为依据，吸收日本企业的长处，形成一种既有高效率又有高度职工满足感的企业组织，他称这种企业组织为Z组织管理模式。它具有以下特点：

（1）企业对职工的雇佣是长期的，不是短期的。职工有了职业的保障就会关心企业的利益和成长。

（2）采取下情上达的经营管理模式。决策可能是集体做出的，但最终要由一个人对这个决策负责，基层管理人员不是机械地执行上级的命令。

（3）统一思想主要靠中层管理人员对各种建议和意见进行调整统一。

（4）上下级关系比较融洽。平等主义是Z组织的核心特点。

（5）企业管理层在要求职工完成生产任务时也使职工在工作中得到满足。

（6）职工能得到多方面的经验，走非专业化道路。

（7）对职工的考察是长期且全面的。

2. 彼德·圣吉的学习型组织

美国著名的《财富》杂志报道：自20世纪80年代起每年有30家企业从英雄榜上淘汰。现代公司的平均寿命只有40年，比人的寿命还要短。

为什么会出现这种现象呢？据分析，一个人才荟萃的组织未必是具有最强竞争力的组织，所有组织成员的高学历也不能保证企业经营的成功。现代组织中仅有个人素质的提高是不够的，还需提升组织的素质，只有组织具有高素质，人才才能在组织中充分发挥其个人竞争力。

如何提升整个组织的素质呢？就要建立一种新型的组织——学习型组织。《财富》杂志指出，要抛弃那些陈旧的领导观念，20世纪90年代最成功的企业组织将是那些基于学习型组织的公司。

系统阐明学习型组织内涵的主要人物是彼德·圣吉（Peter M. Senge）。其1990年出版代表作《第五项修炼》（学习型组织的艺术与实务），1994年又推出《第五项修炼》的续集。

学习型组织的学习内容就是圣吉提出的五项修炼。五项修炼实际上就是五项技能，这是人一生要学习与实践的计划内容，包括：

（1）自我超越（Personal Mastery）。是指学习如何扩展个人的能力，创造出我们想要的结果，并且塑造出一种组织环境，鼓励所有成员自由发展，实现自己选择的目标和愿望。

（2）改善心智模式（Improving Mental Models）。是指要持续不断地澄清、反省以及改进我们内在的世界图像，并且检视内在图像如何影响我们的行动与决策。

（3）建立共同愿望（Building shared Vision）。是指针对我们想创造的未来，以及我们希望据此达到目标的原则和实践方法，发展出共同愿景，激发大家对共同愿景的承诺。

（4）团队学习（Team Learning）。是指转换对话及集体思考的技巧，让群体发展出超乎个人才华总和的伟大知识和能力。

（5）系统思考（Systems Thinking）。是指思考及形容、了解行为系统之间相互关系的方式，帮助我们看清如何才能更有效地改变系统，以及如何与自然及经济世界中最大的流程相调和。

在这五项修炼中，圣吉把第五项修炼视为核心，认为它是整合其他各项修炼成一体的理论与实质，不断提醒人们融合整体能得到大于各部分加总的效力，这也是此书得名的由来。

五项修炼的实质是要提升组织的素质，所以组织要不断地学习，经过学习—修炼—提升，是强化组织竞争力的必由之路。

本模块重要概念：

科学管理理论 一般管理理论 人际关系管理理论

本模块小结：

系统介绍中国古代和西方古代主要的管理思想，同时对泰罗和法约尔的古典管理理论进行介绍。

练习与实训：

1. 对泰罗和法约尔的古典管理理论进行对比分析？

2. 在企业管理中，科学管理理论与实践是如何结合的？

3. 举例说明人际关系管理理论的实际应用？

4. 选取当地一家熟悉的企业，了解企业管理思想的运用，撰写企业如何运用西方管理思想的报告。

第二篇

职能篇

模块三

计划管理

学习目标

认识计划;掌握如何按步骤制定计划;如何进行目标管理;学会计划的方法,并学会实际应用。

导入案例

乔森家具公司五年目标

乔森家具公司是乔森先生在 20 世纪中期创建的,主要经营卧室和会客室家具。随着公司规模的发展和扩大,20 世纪 70 年代,公司又进一步经营餐桌和儿童家具。1975 年,乔森退休,他的儿子约翰子承父业,不断拓展卧室家具业务、扩大市场占有率,使得公司产品深受欢迎。1985 年,公司卧室家具方面的销售量比 1975 年增长近两倍。但公司在餐桌和儿童家具的经营方面却困境重重。

公司自创建之日起便规定,每年 12 月召开一次公司中、高层管理人员会议,研究讨论发展战略和有关政策。1985 年 12 月 14 日,公司又召开例会,会议由董事长兼总经理约翰主持。约翰在会上首先指出公司存在的员工思想懒散、生产效率不高的问题,对此进行了严厉的批评,要求迅速扭转局面。同时,他还为公司制定了五年的发展目标。具体包括:

1. 卧室和会客室家具销售量增加 20%;

2. 餐桌和儿童家具销售量增长 100%;

3. 总生产费用降低 10%;

4. 减少补缺职工人数 3%;

5. 建立一条庭院金属桌椅生产线,争取五年内达到年销售额 500 万美元目标。

这些目标主要是想增加公司收入,降低成本,获取更大的利润。公司副总经理托马斯跟随乔森先生工作多年,了解约翰董事长制定这些目标的真实意图。尽管约翰开始承接父业时对家具经营还颇感兴趣,但后来他的兴趣开始转移,试图经营房地产业。为此,他努力寻找机会想以一个好价钱将公司卖掉。为了提高公司的声望和价值,他准备在近几年狠抓经营,改善公司的绩效。

托马斯副总经理意识到自己历来与约翰董事长的意见不一致，因此在会议上没有发表什么意见。会议结束后，大部分与会者都带着冷淡的表情离开会场。托马斯有些垂头丧气，但他仍想会后找董事长就公司发展目标问题谈谈自己的看法。（资料来源：周三多，陈传明，鲁明泓编著.《管理学——原理与方法》第三版，复旦大学出版社，1999.6）

项目一　认识计划

"好的开始是成功的一半""一年之计在于春""计划不如变化快"……这些日常生活中耳熟能详的谚语基本上代表了人们对计划功能的基本认识。而在管理学中，"计划"具有更加丰富的内涵：计划不仅是对某项工作或任务的规划，也是决策的组织落实过程，将组织在一定时期内的活动任务分解下达给具体的部门或个人，从而为组织目标的实现提供依据和保证。

一、计划的定义

计划有狭义和广义之分。

狭义的计划，指制定计划的过程，即对某项工作或任务制定出特定的解决方案。

广义的计划，则包含制定计划，以及在执行计划过程中检查计划执行情况，对原始计划加以适当修改和调整多个环节的发展过程。即根据社会的需要和组织自身的能力，通过科学预测，确定在未来一段时期内组织所要达到的目标以及实现目标的方法。换句话说，计划就是在工作实施之前以及工作实施过程当中，结合主客观因素，不断地寻找实现目标的最有效途径的动态过程。

计划是管理的首要职能，是组织管理工作实施的开端。

二、计划的基本要素

在日常生活中，人们以各种方式灵活地使用"计划"，大到规划自己的人生，小到安排一天的琐事，通过制定各种计划达到提高办事效率的目的。这些计划未必都郑重其事地体现在书面上，没有什么固定程式可言，甚至仅仅是一闪而过的念头，但"行为处事，计划先行"的理念普遍存在于人们生活的各个领域。

相比之下，作为管理职能的"计划"，必须体现管理的权责对等原则，因而通常具有比较严格正规的形式。计划中所涉及的各项工作内容、各个工作环节都必须明确落实和界定。总体而言，计划应具备七项基本要素，即 5 个"W"和 2 个"H"：

1. What——做什么，即明确工作的内容和目标。

制定计划的第一步，是清楚地认识到即将进行的工作内容和工作目标分别是什么；对于整个组织来说，要把握组织整体的发展方向、确定要达到的总目标；对于组织的各个部门和机构来说，要准确地理解工作分工和相互协作方式；对于组织中的个人来说，要明确自己的本职工作和具体工作任务。例如，生产计划要确定生产哪些产品、生产多少、生产进度等。

总之，只有确保组织中的各个层次都有明确的工作的内容和目标，才能确保组织成员各负其责，工作才能有的放矢。

2. Why——为什么做，即计划中各项工作进行的原因和意义。

"为什么做"是要解决组织中全体成员的认识问题。只有使全体成员对组织的计划产生认同感，使其认为计划是有意义的，才能够从思想上激发他们的工作热情，从而激发他们的创造性。组织应当使员工形成这样的理念：我所从事的本职工作必须做好，我要为自己和公司负责；不是拿了应得的薪酬，却想办法偷懒；不把工作忙看成负担；尽心尽力地工作，在工作中体会生活的充实感，享受生活的满足感。

通过一定的方式有效地向员工传达"为什么做"这个问题，可以起到统一意志、鼓舞士气的作用。

3. Who——谁去做，即每项工作和任务都要落实到具体人员。

根据组织成员的知识结构、工作能力、业务水平、性格特点、兴趣爱好等因素以及组织工作的具体内容和情况，将计划中的各项任务科学分解、责任到人，明确各部门之间、员工之间的协作关系等。例如，新产品开发，既要确定主要部门，又要确定协助部门等。合理地解决"谁去做"的问题，可以有效避免权责不明、赏罚不公、多头领导等管理误区。

总之，将每项工作和任务落实到具体部门和具体人员是现代管理追求效率的要求，也是实现权责对等的必要条件。

4. When——何时做，即工作以及不同环节进行的时段、起止时间、工作进度、周期、工期等时间指标。

"时间就是金钱"，在瞬息万变的信息时代，市场竞争日趋激烈，各种组织，尤其是营利性组织对"何时做"这一问题予以更多关注。对时间的有效利用，对未来市场的准确把握，可以为企业带来巨大的商机和利益。与之相应的企业员工的工作节奏，甚至是工作时间以外的生活节奏，都充满了要与时间赛跑的气势。

无论是组织还是员工个人，都习惯于通过制定各种时间计划为未来的一周、一月、一年甚至几十年的发展方向做一个直观的计划图解。

5. Where——何地做，即确定工作的地域范围、地点和场所等。

地域、地点和场所的差异，决定制定计划必须对环境条件和限制因素有一个清楚的认识，以便合理地安排计划实施的空间组织和布局。例如，在销售计划中，需要考虑产品的销售地点、消费群体的分布等因素;生产计划需要确定原材料的供应地、交通运输、劳动力的价格等因素。

一般而言,对于各种地域、地点以及场所的限制因素了解越透彻,计划方案的确定就越客观、科学。

6. How to do——怎样做,即确定实施计划所采用的具体方式和手段。

在生产性企业中,"怎样做"就是在分析产品性质、原材料供应、工作的具体环节等相关因素的基础上,调配人力、物力,确定具体采用的方法及工具。此外,还要进一步预测计划实施过程中可能出现的变故和问题,分别提出相应的多个应变方案。

7. How much——投入是多少,即计划实施所需要消耗的人力、物力、财力等资源。

现代组织的管理活动所要解决的主要问题就是如何使有限的资源发挥最大的效应,或者说是如何通过最小的投入实现既定的目标。可以说,以上所有计划基本要素的制定情况和效果最终将综合体现到"投入"这一指标上。这里所说的"投入"包含人力、物力、财力等多项资源在内。因此,一个完整的计划最终都应该以一个预算的形式量化表示出来。

以上的 5 个"W"和 2 个"H",就是正式组织的管理工作中在制定计划时所必须具备的基本要素。当然,在某些具体的计划中,这些因素并非都以明确的形式出现,某些要素可能是"默认"的,但从根本上说,以上内容是一项完整计划所必不可少的基本要素。

三、计划的性质

计划工作是管理活动中的一个基础且先行的工作。管理者对于计划的性质应当有一个明确认识。概括说来,计划主要具有五方面的性质,即目的性、预见性、环约束性、可行性、创新性。

1. 目的性

任何组织或个人制定计划都是为了有效地达到某种目标。在计划工作开始之前,这种目标还不十分具体,计划就是开始于这个不具体的目标。而在计划执行的过程中,对于目标的定位会越来越具体、越来越客观。

例如,某百货公司的经理希望明年的销售额和利润额有较大幅度的增长,就是一个不明确的目标,而在此后的一些相关工作的基础上,公司目标将越发明确,相应的就会再制定一个确定的目标,比如,销售额增长 20%、利润额增长 15%。

2. 预见性

预见性是计划最明显的特点之一,因为计划不是对已经形成的事实和状况的描述,而是在行动之前对未来行动、任务、目标、方法、措施等所做出的预见性确认。但这种预想不是盲目、空想的,而是以外部环境因素以及组织的实际条件为基础,以现有成绩和问题为依据,对今后的发展趋势做出科学预测之后做出的。例如,产品开发计划的制定必然是以对新产品性能以及目标市场的消费情况的充分了解为前提的。

可以说,预见是否准确,决定了计划的成败。

3. 约束性

计划一经通过、批准或认定，在其所指向的范围内就具有了约束作用，例如，在之前提到的计划的基本要素中，一旦确定"做什么""谁去做""何时做"等内容，就对相关人员及其工作范围、工作进度等有了约束。在计划范围内，无论是集体还是个人，都必须按照计划的内容开展工作和活动，不得违背和拖延。因此，计划本身也是此后将要学习的"控制活动"的重要依据和工具。

4. 可行性

计划工作的任务，不仅是保证目标的实现，而且要保证从众多备选方案中选择最优的方案。可行性是和预见性紧密联系在一起的，预见准确的计划，在现实中才真正可行。如果目标定得过高、措施无力实施，那么这个计划就是空中楼阁；而反过来说，目标定得过低，措施方法都没有创见性，实现起来虽然很容易，可并不能取得有价值的成就，那也算不上有可行性。

5. 创新性

计划工作是针对未来可能出现的新问题和新变化、新机会而做出的，因而计划本身也是一个创造性的管理过程，例如新产品开发计划、工程设计等。计划工作所面临的不确定性因素越多，就需要计划的制定者对新情况进行充分的分析、归纳，进行准确的逻辑推理。计划也因此体现了制定者的智慧和创造力。

四、计划的类型

按照不同的分类标准，可将计划分为以下多种类型。

1. **按照适用时间的长短，可分为长期计划、中期计划、短期计划。**

长期计划，是指确定和预测组织在未来较长时期（通常是三年以上、五年或十年）的发展方向和方针，以及规定组织各部门从事某种活动所应达到的目标和要求，制定组织的长期发展蓝图，例如我国的"五年计划"。长期计划的制定对于保证组织发展的方向具有重要意义，正所谓"人无远虑，必有近忧"，一个好的管理团体通常都会投入大量的精力研究制定组织的长远计划。

中期计划，一般是指一年以上、三年以下时间范围内的计划。是根据长期计划提出的长远目标和要求，结合计划期内的实际情况制定的更加具体的阶段性计划。

短期计划，是指时间范围在一年以内的计划。是对长期计划和中期计划的具体落实，有明确的实施步骤、方法及措施，具有很强的操作性。具体还可以称为年度计划、季度计划、月份计划等。

2. **按照计划的逻辑层次不同，可分为战略计划、施政计划和作业计划。**

战略计划，是指由组织中的高层管理者制定的，用于指导组织整体发展方向和长远目标的计划。战略计划与长期计划相类似，不同的是，长期计划往往有一个具体的时间范围，例如，五年或十年；战略计划通常以问题为中心，难于确定具体的时间范围，例如，我国的西部大开发政策，在制定的时候并没有明确指出这一政策实施的具体时间。

施政计划，一般是由组织的中层制定的，它将战略计划转变为明确的目标和政策，有明确的时间限制。施政计划通常会按照年度分别制定。

作业计划，通常是由基层管理者或技术人员制定的，与工作内容本身密切相关的计划，是根据施政计划的具体目标而出台的具体的作业步骤、方法和措施，例如，业务流程、作业方法、操作规范等。

此外，还有其他的分类方式，例如，按照指挥性的强弱不同，可分为指令性计划、指导性计划；按照计划的形式不同，可分为宗旨型计划、目标型计划、战略型计划、政策型计划、程序型计划、规则型计划、规划型计划、预算型计划等；按照其所指向的工作和活动的领域不同，可分为工作计划、学习计划、采购计划、分配计划、财务计划等；按照计划适用范围的不同，可分为国家计划、地区计划、部门计划等；按照涉及面的不同，可分为综合性计划和专题性计划。

上述对计划的分类方法，各有侧重，相互重叠，使用每一种方法对计划进行划分都没有绝对的标准，只是为了便于管理者根据各自组织的实际情况，从不同的角度来区分计划的层次。上述方法在管理实践中应当灵活运用。

项目二 怎样按步骤制定计划

计划职能是管理的首要职能，计划对于组织的各项管理活动具有指导性意义，会对之后的其他管理工作产生一连串的连锁反应，因此计划的制定工作举足轻重。

一、计划制定的基本要求

通常，计划的制定需要满足以下基本要求：

1. 计划制定应以科学为本。
2. 计划制定应当适度超前。
3. 计划制定应具有灵活性。
4. 计划各环节应具连续性。

此外，计划的制定还应当满足提高效率、权责明确等要求。

二、计划制定的基本原理

计划制定过程中可以遵循以下基本原理：

1. 限定因素原理

限定因素，是指妨碍目标得以实现的因素。在其他因素不变的情况下，抓住这些因素，就能实现期望的目标。限定因素原理就是指在计划工作中，越是能够了解，或找到对目标起限制性和决定性作用的因素，就越能准确、客观地选择可行方案。

2. 许诺原理

许诺原理，是指任何一项计划都是对完成某项工作所做出的许诺，许诺越大，所需的时间越长，因而实现目标的可能性就越小。

计划工作期限的长短需要根据所承担任务的多少而定，一般来说，承担者的任务越多，计划工作的期限就越长，反之就会缩短。工业上常用的投资回收率就是该原理的具体应用。

3. 灵活性原理

灵活性原理，是指计划工作中体现的灵活性越大，则由于未来意外事件引起损失的危险性就越小。

灵活性原理需要制定计划时有灵活性，即留有余地。对于主管人员来说，灵活性原理是计划工作中最主要的原理。当承担的任务重、目标期限长的情况下，灵活性便显示出它的作用了。当然，灵活性只是在一定程度内是可行的。国外现在也多强调实行所谓的"弹性计划"，即能适应变化的计划。

4. 改变航道原理

改变航道原理，是指计划工作为将来承诺得越多，主管人员定期检查现状、预期前景，以及为保证所要达到的目标而重新制定计划就越重要。

计划制定出来后，计划工作者就要管理计划，使计划顺利实施，必要时可根据当时的实际情况做出检查和修订。改变航道原理与灵活性原理不同，灵活性原理则是使计划本身具有适应性，而改变航道原理是使计划执行过程具有应变能力。为此，计划工作者应经常检查计划，重新制定计划，以此达到预期的目标。

三、计划编制的步骤

计划职能是管理的最基本职能。任何计划工作的步骤都是相近的，依次包括以下内容：

1. 估量机会

估量机会，是在实际的计划工作开始之前就着手进行，是对将来可能出现的机会加以估计，并在清楚全面地了解这些机会的基础上进行初步探讨。严格说，估量机会不是计划工作过程的组成部分，但却是计划工作的真正起点，要在估量机会的基础上确定可行性目标。

2. 确定目标

计划工作的第一步是在估量机会的基础上，为组织及其所属的下级单位确定计划工作的目标，即组织在一定时期内所要达到的效果。

确定目标通常应包括:指导资源最合理的分配;充分发挥全体职工的积极性和潜力;达到经营活动的最佳效果;促进组织内部团结一体,对外享有良好的声誉。

组织目标的制定,必须考虑:满足并保证国家的要求;了解和掌握社会动向、用户要求,以满足社会需要;考虑并体现出本组织长期计划的要求;掌握本组织上年度目标达成情况及存在的问题。

3. 确定前提

计划工作的第二步是确定前提,并加以宣传。前提是指计划工作的假定条件,即执行计划时的预期环境。预期环境是靠预测得来的,预测的范围应尽量广泛。计划前提的确定应该选择那些对计划工作具有关键性的、有战略意义的、对计划执行情况最有影响的因素。

4. 拟定备选方案

一个计划往往同时有几个可供选择的方案,要将可供选择的方案的数量逐步减少,对一些最有希望的方案进行分析。

5. 备选方案评估

按照前提和目标来权衡各种因素,以此对各个方案进行评价。

6. 确定方案

选择方案就是选择行为过程、正式通过方案,这是做决策的关键,有时可能会采取两种方案。

7. 制定派生计划

派生计划是总计划下的分计划,是主计划的基础,只有派生计划完成了,主计划才有保证。

8. 用预算形式使计划数字化

通过数字来大体反映整个计划。预算可以成为汇总各种计划的工具,是衡量计划工作进度的重要标准。

由于管理的环境是动态的环境,管理活动是个发展变化的过程,计划是作为行动之前的安排,因此计划工作应是一种连续不断的循环。制定计划的各个步骤在具体进行的时候,不一定严格按照上述顺序,可能要在多次的反复以后才能够最终确定。这体现了计划的动态性特征。

项目三 如何进行目标管理

20 世纪 50 年代,美国管理学家彼得·德鲁克在《管理的实践》一书中首先提出了目标管理的思想。他强调,在影响企业健康发展的所有方面都必须建立目标,在目标管理中要实行自我控制。德鲁克提出的目标管理思想,得到了理论界和企业界的强烈反响,在很多企业中都得到了推广。

一、目标概述

我们常说人生需要有明确的目标。因为只有明确了目标，一个人才能够产生动力。如果目标非常渺茫或者目标很混乱，人的行为也将失去方向。在组织的管理中，目标具有同样重要的意义。

1. 目标的概念

目标，是指一个组织根据其任务和目的确定在未来一定时期内所要达到的成果或结果。

目标是一个组织各项管理活动所指向的终点，每一个组织都应有自己的目标。尽管不同的组织有不同的目标，但有一点共同的，那就是追求效率。如果一个组织不能始终做到这一点，就会逐渐丧失自己的存在价值。同时，目标也是管理活动追求的结果。组织正是通过目标来引导人们的行动并考核行为结果的。

企业目标是在分析企业外部环境和内部条件的基础上确定的企业各项活动的发展方向和奋斗目标，是企业经营思想或经营宗旨的具体化。企业目标为企业决策指明了方向，是企业计划的重要内容，也是衡量企业经营成效的标准。

课堂案例：企业目标如何确定

企业目标如何定位，有一个发展的过程。传统的企业目标定位在"利润最大化"；现代企业由于普遍实行现代企业制度，更加注重在企业的稳定发展中寻求"长期稳定的利润"，或如有些学者提出的"适当的利润""满意的利润"；第二次世界大战以后，顾客至上的企业目标日益普及。

德鲁克提出，企业目标唯一有效的定义就是"创造顾客"。他认为，只强调利润会使企业迷失方向，以至于危及企业的生存，因为企业可能为了今天的利润而危害了明天。所谓"创造顾客"，意味着企业管理应着眼于有效地调动资源，满足顾客对企业的不同要求，取得他们的支持和理解，才能实现长期稳定和发展。

目前，现代企业的目标越来越多地融入了社会责任的内容。比如，环境保护、社会责任、公益事业等。（资料来源：徐国良，王进主编. 企业管理案例精选解析［M］. 中国社会科学出版社，2009）

讨论：

企业目标的确定为什么会发生上述的变化？

你认为未来企业目标的发展趋势是什么？

2. 目标的作用

（1）目标可以为管理工作指明方向。

（2）目标具有激励组织成员的作用。

（3）目标是进行考核的重要标准。

3. 目标的确定

(1)确定组织的目标应坚持以下原则：

①统一性；

②系统性；

③预见性；

④科学性；

⑤应变性。

(2)确定目标应注意以下问题：

确定目标的依据，即对计划所要解决问题的实质、特点与范围要有明确的了解与认识；

目标的约束条件，即目标的确定有一定的附加条件，例如，产品的质量与品质结构是产品产量与利润的前提条件；又如，资源的限制、政策法规等前提条件与附加条件就是约束条件。

多目标问题的处理，复杂问题的目标往往不止一个，这就需要妥善处理，一个办法是尽量综合与合并，把一些次要目标变为约束条件，一个办法是把各目标按重要性进行排序，把精力先集中于重要的目标，然后再注意次要的目标。

目标的冲突问题，上下级之间的目标冲突，要下级服从上级，同级的冲突应该协商解决。

目标的衡量标准，要合理地确定目标的衡量标准，要注意定量的标准和定性的标准，要提高定量化衡量标准的应用。

4. 目标的特性

(1)层次性和网络性

管理组织是分等级、分层次的。组织的总体目标确定之后，围绕着总目标就要依次确定下级各个分目标、子目标，而且，各等级、各层次的目标之间构成了目标与手段的关系。

各等级、各层次的目标之间彼此相互关联、相互影响，并相互支持，形成一个整体的目标网络。即目标之间左右关联、上下贯通、彼此呼应，融汇成一个整体。组织内各目标之间也只有形成了网络，才能保证组织目标的更有效实现。

(2)明确性和精确性

目标应当能够定性或定量地描述出来，应尽可能是特定而又易于量度的指标。

问题：试比较以下两个目标：(a)"制造高素质的产品"；(b)"将产品的可靠程度增至99.99%"。

分析：

前者意思含糊。目标需要一针见血，避免使用意思含糊的字句。中国香港电灯有限公司的服务指标就是一个好例子，例如，在电话查询服务方面，其指标是使电话查询平均轮候时间"少于10秒"；至于客户中心柜位提供的服务，其指标则是使柜位服务平均轮候时间"少于5分钟"。

（3）先进性和可行性

目标应当既实际而又具有挑战性。

正是由于现在这个跳一跳、够得着的高度，才使得篮球成为一个世界性的体育项目，引得无数体育健儿奋斗不已，也让许许多多的爱好者乐此不疲。这就是篮球架原理。

篮球架子的高度启示我们，一个"跳一跳、够得着"的目标最有吸引力，对于这样的目标，人们才会以高度的热情去追求。要想调动人的积极性，就应该设置有着这种"高度"的目标。如果目标很容易达到，就会缺乏挑战性，失去激励员工的作用；但如果目标比登天还要难，则会令员工放弃争取。

（4）时限性

目标的实现不是无限期的，而是应当在确定的期限内完成。这里可以做一个简单的说明，甲说要在一年内赚取 100 万元，乙则说要在 5 年内赚取 100 万元，由于两人制定的期限不同，意义也有所不同。时限性体现了计划的效率原则。

与计划的分类相似，以时间为标准同样可以将目标划分为长期目标、中期目标和短期目标。短期目标一般指年度目标，它是实现中长期目标的基础。但是，各个短期目标的实现不一定就能保证长期目标的顺利实现。因为，有时为了长远利益不得不牺牲眼前利益，因此，管理者要注意目标在时间上的衔接，使各时期的目标协调一致。

（5）主次性

目标具有多等级层次，以及多种多样的目标网络，这一特点可能使管理者如何安排实现目标的行动成为困难。为此，就要将目标做主次之分。管理者应该将其主要资源用于主要目标的实现上，目标的主次性是从目标的重要程度上划分的。在主要目标之下是组织的高层目标。高层目标不是组织内某一部门要完成的目标，而是整个组织及所有部门的共同目标。实际上，组织的高层目标可建立在下列多个项目上，例如：

市场地位（market standing），从生产产品的多样性及市场占有率来量度。

创新（innovation），创新可增加公司的应变能力及竞争力。产品及服务的不断改良、发展是企业组织的运作目标。

生产力、物质及财政资源运用（physical and financial resources），企业投入的资源包括人力、资金、厂房或土地、物料及机械等，用作日常营运。这些资源的控制和配合得当，也是企业的目标之一。

盈利（profitability），一般来说，商业机构都以盈利为首要目标。很多上市公司的表现是否理想，可从盈利中看得到。至于公营机构，也很注重成本效益。

管理层的表现（management performance），一般上市公司的管理层都会受到股东监管，股东可在股东大会上透过表决弹劾管理层的表现。

员工表现（employee performance），员工表现可从员工的客观生产力反映出来，衡量标准包括制成品的数量及质量、考勤、出勤率及个别员工所接获的投诉等。

社会责任(social responsibility),企业除了可以对社会作出贡献外,还可以建立企业在公众心目中的形象。

至于中层目标则是组织内主要部门或单位的目标。组织必须首先完成中层目标,才能达到高层目标。另外,组织要求次要部门、小组或个别员工达成的目标称为低层目标。这些目标一般是简单而且易于量度的,例如"增聘30名人手""每月要接到20宗订单""下个月每名员工加班两小时"等。

(6)考核性

目标如果不能考核,就失去了存在的意义。最便于考核的目标是定量目标,但不等于说定性目标不能考核。定性目标可以通过具体说明时间规定、成果要求等加强其可考核性。

能将目标与报酬联系,管理人员可对完成既定目标的员工加以奖赏,以作为一种激励。奖赏的方式可以是加薪、晋升或发放奖金等。

【管理寓言】

合理地进行目标定位——石匠的故事

一个人经过一个建筑工地,问那里的石匠在干什么。三个石匠的回答分别是这样的:

第一个石匠回答:"我在做养家糊口的事,混口饭吃。"

第二个石匠回答:"我在做最棒的石匠工作。"

第三个石匠回答:"我正在盖世界上最好的学校。"

这故事告诉我们:如果我们用"自我期望""自我启发"和"自我发展"三个指标来衡量这三个石匠,我们会发现第一个石匠的自我期望值太低。在职场上,此人缺乏自我启发的自觉和自我发展的动力。第二个石匠的自我期望值过高,在团队中,此人很可能是个特立独行、"笑傲江湖"式的人物。第三个石匠的目标才真正与工程目标、团队目标高度吻合,他的自我启发意愿与自我发展行为才会与组织目标的追求形成和谐的合力。

管理大师德鲁克曾说:"目标管理改变了经理人过去监督部属工作的传统方式,取而代之的是主管与部属共同协商具体的工作目标,事先设立绩效衡量标准,并且放手让部属努力去达成既定目标。"此种双方协商一个彼此认可的绩效衡量标准的模式,自然会形成目标管理与自我控制。

目标管理的核心是,建立一个企业内的目标体系,全体员工各司其职、各尽其能,推进组织目标的达成。在一个企业的目标体系中,总经理的目标、部门经理的目标、车间主任的目标是各不相同的,但他们的目标都和企业整体目标息息相关。企业整体目标的实现,有赖于各部门目标的顺利实现。

一个优秀的管理团队,必然会制定一个合理的企业目标,把这个目标分解成一系列的子目标,并把这个目标落实到每一个员工的行为中去。

拿破仑曾经说过:"一个不想当元帅的士兵不是一个好士兵。"士兵有雄心壮志,有非常高的自我期望当然是好事。但是一个总想着当元帅的士兵,却未必是连长需要的部下。在企业中，自我期望值过高的员工通常很难融入团队，也不能充分施展才能。

我们常听到管理者要求下属们"各司其职，各尽所能"。可是如果员工、经理人不清楚自己的目标，你怎么要求他司其职、尽其能呢？

从目标管理的方法来看，我们就发现第三个石匠的回答正是企业所需要的。但更严格地说，他的回答仍然有目标不够明确之嫌。如果他能说出他是在做教堂的门柱或者穹顶，那么他对自己的目标就更明确了。当然，要石匠更清晰地知道自己的目标，恐怕责任不在石匠，而是在石匠的上司了。

二、目标管理概述

当组织的目标确定以后，组织的各项管理活动就要围绕这个目标而展开。目标管理就是以预期目标为核心而展开各项事务的管理方法和理念。这一理念最典型的特点就是"有的放矢"。

1. 目标管理的定义

目标管理是组织依据外部环境和内部条件的总和平衡，确定一定时期内要达到的目标，并以此明确个人的主要责任领域，在实现目标过程中主要靠自主管理和自我控制，最终根据目标的实现程度考核每个成员的贡献，并进行激励、控制的管理方法。简单地理解，目标管理就是以有效实现预定目标为中心进行管理的一种方法。这种方法的主要含义为：

（1）目标管理追求工作效果，是轻过程而重结果的管理方法；

（2）目标管理是一种综合的科学管理方法，把"作业为中心"的管理和"以人为中心"的管理结合起来使人对工作产生兴趣、自我控制和实现自身价值；

（3）目标管理是一种立体、多维的管理体制，即目标层层展开、逐级落实；

（4）目标管理不同于传统的责任制。

目标管理的理论基础是科学管理理论和行为科学理论。科学管理理论重视工作的效率，而忽视人的主观能动性；行为科学则偏重于对职工思想和行为的研究。德鲁克提出的目标管理，是将"以工作为中心"和"以人为中心"这两种管理思想统一起来，把两者有机结合起来。他认为，任何企业都是一个协作体，要把个人的努力凝结成为集体共同的努力，企业的目的和任务，必须化为目标，企业的各级管理者必须通过这些目标对下级进行领导，以此来达到总目标。

目标管理的基本特点，是通过目标体系的建立与对职工的充分授权，来保证一个企业拥有自我管理的工作环境。它通过激励职工去发现工作的兴趣和价值，在工作中自我发展、自我控制，在享受个人成就感的同时保证企业的高效率，或者说，是高效率地实现个人目标和企业目标。

2. 目标管理产生的背景

目标管理是美国著名管理学家德鲁克的首创，1954 年，他在《管理实践》一书中首先提出了"目标管理与自我控制"的主张，随后在《管理——任务、责任、实践》一书中对此做了进一步阐述。德鲁克认为，并不是有了工作才有目标，而是有了目标才能确定每个人的工作。所以"企业的使命和任务，必须转化为目标"，如果一个领域没有目标，这个领域的工作必然会被忽视。

因此，管理者应该通过目标对下级进行管理，当组织高层管理者确定了组织目标后，必须对其进行有效分解，转变成各部门以及各个人的分目标，管理者根据分目标的完成情况对下级进行考核、评价和奖惩。如果没有方向一致的分目标指示每个人的工作，则企业的规模越大、人员越多、专业分工越细，发生冲突和浪费的可能性就越大。企业每个管理人员和工人的分目标就是企业总目标对他的要求，同时也是员工对企业总目标的贡献。只有完成好每一个目标，企业的总目标才有完成的希望，而分目标又是各级领导人员对下属人员进行考核的主要依据。

3. 目标管理的发展

目标管理的理念提出以后，便在美国迅速流传。在第二次世界大战后各国经济由恢复转向迅速发展的时期，企业急需采用新的方法调动员工积极性以提高竞争能力，目标管理的出现可谓应运而生，于是被其广泛应用，并很快为日本、西欧和其他国家的企业所仿效，在世界范围内大行其道。

在实践应用过程中，目标管理理论也在不断发展：美国著名经营顾问西勒的《根据结果的管理》被美国企业广泛应用，日本企业也积极引进，并取得了巨大成功；Y 理论对目标管理的贡献，更加强调人的作用，发挥潜能、自我控制、实现目标；美国哈佛大学管理专家莱文森于1970 年发表《根据谁的目标进行管理》，强调了目标与工作之间的关系，更加重视人的作用，丰富了目标管理的基本内容。

三、目标管理的实施过程

目标管理实施过程一般可以分为目标建立、目标分解、目标控制、目标评定与考核四个阶段。

1. 目标建立

目标建立是目标管理实施的第一阶段，这一阶段要做的事情就是目标的建立和分解。建立企业目标首先要明确企业的使命宗旨，并结合企业内外环境决定一定期限内的工作具体目标。

传统的目标设定过程是单向的，由上级给下级设定目标，即由企业领导者设定，然后分解成各级目标，最后落实到个人目标。现代管理学提倡参与制定目标设定法，要求企业员工参与目标的设立。常用的有自上而下的目标制定法和自下而上的目标制定法。

在目标建立过程中要注意以下问题：

(1)目标要略高于企业当前的生产经营能力，保证企业经过一定努力能够实现。

(2)目标要保证质与量的有机结合，尽可能量化企业目标，确保目标审核的准确性。

(3)目标期限要适中。

（4）目标数量要适中。

2. 目标分解

把企业的总目标分解成各部门的分目标和个人目标。要使所有员工都乐于接受企业的目标，明确自己应承担的责任。

在目标分解中要注意以下几点：

（1）目标体系要逻辑严密，纵横成网络，体现出由上到下目标越来越具体的特点。

（2）目标要突出重点，与企业总目标无关的其他工作不必列入各级分目标。

（3）鼓励职工积极参与，尽可能把目标分解中的"要我做"变成"我要做"。

（4）目标一旦分解完毕，要进行严格的审批。

3. 目标控制

为保证企业目标的顺利实现，管理者必须进行目标控制，随时了解目标的实施情况，及时发现问题并协助解决。必要时，也可以根据环境变化对目标进行一定的修正。积极的自我控制与有利的领导控制相结合是实现目标动态控制的关键。

目标控制管理中应注意以下几点：

（1）充分发挥职工自我控制能力，必须将领导的信任与完善的自检制度相结合，保证企业具有进行自我控制的积极性与制度保障。

（2）建立目标控制中心，结合企业均衡生产的特点保证企业生产的动态平衡。

（3）保证信息反馈渠道的畅通，以便及时发现问题，进行目标的必要修正。

（4）创造良好的工作环境，形成团结互助的工作氛围。

4. 目标评定与考核

目标管理注重结果，对部门及个人目标的完成情况必须进行自我评定、群众评议、领导评审。通过评价活动，肯定成绩、发现问题、及时总结目标执行过程中的成绩与不足，完善下一个目标管理过程。

目标评定要注意以下几点：

（1）首先进行自我评定。

（2）上级评定要全面、公正。

（3）目标评定与人事管理相结合。

（4）及时反馈信息是提高目标管理水平的重要保证。

【管理寓言】

目标分解——避免半途而废的智慧

1984 年，在东京国际马拉松邀请赛中，名不见经传的日本选手山田本一出人意料地夺得了世界冠军，当记者问他凭什么取得如此惊人的成绩时，他说了这样一句话："凭智慧战胜对手。"

当时许多人都认为，这个偶然跑在前面的矮个子选手是故弄玄虚。马拉松是体力和耐力的运动，只要身体素质好又有耐性就有望夺冠，爆发力和速度都在其次，说用智慧取胜确实有点勉强。

两年后，在意大利国际马拉松邀请赛上，山田本一又获得了冠军。有记者问他："上次在你的国家比赛，你获得了世界冠军，这一次远征米兰，又压倒所有的对手取得第一名，你能谈一谈经验吗？"

山田本一性情木讷、不善言谈，回答记者的仍是上次那句让人摸不着头脑的话："用智慧战胜对手。"这回记者在报纸上没再挖苦他，只是对他所谓的智慧迷惑不解。

十年后，这个谜团终于被解开了，山田本一在他的自传中这样解释："在每次比赛之前，我都要乘车把比赛的线路仔细看一遍，并把沿途比较醒目的标志画下来，比如，第一个标志是银行，第二个标志是一棵大树，第三个标志是一座红房子，这样一直画到赛程的终点。比赛开始后，我就以百米冲刺的速度奋力向第一个目标冲去，等到达第一个目标，我又以同样的速度向第二个目标冲去。四十几公里的赛程，就被我分解成这么几个小目标轻松地跑完了。"起初，我并不懂这样的道理，我把我的目标定在四十几公里处的终点线上，结果我跑到十几公里时就疲惫不堪了，我被前面那段遥远的路程给吓倒了。

山田本一说的不是假话，心理学家做的实验也证明了山田本一的正确。

这个心理实验是组织三组人，让他们分别向着10公里以外的三个村子进发。

第一组的人既不知道村庄的名字，又不知道路程有多远，只告诉他们跟着向导走就行了。刚走出两三公里，就开始有人叫苦不迭；走到一半的时候，有人几乎愤怒了，他们抱怨为何要走这么远、何时才能走到头，有人甚至坐在路边不愿走了。越往后走，他们的情绪也就越低落。

第二组的人知道村庄的名字和路程有多远，但路边没有里程碑，只能凭经验来估计行程的时间和距离。当走到一半的时候，大多数人想知道已经走了多远，比较有经验的人说"大概走了一半的路程"。于是，大家又簇拥着继续向前走。当走到全程的四分之三的时候，大家情绪开始低落，觉得疲惫不堪，而路程似乎还有很长。当有人说"快到了！"大家又振作起来，加快了行进的步伐。

第三组的人不仅知道村子的名字、路程，而且公路旁每一公里就有一块里程碑。人们边走边看里程碑，每缩短一公里大家便有一小阵的快乐。行进中他们用歌声和笑声来消除疲劳，情绪一直很高涨，所以很快就到达了目的地。

这则故事告诉我们：当人们的行动有了明确目标，并能把自己的行动与目标不断地加以对照，进而清楚地知道自己的行进速度和与目标之间的距离时，人们行动的动机就会得到维持和加强，就会自觉地克服一切困难，努力达到目标。

确实，要达到目标，要把大目标分解为多个易于达到的小目标，脚踏实地向前迈进。每前进一步，达到一个小目标，就会体验到"成功的喜悦"，这种"感觉"将推动他充分调动自己的潜能去达到下一个目标。前面的文章里我提到过成功是一种感觉，有了这种感觉，你就进入了一个良性的发展循环！

在工作和生活中，之所以很多人做事会半途而废，往往不是因为难度较大，而是觉得距离成功太遥远，看不到希望。他们不是因为失败而放弃，而是因为心中无明确而具体的目标乃至倦怠而失败。如果我们懂得分解自己的目标，一步一个脚印地向前走，也许成功就在眼前。

四、对目标管理的评价

目标管理开展以后，组织成员都有自己的明确工作目标，而且曾参与过目标的制定过程，这就使目标成为激励人们努力工作的要素。同时，也从一定程度上解决了以工作为中心的管理与以人为中心的管理之间的矛盾。目标管理在实践过程中表现出了其他管理方法所替代不了的优点，但同时也暴露出了一些局限性。

1. 目标管理的优点

首先，目标管理可以提高管理水平。因为，目标的确定过程就是一次很好的问题分析过程，在上下共同参与并经过几上几下确定目标后，组织中人员的责任明确了为了更好地实现目标，有关执行者一定要想办法，用尽可能少的付出来实现预定的目标，这本身就是加强管理的过程。组织内的成员都能够用最好的方式以实现目标为己任，管理水平也就能够得到逐步提高了。

其次，目标管理有助于克服组织中的许多问题。在目标分解及成果评价过程中，我们会发现组织结构上存在的问题，如因人设事、机构臃肿、互相推诿等；目标管理还可以克服工作中的随意性以及本位主义；目标管理强调以成果为中心，有助于管理者从众多的日常事物性工作中摆脱出来；目标管理较好地体现了分权制的思想，使权力的分配更加合理。

最后，目标管理有助于控制。控制就要有目标，而目标管理不仅仅是组织有一个未来要实现的总目标，而且围绕着总目标，各级各类管理者以至于每个职工都有与之配套协调的分支目标和个人目标，这就使考核每个人的工作成为可能。根据每个部门、每个人完成目标的情况划分出等级，奖惩也就有了依据。

2. 目标管理的缺点

首先，明确的目标不易确定。确定目标是目标管理的第一步，也是关键的一步。如果目标确定得不合理，目标管理的优点就难以成立。但是，所谓适当的目标又很难定义。一般认为，组织的目标不易太高，否则执行者难以实现而望之却步。组织目标也不易太低，否则难以保证资源的优化利用，执行者也缺乏压力。因此，所谓适当的目标是指执行者需要努力才能实现的目标。在实践当中，目标分解的过程常常伴有上下级的讨价还价，最终使目标 偏低，目标管理的效果大受影响。因此，应该加强对目标管理方法的宣传，进一步认清目标管理能够给组织带来的好处，从而自觉确定平均先进水平的目标。

其次，重视结果却忽视了过程。目标管理重在靠结果说话，最终的评价也是针对结果的，这就有可能造成为了追求结果而忽视对过程的分析研究。比如，为了完成生产计划，将必要的设备维护修理计划取消，虽然目标完成了，但这是以牺牲长期利益为代价的。

再次，目标管理强调的是短期目标。在目标管理过程中，为了便于目标的层层分解和落实，一般确定的都是不超过一年的短期目标，但系统理论告诉我们，若干个短期目标的实现，不一定保证最优长期目标的实现，有时为了保证长远利益不得不牺牲眼前利益。所以，应该加强各个短期目标与长期目标的协调配合问题，在长期目标的基础上恰当确定各个时期的短期目标。

最后，目标管理是耗时耗资很多的工作。目标确定的过程就是一个艰苦的过程，需要花大力气分析论证，确定了总目标后再层层分解，更不是短时间能够完成的事情。因此，在目标管理的付出和效果之间存在着矛盾，必须认真分析并充分研究这个问题，即不要因花费时间、费用太多而削弱了目标管理的效果，更不能为省事草率行事，使目标管理流于形式、失去意义。

五、目标管理的应用

目标管理可能看起来简单，但要把它付诸实施，管理者就必须对它有很好的领会和理解。

首先，管理者必须知道什么是目标管理、为什么要实行目标管理。如果管理者本身不能很好地理解和掌握目标管理的原理，那么，由其来组织实施目标管理也是一件不可能的事。

其次，管理者必须知道公司的目标是什么，以及他们自己的活动怎样适应这些目标。如果公司的一些目标含糊不清、不现实或不协调一致，那么主管人员想同这些目标协调一致实际上是不可能的。

再次，目标管理所设置的目标必须是正确、合理的。所谓正确，是指目标的设定应符合企业的长远利益，和企业的目的相一致，而不能是短期的。合理的，是指设置目标的数量和标准应当是科学的，因为过于强调工作成果会给人的行为带来压力，导致不择手段行为的产生。为了减少选择不道德手段去达到这些效果的可能性，管理者必须要确定合理的目标，明确表示行为的期望，使得员工始终具有正常的"紧张"和"费力"程度。

最后，所设目标无论在数量或质量方面都具备可考核性，也许是目标管理成功的关键。任何目标都应该在数量上或质量上具有可考核性。有些目标，如"时刻注意顾客的需求并很好地为他们服务"，或"使信用损失达到最小"，或"改进提高人事部门的效率"等，都没多大意义，因为在将来的某一特定时间没有人能准确地回答他们实现了这些目标没有。如果目标管理不可考核，就无益于对管理工作或工作效果的评价。

正因为目标管理对管理者的要求相对较高，且在目标的设定中总是存在这样、那样的问题，使得目标管理在付诸实施的过程中往往容易流于形式，在实践过程中也对管理者提出了较高的要求。

项目四 计 划 的 方 法 有 哪 些

计划是管理的重要职能之一，计划这种管理方法在现代社会被普遍采用。而具体到不同的专业、领域及层次，计划方法是多种多样的。本节内容将具体地介绍计划在不同专业和领域中的典型形式。

一、财务计划——预算

所谓预算，就是用数字、特别是用财务数字的形式来描述企业未来的活动计划，它预估了企业在未来时期的经营收入或现金流量，同时也为各部门或各项活动规定了在资金、劳动、材料、能源等方面支出的预计额度。

预算内容主要涉及以下几个方面：

1. 收入预算

收入预算是关于企业未来某段时期经营状况的一般说明，从财务角度计划和预测了未来活动的成果以及为取得这些成果所需付出的费用。例如，销售预算就是预测未来某段时期内产品销售带来的收入的财务计划。

2. 支出预算

企业的生产以及日常管理必须要投入一定的资金、劳动力、原材料等，这些投入即为企业的支出，例如，与销售预算相对应，企业必须要编制能够保证销售过程得以进行生产活动的预算。

关于生产活动的预算一般包括直接材料预算、直接人工预算以及附加费用预算等内容。

3. 现金预算

现金预算是对企业未来生产与销售活动中现金的流入与流出进行预测，通常由财务部门编制。现金预算只包括实际包含在现金流程中的项目而不包括赊销、赊购以及以后逐年分摊的项目，因此，现金预算并不需要反映企业的资产负债情况，而只需反映企业在未来活动中的实际现金流量和流程即可。

4. 资金支出预算

与上述各种预算不同，资金支出预算通常涉及多个阶段、多项内容，是一种长期的预算。其一般包括：用于更新改造或扩充厂房、设备在内的生产设施的支出；用于增加品种、完善产品性能或改进工艺的研究与开发支出；用于提高职工和管理队伍素质的人事培训与发展支出；用于广告宣传、寻找顾客的市场发展支出等。

5. 资产负债预算

资产负债预算是对企业会计年度末期的财务状况进行预测，它通过将各部门和各项目的分预算汇总在一起，表明如果企业的各种业务活动达到预先规定的标准，在财务期末企业资产与负债将呈现哪种状况。通过对资产负债预算的分析，可以使管理者及时地发现某些分预算的问题，有助于及时采取调整措施。

课堂案例

2008 北京奥运会场馆基本建设投资总预算表

主办奥运会，意味着财源滚滚，但大产出的前提是大投入。在北京举办奥运会，要花多少钱？这是北京奥申委从一开始就面对的大问题。要算清这笔天文数字的大账，当然需要慎之又慎，当年加拿大的蒙特利尔在举办第21届奥运会前就是以热情代替了理智，结果准备不足，花钱无数，不断追加，轰轰烈烈了十几天之后欠下巨额债款，直到今天仍未还清。

为了不重蹈历史覆辙，奥申委在制作预算时投入了常人难以想象的精力，集中了社会方方面面的智慧，参考所有可做依据的数据和资料，最后形成了一份精确到个位数的庞大预算表——北京2008年奥运会场馆基本建设投资总预算表。

此预算也是今年初北京奥申委提交给每一位国际奥委会委员的那份"申办报告"第五主题《财政》中的主要内容。

如果细细数来，仅参与这份预算编制讨论的就包括：国务院有关部门、北京市以及承办奥运会比赛项目的其他城市政府的有关部门、国内外著名财政专家、国际奥委会和中国奥委会。可以说，庞大的预算，每一笔数字都凝聚着他们大量的心血。

在具体编制过程中，除借鉴了安达信公司和兰德利斯公司等参与悉尼奥运会的经验外，还与悉尼奥运会和前几届奥运会预算进行了比较研究。

严格地说，这份预算不仅仅是计算出来的，而是与北京的自身发展密切联系的。其中涉及的北京主要交通设施、环境和其他基础设施建设，已同时列入城市发展规划，并有计划地付诸实施。

这份预算在编制中还始终遵循了一个原则："略有盈余，每一项收支都安排合理的不可预见费用"。

尽管如此，在申办报告中，编制者还特意说明"北京2008年奥运会的预测收入是比较谨慎保守的。"

用看过这份预算的专家的话说，"它的可信度和可执行性都达到了99.99%以上"。

思考与讨论：

1. 预算具有哪些特点和作用？

2. 国家大事需要进行预算，生活琐事同样也需要预算。试使用本章的知识，以一个月为期限，对你的生活收支做出预算。

二、商业计划——商业计划书

商业计划，英文名称为 Business Plan，国内也有译作经营计划。似乎这个名称较前者更能体现 Business Plan 的特性。

商业计划是企业为完成某种经营目的而拟订的"计划"。事实上，这个"计划"不同于汉语中的计划的含义，也不完全等同于管理职能中的计划职能的意义。从某种角度讲，这个"计划"落实于文字更像报告或申请。所以，国内以前也常用可行性报告或项目论证书来替代商业计划。在实际操作中，其主要意图是递交给投资人，以便于他们能对企业或项目做出评判，从而使企业获得融资。但是商业计划发挥的作用却是方方面面的。可以毫不夸张地说，商业计划对于企业特别是风险企业的成败有着极其重要的意义。

商业计划书是包括企业筹资、融资等活动在内的，企业战略谋划与执行等一切经营活动的蓝图与指南，是行动纲领和执行方案；也是企业管理团队和企业本身给风险投资方的第一印象，是评估的第一关。

三、人力资源计划——职业生涯设计

1. 职业生涯规划的含义

职业生涯规划，是指个人发展与组织发展相结合，对决定一个人职业生涯的主客观因素进行分析、总结和测定，确定一个人的事业奋斗目标，并选择实现这一事业目标的职业，编制相应的工作、教育和培训的行动计划，对每一步骤的时间、顺序和方向做出合理安排。

职业生涯规划从本质上说是一种计划。

2. 职业生涯规划的特性

(1)可行性：规划要有事实依据，并非是美好幻想或不着边际的梦想，否则将会延误职业生涯的良机。

【管理寓言】

主人家挤牛奶的姑娘头顶着一桶牛奶从田野向农庄走去。她一边走一边想："这桶牛奶卖的钱可以买回三百个鸡蛋，鸡蛋可以孵出二三百只小鸡。等到鸡的价钱涨到最高的时候卖掉，可以得到一大笔钱。用这些钱买一条最漂亮的裙子，在晚宴上穿，美丽迷人。然后，年轻的小伙子们都会目不转睛地盯着我……"

想到这里，她下意识地摇了一下头，使头顶上的牛奶全都泼洒下来。

分析：虚幻的想入非非不会给你带来任何实惠，只能招致损失甚至失败。职业生涯规划应当是切实可行的。

（2）适时性：规划是预测未来的行动，可以确定将来的目标，因此各项主要活动何时实施、何时完成都应有时间和时序上的妥善安排，以作为检查行动的依据。

（3）适应性：规划未来的职业生涯目标牵涉到多种可变因素，因此规划应有弹性，以增加其适应性。

（4）连续性：人生的每个发展阶段应能持续连贯性地衔接。

【管理寓言】

有两个和尚，一个住在东山的庙里，一个住在西山的庙里。两人每天都在同一时间到山下的小溪处提水。久而久之，就成为好朋友。

一天，东山的和尚发现西山的和尚没有来提水。第二天、第三天、第四天依然如此。东山和尚以为西山和尚生病了，就前去探望。西山和尚正在悠闲地打着太极拳，东山的和尚非常疑惑就提出了自己的不解。

西山和尚说："我一直都在抽空挖井，前些天终于出水了。这样，以后就不用费时费力下山提水了。再说，如今上了年纪，水也提不动了。"

分析：职业发展计划不能只顾眼前，而应当从长计议。

很多人都是在工作了一段时间后才意识到职业生涯规划的重要性。其实，在你还没有意识到的时候，你的不少决定与行为就已经对职业生涯产生了影响。不妨想想你是如何面对以下情况的：

在文理科分班，高考填写入学志愿时，大学时代学业、社会活动的安排，你是听信于父母、朋友、老师，凭自己的兴趣，还是随心所欲？在选择工作时，你是挑热门的行业、薪资高的工作，还是只图轻松？在工作中，你是"做一天和尚撞一天钟"，还是在为自己的未来做准备？

职业生涯规划可以由企业为员工做，也可以由员工本人做。当你为自己设计职业规划时，你正在用有条理的头脑为自己要达到的目标规定一个时间计划表，即为自己的人生设置里程碑。职业生涯规划一旦设定，它将时时提醒你已经取得了哪些成绩以及你的进展如何。

第一步：分析你的需求。你也许会问：这一步该怎么做呢？不妨试试以下方法。开动脑筋，写下来10条未来5年你认为自己应做的事情，要确切，但不要有限制和顾虑那些是自己做不到的，给自己的头脑充分空间。

第二步：SWOT分析。分析完你的需求，试着分析自己性格、所处环境的优势和劣势，以及一生中可能会有哪些机遇，职业生涯中可能有哪些威胁？这是要求你试着去理解并回答自己这个问题：我在哪儿？

第三步：长期和短期的目标。根据你认定的需求，自己的优势、劣势、可能的机遇来勾画自己长期和短期的目标。例如，如果你分析自己的需求是想授课，赚很多钱、有很好的社会地位，则你可选择的职业道路会明晰起来。你可以选择成为管理讲师——这要求你的优势包括丰富的管理知识和经验，优秀的演讲技能和交流沟通技能。在这个长期目标的基础上，你可以制定自己的短期目标来一步步实现。

第四步:阻碍。确切地说,写下阻碍你达到目标的自身缺点、所处环境中的劣势。这些缺点一定是和你的目标有联系的,而并不是分析自己所有的缺点。它们可能是你的素质方面、知识方面、能力方面、创造力方面、财力方面或是行为习惯方面的不足。当你发现自己不足的时刻,就应下决心改正它,这才能使你不断进步。

第五步:提升计划。要明确,要有期限。你可能需要掌握某些新的技能,或学习新的知识。

第六步:寻求帮助。有外力的协助和监督会帮你更有效地完成这一步骤。

第七步:分析自己的角色。制定一个明确的实施计划:一定要明确根据计划不确定你要做什么。那么,现在你已经有了一个初步的职业规划方案。如果你目前已在一个单位工作,对你来说进一步的提升非常重要,你要做的则是进行角色分析。反思一下这个单位对你的要求和期望是什么,做出哪种贡献可以使你在单位中脱颖而出?大部分人在长期的工作中趋于麻木,对自己的角色并不清晰。但是,就像任何产品在市场中要有其特色的定位和卖点一样,你也要做些事情,一些相关、有意义和影响但又不落俗套的事情,让这个单位知道你的存在,认可你的价值和成绩。成功的人士会不断对照单位的投入来评估自己的产出价值,并保持自己的贡献在单位的要求之上。

管理学游戏

制定行动计划

目的:在本游戏中,假设学生是某公司的服务人员,先回顾服务人员所必需的技巧,评价自己的能力,并制定提高自己这方面能力的行动计划。该游戏可以帮助学生掌握制定计划的步骤及内在逻辑关系。

时间:15~20分钟

所需材料:向学生分发材料(见附录)

步骤:

1.将材料分发给学生,限他们5~10分钟内完成第一页上的选择内容。

2.在完成第一页上的选择内容后,要求每个学生在第二页写出自己需要改进的两项服务技巧,并制定一份行动计划工作表。

3.如果有时间,将每两人分成一对小组,让每个学生在行动计划工作表上以"你的技巧"为题,写上他或她想要改进的技巧,然后让大家与自己的搭档交换工作表。

4.每个参与者将为其搭档制定一个行动计划,以帮助其在工作表列出的领域内成为超级明星。这部分游戏限时5分钟。

小提示:教师可将这些行动计划张贴在教室内,并对做得好的学生进行表扬。

讨论题:(现场回答)

1.让另外一些人利用头脑风暴法为你出主意,其有帮助吗?

2. 你的搭档是否想到了一些你不曾想到过的观点?

附录:

第一页材料:尽管你天生在一些领域很突出,而在另一些领域次之,但你的工作使你有机会通过科学可行的计划来精通它们,填表时不要弄虚作假,没有人监视你。

起伏不定

如果你在一项技巧上熟练度一般,那么将它填入这一行。

超级明星

在这一行填上你掌握最好的技巧,它们是你工作中的财富。

回学校去

如果你在一项技巧上需要很大改进,那么将它填入这一行。

第二页材料:

行动计划工作表

你的技巧

_____

你的行动计划

_____

_____

_____

你的技巧

_____

_____

_____

你的行动计划

_____

_____

_____

本模块重要概念:

计划 计划编制 目标管理 预算 职业生涯设计

本模块小结:

"计划"一词在我们的生活中随处可见,在做事之前先制定一个计划已经成为人们工作、学习乃至处理日常生活琐事的一种习惯。无论这里所说的"制定计划"的过程是郑重其事的还是随意的甚至是无意识的,不可否认的是,无论是国家大事还是生活琐事,计划制定得科学与否对于之后的结果有着重要影响。在本章中,我们了解到"计划"在管理学中的含义主要包括计划的定义、基本要素、作用、性质以及分类。在此基础上，进一步学习在管理工作中计划编制的一般步骤和方法。最后，还针对不同的专业领域介绍了几种具体计划的方法和形式。

练习与实训：

1. 介绍几种具体计划的方法和形式？

2. 在企业管理中，计划与实践是如何结合的？

3. 举例说明计划管理理论的实际应用？

4. 选取当地一家熟悉的企业，了解企业计划管理的运用，撰写企业如何运用计划管理的报告。

模块四

组织管理

学习目标

认识组织工作;掌握如何设计组织结构、如何进行集权和分权;熟知怎样进行直线与参谋。

导入案例

IBM 矩阵式的组织结构

1987 年,加州伯克利大学电子工程专业出身的叶成辉在美国加入 IBM 旧金山公司,成为一名程序员。因为不喜欢编程等技术类的工作,梦想着做生意(DOBUSINESS)、当经理(比较喜欢跟人沟通),他便主动请缨到销售部门去做,经过差不多 5 年的努力,其获得提升,成为一线的经理。随后,叶成辉回到 IBM 香港公司做产品经理。由于个人"斗志旺盛"、业绩不错,而且"官运亨通",差不多每两年他都能够迈上一个新台阶,如今叶成辉已经是 IBM 大中华区服务器系统事业部 AS/400 产品的总经理了。

从旧金山到中国香港,再到广州、到北京;从普通员工到一线经理,再提升到现在做三线经理;从一般的产品营销,到逐步专注于服务器产品,再到 AS/400 产品经理,10 多年来,叶成辉一直在 IBM 的"巨型多维矩阵"中不断移动、不断提升。他认为,IBM 的矩阵组织是一个很特别的环境,"在这个矩阵环境中,我学到了很多东西。"IBM 是一个巨大的公司,很自然地要划分部门。单一地按照区域地域、业务职能、客户群落、产品或产品系列等来划分部门在企业里是非常普遍的现象,从前的 IBM 也不例外。"近七八年以来,IBM 才真正做到了矩阵组织。"这也就是说,IBM 公司把多种划分部门的方式有机地结合起来,其组织结构形成了"活着的"立体网络——多维矩阵。IBM 既按地域分区,如亚太区、中国区、华南区等;又按产品体系划分事业部,如 PC、服务器、软件等事业部;既按照银行、电信、中小企业等行业划分;也有销售、渠道、支持等不同的职能划分,所有这些纵横交错的部门划分有机地结合成为一体。对于这个矩阵中的某一位员工,比如叶成辉而言,他既是 IBM 大中华区的一员,又是 IBM 公司 AS/400 产品体系中的一员,当然还可以按照另外的标准把他划分到其他部门。

IBM 公司这种矩阵式组织结构带来的好处是什么呢？叶成辉认为，非常明显的一点就是，矩阵组织能够弥补对企业进行单一划分带来的不足，把各种企业划分的好处充分发挥出来。显然，如果不对企业进行地域上的细分，比如，只有大中华而没有华南、华东、香港和台湾地区，就无法针对各地区市场的特点把工作深入下去。而如果只进行地域上的划分，对某一种产品比如 AS/400 而言就不会有一个人能够非常了解这个产品在各地表现出来的特点，因为每个地区都会只看重该地区整盘的生意。再如，按照行业划分，就会专门有人来研究各个行业客户对 IBM 产品的需求，从而更加有效地把握住各种产品的重点市场。叶成辉说："如果没有这样的矩阵结构，我们要想在某个特定市场推广产品就会变得非常困难。比如，在中国市场推广 AS/400 这个产品，由于矩阵式组织结构的存在，我们有华南、华东等各大区的队伍，有金融、电信、中小企业等行业队伍，有市场推广、技术支持等各职能部门的队伍，以及专门的 AS/400 产品的队伍，大家相互协调、配合，就很容易打开局面。"

首先，我作为 AS/400 产品经理，会比较清楚该产品在当地的策略是什么。中国 AS/400 的客户主要在银行业、保险业，而不像美国主要是在零售业和流通业；在亚太区，AS/400 的产品还需要朝低端走，不能只走高端；中国市场上需要 AS/400 的价位、配置以及每个月需要的数量等，只有产品经理才比较清楚。从产品这条线来看，我需要跟美国工厂订货，保证货源供应。从产品销售的角度看，AS/400 的产品部门需要各相关地区的职能部门协助，做好促销的活动；然后需要各大区、各行业销售力量把产品销售出去。比如，我需要在媒体上做一些访问，就要由当地负责媒体公关的部门协助。再如，我认为莲花宝箱（为中国市场量身定制的 AS/400）除了主打银行外，还要大力推向中小企业市场，那么就需要跟中国区负责中小企业的行业总经理达成共识。当然，莲花宝箱往低端走还需要分销渠道的介入，这时，就需要负责渠道管理的职能部门进行协调。从某种意义上讲，我们之间也互为客户关系，我会创造更好的条件让各区、各行业更努力推广 AS/400。

任何事情都有它的"两面性"。矩阵组织在增强企业产品或项目推广能力、市场渗透能力的同时，也存在它固有的弊端。显然，在矩阵组织当中，每个人都有不止一个老板，上上下下需要更多的沟通协调，所以 IBM 的经理开会的时间、沟通的时间肯定比许多小企业要长，也可能使得决策的过程放慢。叶成辉进一步强调，其实这也不是问题，因为大多数情况下还是好的，IBM 的经理们都知道一个好的决定应该是怎样的。另外，每一位员工都由不同的老板来评估其业绩，不再是哪一个人说了算，评估的结果也会更加全面，每个人都会更加用心去做工作，而不是花心思去讨好老板。同时，运用不同的标准划分企业部门，就会形成矩阵式组织。显然，在这样的组织结构内部，考核员工业绩的办法也无法简单。在特定的客户看来，IBM 公司只有"唯一客户出口"，所有种类的产品都是一个销售员销售的；产品部门、行业部门花大气力进行产品、客户推广，但是，对于每一笔交易而言，往往又是由其所在区域的 IBM 员工最后完成等。问题是，最后的业绩该怎样计算，产品部门算多少贡献，区域、行业部门又分别算多少？叶成辉说："其实，IBM 经过多年的探索，早已经解决这个问题了，现在我们有三层销售——产品、行业和区域。同时，我们也采用三层评估方式，比如，经过各方的共同努力，华南区卖给某银行 10 套 AS/400，那么这个销售额给华南区、AS/

400 产品部门以及金融行业部门都会记上一笔。"当然，无论从哪一个层面来看，其总和都是一致的。比如，从大中华区周伟锟的立场来看，下面各分区业绩的总和、大中华区全部行业的销售总额，或者是大中华区全部产品(服务)销售总额，三个数字是一样的，都可以说明他的业绩。

在外界看来，IBM 这架巨大的战车是稳步前进的，变化非常缓慢。叶成辉认为，这其实是一种误会。对于基层的员工和比较高层的经理而言，这两头的变化相对比较小，比较稳定。比如，一名普通员工进入 IBM，做 AS/400 的销售，差不多四五年时间都不会有什么变化，然后可能有机会升任一线经理。再如，亚太区的总经理也可能许多年不变，因为熟悉这么大区域的业务、建立起很好的客户关系不是很容易。所以，外界就觉得 IBM 变动缓慢。但是，在 IBM 矩阵内部的变化还是很快的。中间层的经理人员差不多一两年就要变换工作，或者变换老板、变换下属，这样就促使整个组织不断地创新，不断地向前发展。叶成辉说，我在 IBM 公司 10 多年，换了 10 多位老板。每一位老板都有不同的长处，从他们那里我学到了很多。其实，IBM 的每一位员工都会有这样的运气。矩阵组织结构是有机的，既能够保证稳定地发展，又能保证组织内部的变化和创新。所以，BM 公司常常流传着一句话：换了谁也无所谓。(资料来源：徐国良、王进主编.企业管理案例精选解析 [M].中国社会科学出版社，2009)

项目一 认真组织工作

一、组织工作的含义及内容

组织工作 (organizing) 产生于人们在集体活动中进行合作的必要性。人类由于受到生理、心理和社会的种种限制，为了达到某种目的就必须要进行合作。要进行有效的合作，人们就必须清楚各自所扮演的角色和所起的作用。这种角色和作用越是明确，人们的工作就会越有效。企业如此，诸如政府机构、交响乐队或是足球队之类的集体活动也无不如此。管理的组织职能的目的，就是要设计和维持这样一种有助于有效的集体活动的组织结构。

组织结构是组织中划分、组合与协调人们的活动及任务的一种正式的框架。组织结构体现了组织各部分的排列顺序、空间位置、聚集状态、联系方式和相互关系。它犹如人体的骨架，206 块骨头组成的骨架在人体中起着支撑、保护的作用。正是在这一骨架中，消化、呼吸、循环等系统才能发挥正常的生理功能。无论是自然界还是社会领域，事物的结构在一定程度上决定了其功能或效能。例如，同样数量的一支部队会由于排兵布阵的不同而表现出完全不同的战斗力。石墨与钻石都是由碳原子构成的，但由于原子间结构的不同，两者的性质也有着天壤之别。社会化大生产的企业组织亦是如此，由于系统内部分工和协作关系的不同，组织的效能会表现出巨大的差异。可以说，组织的结构是其生存和发展的根本依据。管理的组织职能就是建立、维护并不断改进组织结构的过程，这一过程由一系列具体步骤构成。

从逻辑上来说，组织工作首先必须明确实现目标所必需的各种活动并加以分类，这关系到组织中的职位或岗位的设计问题。

其次，将这些活动进行组合，以形成可以管理的部门或单位。由于对组织活动的分类和组合方式的不同，形成了各种不同的组织结构类型。组织结构为组织中的分工和协作奠定了基础，有助于明确每个人所承担的任务及应当取得的成果，排除了由于分工不明确所造成的障碍和混乱，形成了一种使组织中的决策和沟通得以实现的神经网络。

在上述划分和组合的基础上，还必须将监督各单位或部门所必需的职权授予各个单位的管理者。在组织工作中，这些内容主要牵涉到职权配置的问题。

组织结构是由各种类型的职位所构成的，因而组织结构常常被称为职位结构。在建立起这种职位结构后，顺理成章地，下一个步骤便是为组织中的职位配备适当的人员，这就是管理中的人员配备工作或人力资源管理工作。近10年来，鉴于人们对于人力资源重要性的认识不断深化，这一领域的工作受到了前所未有的重视。

最后，还必须从纵横两个方面对组织结构进行协调与整合。在组织结构基本建立、组织中的职权配置基本完成的基础上，应当进一步明确和协调组织结构中上下左右的相互配合关系，通过对各部分、各层次和各种要素的协调与整合，使组织形成一个精干高效的有机整体。

这里所说的"有机"的含义是指，由许多不同的部分构成整体组织后，作为一个整体的组织就升华成为一种有生命的存在。组织整体的性质将不再等同于任何一个部分的性质，部分以整体的存在为目的，任何一个部分的独立存在都将不再具有意义。这就犹如虽然人是由躯干、四肢等部分所组成的，但整体的人并不同于其中任何一个部分，人体的任何一个部分的单独存在都是没有意义的。

应当强调的是，组织工作是一个动态的过程。通过组织工作建立起来的组织结构不是一成不变的，而是随着组织内外部要素的变化而变化的。任何组织都是社会系统中的一个子系统，它在连续不断地同外界环境之间进行着能量、信息等的交换。外界环境的变化必然会引起组织目标的改变，当原有的组织结构不再适应实现组织目标的要求时，组织结构就必须进行相应的调整和改变。组织必须具有环境适应性，必须通过能动地适应环境的变化去维持自己的生存和成长。对于市场经济体制下的工商企业来说，适者生存、优胜劣汰，不能适应环境变化的企业将难以逃脱被淘汰的命运。

此外，组织工作中对于非正式组织的影响也必须予以足够重视。如前所述，正式组织是一种有意识形成的职位结构。而非正式组织，是指任何不存在有意识的共同目标的集合的个人活动，纵然这些活动是为了共同的结果。或者说，它是指人们在交往中自然形成的，而不是由正式组织所建立或要求的个人关系和社会关系的网络。如单位午休时间的扑克会、工余时间的球友会等，都是非正式组织的例子。在有些场合下，利用非正式组织能够取得意想不到的益处。而在有些情况下，非正式组织则有可能对正式组织的活动产生阻力。管理者必须要认识到正式组织中的非正式组织的存在，避免与之发生冲突和对立，并在指导和领导下属人员时明智地加以利用。

应当注意的是，人们在各种不同的意义上使用着"组织"这个词。即使是在学者和理论家中间，由于人们研究的对象和目的各异、观察问题的角度不同，对于这一概念的理解也是多种多样、各不相同的。有的人用这个概念来描述一个社会机构或企事业单位，例如一所大学或一家公司都可以称为一个"组织"。有人认为它是一个"社会和文化关系系统"。但从管理的角度来看，大部分学者及管理人员都把组织看作是一个"有意识形成的职位结构"。我们将从这个主要意义上来使用这一概念，当然有时也用它来泛指一个机构或企事业单位。

二、组织工作的基本原则

由于组织所处的环境，采用的技术、制定的战略、发展的规模不同，所需的职务和部门及其相互关系也不同，但任何组织在进行机构和结构的设计时都需遵守一些共同原则。

(一)因事设职与因人设职相结合的原则

组织设计的根本目的是为了保证组织目标的实现，是使目标活动的每项内容都落实到具体的岗位和部门，即"事事有人做"，而非"人人有事做"。因此，在组织设计中，逻辑性地要求首先考虑工作的特点和需要，要求因事设职、因职用人，而非相反。但这并不意味着组织设计中可以忽视人的因素，在组织设计过程中必须要重视人的因素。

1.组织设计往往并不是为全新的、迄今为止还不存在的组织设计职务和机构。在那种情况下，我们也许可以不考虑人的特点。但是，在通常情况下，我们遇到的实际上是组织的再设计问题。随着环境、任务等某个或某些影响因素的变化，再重新设计或调整组织的机构与结构时，就不能不考虑到现有组织中现有成员的特点，组织设计的目的就不仅是要保证"事事有人做"，而且还要保证"有能力的人有机会去做他们真正胜任的工作"。

2.组织中各部门各岗位的工作最终是要由人去完成的，即使是一个全新的组织也并不总是能在社会上招聘到每个职务所需的理想人员。如同产品的设计，不仅要考虑到产品本身的结构合理问题，还要考虑到所能运用的材料的质地、性能和强度的限制一样，组织机构和结构的设计也不能不考虑到组织内外现有人力资源的特点。

3.任何组织，首先是人的集合，而不是事和物的集合。人之所以参加组织，不仅有满足某种客观需要的要求，而且也是希望通过工作来提高能力、展现才华、实现自我的价值。现代社会中的任何组织，通过其活动向社会提供的不仅是某种特定的产品或服务，而且是具有一定素质的人。可以说，为社会培养各种合格有用的人才是所有社会组织不可推卸的社会责任。

(二)权责对等的原则

组织中每个部门和职务都必须完成规定的工作。而为了从事一定的活动,都需要利用一定的人、财、物等资源。因此,为了保证"事事有人做""事事都能正确地做好",不仅要明确各个部门的任务和责任,而且在组织设计中还要规定相应地取得和利用人力、物力、财力以及信息等工作条件的权力。没有明确的权力,或权力的应用范围小于工作的要求,则可能使责任无法履行、任务无法完成。当然,对等的权责也意味着赋予某个部门或岗位的权力不能超过其所应担的职责。权力大于工作的要求,虽能保证任务的完成,但会导致不负责任地滥用,甚至会危及整个组织系统的运行。

(三)命令统一的原则

除了位于组织金字塔顶部的最高行政指挥外,组织中的所有其他成员在工作中都会收到来自上级行政部门或负责人的命令,根据上级的指令开始或结束、进行或调整、修正或废止自己的工作。但是,一个下属如果可能同时接受两个上司的指导,而这些上司的指示并不总是保持一致的话,那么他的工作就会造成混乱。如果两位上司的命令相互矛盾,下属便会感到无所适从。这时,下属无论依照谁的指令行事都有可能受到另一位上司的指责。当然,如果下属足够聪明,且有足够胆略的话,他还可利用一位上司的命令去影响另一位上司的指示,而不采取任何执行行动,这显然也会给整个组织带来危害。"统一命令"或"统一指挥"的原则是指"组织中的任何成员只能接受一个上司的领导"。

但是,这条重要的原则在组织实践中常会遇到来自多方面的破坏。最常见的有以下两种情况。

图 4-1-1 表明了组织中各个职务之间的等级关系。

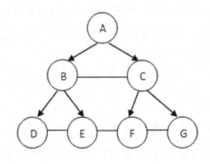

图 4-1-1　研究技术路线

1.在正常情况下,D 和 E 只接受 B 的领导,F 和 G 只服从 C 的命令,B 和 C 都不应闯入对方的领地。但是,如果 B 也向 F 下达指令,要求他在某时某刻去完成某项工作,而 F 也因其具有与自己的直系上司 C 相同层次的职务而服从这个命令,则会出现双头领导的情况。这种在理论上不应出现的情况,在实践中却常会遇到。

2.在正常情况下，A只能对B和C直接下达命令，但如果出于"效率"和速度的考虑，为了纠正某个错误，或及时停止某项作业，A不通过B或C而直接向D、E或F、G下达命令，而这些下属的下属对自己上司的命令在通常情况下是会积极执行的。这种行为经常反复，也会出现双头或多头领导问题。这种越级指挥的现象给组织带来的危害是极大的，它不仅破坏了命令统一的原则，而且会引发越级请示的行为。长此以往，会造成中层管理人员在工作中的犹豫不决、增强他们的依赖性，诱使他们逃避工作、逃避责任，最后会导致中间管理层、乃至整个行政管理系统的瘫痪。

为了防止上述现象的出现，在组织设计中要根据一个下级只能服从一个上级领导的原则，将管理的各个职务形成一条连续的等级链，明确规定链中的每个职务之间的责任、权力关系，禁止越级指挥或越权指挥;在组织实践中，在管理的体制上，要实行各级行政首长负责制，减少甚至不设各级行政主管的副职。

项目二 设计组织结构

一、管理层次的划分和管理宽度的确定

组织结构设计的实质是对管理人员的管理劳动进行横向和纵向的分工。管理劳动分工的必要性源于管理者有效管理宽度的有限性。管理宽度决定了组织中的管理层次，从而决定了组织结构的基本形态。设计合理的组织机构与结构，必须分析管理宽度的主要影响因素。

我们周围有着各种各样的组织，通常表现为由各种部分和若干个层次所构成的结构，如政府机构的部、司、处、科，企业的分厂、车间、工段、班组等。但是，这种部门和层次安排并非是理所当然的。

(一)管理宽度的由来

如果组织的最高领导者是一个万能领导者的话，我们是否还需要有这种部门和层次的安排? 答案是否定的。因为这个万能的领导者可以指挥和监督一切活动，而无须借助于他人的帮助。但现实世界的管理者做不到这一点，因为人类存在着身体、生理、心理的和社会的种种限制，每一个管理者所能直接指挥和监督的下属人数总是有限的。这个限度称为管理宽度或管理跨度。从一定意义上来讲，正是由于管理宽度的存在，所以当组织规模扩大到一定程度时才产生了部门划分的必要性。

当组织规模有限时，一个管理者可以直接管理每一个成员的活动，而无须假他人之手。

当规模的扩大导致管理工作量超出一个人所能承担的范围时，为了保证组织的正常运转，管理者就必须委托他人来分担自己的一部分管理工作。随着组织规模的进一步扩大，受托者又不得不进而委托其他的人来分担自己的工作，依此类推，形成了组织的等级制或层次性的管理结构。由以上分析可知，只是由于存在着管理宽度的限制，或者说因为管理者所能有效监督的下属人数是有限的，所以才形成了这种层次性的管理结构。

(二)组织层次的副作用

从一定意义上来讲，组织层次是一种不得已的产物，它的存在本身是带有一定副作用的。

1. 层次多意味着费用也多。层次的增加需要更多的管理者，管理者又需要辅助人员，每个人员都需要一定的设施和设备的支持，同时也加大了部门之间的协调工作量，所有这些都意味着费用的增加。

2. 随着层次的增加将加大沟通的难度和复杂性。信息经由层次至上而下传达时，不可避免地会产生曲解和遗漏，由下往上的信息流动同样也会变得更加复杂和困难。另外，众多的部门和层次将使得计划和控制活动更为复杂。一个在最高层显得清晰完整的计划方案，会因为逐层分解而变得模糊不清失去协调性。随着层次和管理者人数的增多，控制活动会更加困难，尽管此时由于计划的复杂化和沟通的困难而使得控制显得更为重要。

(三)管理宽度与管理层次的关系

当组织规模一定时，管理宽度和管理层次之间存在着一种反比例关系。管理宽度越大，管理层次就越少；反之，管理宽度越小，则管理层次就越多。这两种情况相应地对应着两种类型的组织结构形态，前者称为扁平型结构，后者则称为锥形结构，如图4－2－1所示。一般来说，传统的企业结构倾向于锥行，偏重于控制和效率，比较僵硬。而近年来企业组织结构有一种由锥形向扁平演化的趋势，扁平型结构被认为比较灵活，容易适应环境，组织成员的参与程度也相对较高。

－2－1　扁平型结构与锥形结构

(四)影响管理宽度的因素

多年来，许多学者和管理者对管理宽度这一问题进行了研究。早期的人们试图寻求一个广泛适用的最佳管理宽度值，但现在一般认为这种普遍最佳的管理宽度是不存在的。管理者所能有效监督的下属人数在客观上的确是有限度的，但具体的人数取决于特定条件下各种因素的综合作用。因此，找出特定情景下影响管理宽度的各种具体因素，考察哪些因素使得管理者在处理上下级相互关系中消耗了过多的时间、哪些措施有利于减少这些时间，将会有助于确定在这种情况下适当的管理宽度。这要比追求一个普遍适用的最佳管理宽度值更有价值，也更有现实意义。

一个管理者能够有效管理下级的人数受到多种因素影响。在这些因素中，固然有些因素是属于个人方面的因素，如有的人理解问题较快，有的人长善于与人相处，有的人则容易得到人们的尊敬等。但除了这些个人因素之外，影响管理者管理宽度的还有以下一些共通的因素。

1. 上下级双方的素质与能力。素质较高、训练有素的下级不需要过多的监督和指导，因而与其上级的接触次数和接触时间都比较少，从而可以使其上级的管理宽度大一些；同样，能力较强的管理者所能够有效管理的下级人数相对要多一些。

2. 计划的完善程度。良好的计划有助于下属明确自己所承担的任务，以及应当取得的成果，有助于了解自己与他人之间的关系，可以有效减少上级用于指导的时间，从而有利于增加管理宽度；反之，则要求较多的上级指导，而会使得管辖人数减少。

3. 面临变化的激烈程度。有些组织所处的环境变化较快，有些组织则存在于相对比较稳定的环境之中。环境以及组织本身变化的激烈程度，极大地影响着组织的政策稳定性与计划的详尽程度，从而也有力地影响着管理者所能有效管理的下属的人数。一般来说，变化相对较小、较慢的场合，其管理宽度要大一些；而反之，则要小一些。

4. 授权的情况。在很多情况下，不适当和不清晰的授权是导致管理者在处理上下级关系方面时间负担过重的一个主要原因。适当而充分的授权可以减少管理者与下属之间的接触，节省管理者的时间和精力，锻炼并提高下属的能力与积极性。相应地，所管辖的下属人数也可以多一些。

5. 沟通的手段和方法。组织中所用的沟通手段或方法的有效性，在很大程度上影响着管理宽度。如果所有的指示、计划和命令都必须面对面传达，如果所有的机构变动和人事问题都必须口头交代，则管理者用于上下级关系方面的时间将是巨大的，因而其所能有效指挥和监督的下级人数也将是很有限的。采用适当且高效的沟通方式及手段将有助于管理宽度的扩大。

6. 面对问题的种类。主要面临常规性、日常性问题的管理者可以有较大的管理宽度，而经常面对复杂多变或方向性、战略性问题的管理者则管理宽度要小一些。另外，如果所管辖的下属人员的工作比较相似或基本相同，则管理宽度也要大一些；如果下属的工作各不相同，则管理宽度相对就要小一些。

7. 个别接触的必要程度。在许多场合下，管理者必须要依靠和其下属面对面的个别接触才能解决问题。这种场合越多，则管理者的精力和时间的消耗也就越大，从而能够有效管辖的下属人数也就越少。

8. 其他因素。下属人员的空间分散情况、下属人员承担责任的意愿以及面对风险的态度等因素也不同程度地影响着管理宽度的大小。

二、部门化

在明确了为完成目标所必须进行的各项活动之后，还必须按照一定的方式对之加以组合，使其之形成便于管理的单位或部门。这一步骤在管理的组织职能中被称为划分部门或部门化。"部门"是指组织中主管人员为完成规定的任务有权管辖的一个特定领域，它在不同的组织中有着不同的称呼，企业称为分公司、部、处等，军队称为师、团、营、连，政府机关则称为部、局、处、科等。

部门的划分反映了对组织活动的分工和安排，其目的是为了通过实施这些活动高效率地实现组织的目标。通过对上述各种部门化方法的单独或综合应用，便形成了各种各样现实的组织结构。

（一）职能部门化

职能部门化是根据业务活动的相似性来设立管理部门。判断某些活动的标准是否相似、这些活动的业务性质是否相近、从事活动所需的业务技能是否相同、这些活动的进行对同一目标（或分目标）的实现是否具有紧密相关的作用。

企业为了实现生存和发展的目标必须要盈利，而盈利的前提是有效地向社会提供人们需要的商品。开发、生产、营销以及财务被认为是企业的基本职能，缺少了其中的任何一项企业都无法生存。除了这些非常重要的基本职能外，企业还需要一些保证生产经营能顺利展开的辅助性的或次要的职能，如人事、公共关系、法律事务等职能。

图 4-2-2 是一个基本的职能部门化的组织结构系统图。职能部门化是一种传统、普遍的组织形式。

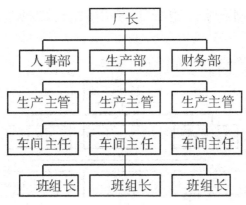

图 4-2-2　职能部门化组织结构

1. 职能是划分活动类型从而设立部门最自然、最方便、最符合逻辑的标准，据此进行的分工和设计的组织结构可以带来专业化分工的种种好处，可以使各部门的管理人员或专心致志地研究产品的开发和制造，或积极努力地探索和开发市场，或分析和评价资金的运动。

2. 按职能划分部门，由于各部门在最高主管的领导下从事相互依存的整体活动的一部分，因此有利于维护最高行政指挥的权威，有利于维护组织的统一性。

3. 由于各部门只负责一种类型的业务活动，因此有利于工作人员的培训、相互交流，从而使技术水平得到提高。

职能部门化的局限性主要表现在以下几个方面：由于各种产品的原料采购、生产制造、产品销售都集中在相同的部门进行，各种产品给企业带来的贡献不易区分，因此不利于指导企业产品结构的调整；由于各部门的负责人长期只从事某种专门业务的管理，缺乏总体的眼光，因此不利于高级管理人才的培养；由于活动和业务的性质不同，各职能部门可能只注重依据自己的准则来行动，因此可能使本来相互依存的部门之间的活动不协调，影响到组织整体目标的实现。为了克服这些局限性，有些组织会利用产品或地区的标准来划分部门。

（二）产品部门化

按职能设立部门往往是企业发展初期、品种单纯、规模较小时的一种组织形式。但是随着企业的成长和品种多样化，把制造工艺不同和用户特点不同的产品集中在同一生产或销售部门管理会给部门主管带来日益增多的困难。因此，如果主要产品的数量足够大、不同产品的用户或潜在用户足够多，那么组织的最高管理层除了保留公关、财务、人事，甚至采购这些必要的职能外，就应该考虑根据产品来设立管理部门、划分管理单位，把同一产品的生产或销售工作集中在相同的部门组织进行。

从职能部门化到产品部门化可能要经历一个发展过程。当企业规模还不够大、各种产品的产量和社会需求量还不够多的时候，组织中可能采取的变通方法是：在职能部门内部，不同的工作人员按产品的类别来划分工作任务，然后随着产品需求量和生产量的发展再采取产品部门化的形式。

图 4-2-3 是一个典型的产品部门化的组织图。

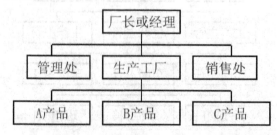

图 4-2-3　产品部门化组织结构

产品部门化具有以下优势：

1. 能使企业将多元化经营和专业化经营结合起来。整个企业向社会提供多种产品，而每一个部门只专门生产一种产品。因此，既可使企业因多元化经营而减少市场风险，提高了经营的稳定性，又可使企业的各部门因专业化经营而提高生产率、降低劳动成本。

2. 有利于企业及时调整生产方向。按照产品设立管理部门，要比职能部门化更易区分和摊派各种产品的收益与成本，从而更易考察和比较不同产品对企业的贡献，因此有利于企业及时限制甚至淘汰或扩大和发展某种产品的生产，使整个企业的产品结构更加合理。

3. 有利于促进企业的内部竞争。由于各个产品部门对企业的贡献容易辨认，因此可能会导致部门间的竞争。虽然这种内部竞争如处理不当可能影响到总体利益的协调，但如加以正确引导则可以促进不同的产品部门努力改善本单位的工作，从而有利于促进企业的成长。

4. 有利于高层管理人才的培养。每个部门的经理都需独当一面，完成同一产品制造的各种职能活动，这类似于对一个完整企业的管理。因此，企业可以利用产品部门来作为培养有前途高层管理人才的基地。

产品部门化的局限性是需要较多的具有像总经理那样能力的人去管理各个产品部。同时，各个部门的主管也可能过分强调本单位利益，从而影响企业的统一指挥。此外，产品部门某些职能管理机构与企业总部的重叠会导致管理费用的增加，从而提高待摊成本，影响到企业的竞争能力。

（三）区域部门化

区域部门化是根据地理因素来设立管理部门，把不同地区的经营业务和职责划分给不同部门的经理。

组织活动在地理上的分散带来的交通和信息沟通困难曾经是区域部门化的主要理由。我们很难设想在一个交通和电信联络不方便的区域或国家，公司总部的经理人员能正确合理地遥控指挥一个在千里之外的生产单位的产品制造活动。但是，随着通信条件的改善，这个理由已不再显得那么重要。

取而代之的是社会文化环境方面的理由。随着管理理论研究的深入，人们越来越清楚地认识到社会文化环境对组织活动有着非常重要的影响：不同的文化环境，决定了人们不同的价值观，从而使人们的劳动态度、对物质利益或工作成就的重视程度以及消费偏好不再一样，因此要求企业采用不同的人事管理或营销方法。文化背景是历史形成的，由于历史上各个地区之间的相互封闭，使得今天一定的文化环境总是同一定的地理区域相联系。因此，根据地理位置的不同设立管理部门，甚至使不同区域的生产、经营单位成为相对自主的管理实体，可以更好地针对各地区的劳动者和消费者的行为特点来组织生产及经营活动，跨国公司尤其如此，它们不仅使分散在世界各地的附属公司成为了独立的实体，而且对公司总部协调国际经营的各级管理人员的业务划分也是根据区域标准来进行的。

典型的区域部门化的组织结构图如图 4 - 2 - 4 所示。

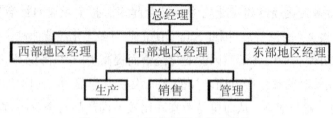

图 4 - 2 - 4　职能部门化组织结构

按区域划分管理部门的贡献和弊端类似于产品部门化。

(四)综合标准与矩阵组织

从上面给出的各种组织结构图中我们不难发现，任何组织都不可能根据单一的标准来设计管理组织，而必须同时利用两个或两个以上的部门化方式：在职能部门化的情况下，各职能部门内部可能按地区或产品来组织各个小组（分部门）的业务工作；在利用产品或区域标准的情况下，不仅公司总部保留了必要的人事、财务、采购等职能部门，而且相对独立的地区或产品部也设立了一些必要的职能机构。

矩阵组织是综合利用各种标准的一个范例。这是一种由纵横两套系统交叉形成的复合结构组织，纵向的是职能系统，横向的是为完成某项专门任务（如新产品开发）而组成的项目系统。项目系统没有固定的工作人员，而是随着任务的进度，根据工作需要从各职能部门抽调人参加，这些人员完成了与自己有关的工作后仍会回到原来的职能部门。

图 4 - 2 - 5 是一种常见的矩阵式组织结构。

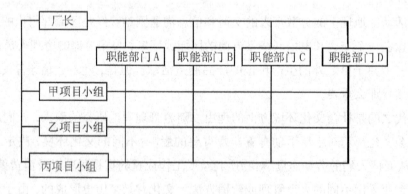

图 4 - 2 - 5　矩阵组织

矩阵组织具有很大的弹性和适应性，可以根据工作需要集中各种专门的知识和技能，短期内迅速完成重要的任务；由于在项目小组内集中了各种人才，便于知识和意见的交流，所以能促进新的观点和设想的产生；此外，由于成员来自各个不同的职能部门，项目小组的活动还可促进各个部门间的协调和沟通。但由于项目组织的成员是根据工作的进展情况临时从各职能部门抽调的，其隶属关系不变，从而不仅可能使他们产生临时观念，影响到工作责任心，而且由于要接受并不总是保持一致的双重领导，在工作中可能有时会感到无所适从。

矩阵式组织的特点决定了它主要适用于那些工作内容变动频繁、每项工作的完成需要众多技术知识的组织，或者作为一般组织中安排临时性工作任务的补充结构形式。

三、组织设计的影响因素分析

组织设计的任务是确定为保证组织目标的达成，组织中需要设立哪些岗位和部门，并规定这些岗位和部门间的相互关系。根据组织的目标不同、为实现目标所需进行的活动不同、活动的环境和条件不同，企业中需要设立不同的岗位，这些岗位又在不同的部门，这些部门之间的相互关系也必然表现出不同的特征，从而成为影响企业经营活动及企业组织设计的主要因素。

(一)经营环境对企业组织设计的影响

环境的特点及其变化对企业组织的影响主要表现在以下三个方面。

1. 对职务和部门设计的影响。组织是社会经济大系统中的一个子系统。组织与外部存在的其他社会子系统之间也存在分工的问题。社会分工方式的不同决定了组织内部工作内容，从而所需完成的任务、所需设立的职务和部门也不一样。在我国，随着经济体制改革的深入，国家逐步把企业推向市场，使企业内部增加了要素供应和市场营销的工作内容，要求企业必须相应地增设或强化资源筹措和产品销售的部门。

2. 对各部门关系的影响。由于环境的不同，组织中各项工作完成的难易程度以及对组织目标实现的影响程度也不相同。同样在市场经济的体制中，当对产品的需求大于供给时，企业关心的是如何增加产量、扩大生产规模，增加新的生产设备或车间，企业的生产职能、以及生产部门会显得非常重要，而相对要冷落销售部门和销售人员；而一旦市场供过于求，从卖方市场转变为买方市场，则营销职能会得到强化，营销部门会成为组织的中心。

3. 对组织结构总体特征的影响。外部环境是否稳定，对组织结构的要求也是不一样的。稳定环境中的经营，要求设计出被称为"机械式管理系统"的稳固结构，管理部门与人员的职责界限分明，工作内容和程序经过仔细的规定，各部门的权责关系固定，等级结构严密；而多变的环境则要求组织结构灵活(称为"柔性的管理系统")，各部门的权责关系和工作内容需要经常做适应性的调整，强调的是部门间的横向沟通而不是纵向的等级控制。

(二)经营战略对企业组织设计的影响

组织结构必须服从组织所选择战略的需要。适应战略要求的组织结构，为战略的实施以及为组织目标的实现提供了必要的前提。

战略是实现组织目标的各种行动方案、方针和方向选择的总称。为实现同一目标，组织可在多种战略中进行挑选。战略选择的不同，可在两个层次上影响到组织结构：不同的战略要求不同的业务活动，从而影响管理职务的设计；战略重点的改变，会引起组织的工作重点、以及各部门与职务在组织中重要程度的改变，因此要求各管理职务以及部门之间的关系也需做相应的调整。

由于战略的类型不同、企业活动的重点不同，所以组织结构的选择也有差异。

从企业经营领域的宽窄来分，企业经营战略可分为单一经营战略及多种经营战略。如果一家公司采取的是只向有限的市场提供一种或少数几种产品或服务的战略，那么它通常可能会采用倾向集权的组织结构。因为这类企业的组织目标强调内部效率和技术质量，控制和协调主要通过纵向层级来实现，不太需要横向协调。随着企业的发展，其战略会自然而然地趋于多元化，提供多种产品并扩展到新的市场，企业的层级组织也会随之发展为分权的结构，因为此时企业的目标更强调灵活性和快速决策，以较好地适应外部环境。

按企业对竞争的方式和态度来划分，其经营战略可分为保守型战略、风险型战略及分析型战略。

1. 保守型战略的企业领导可能认为，企业面临的坏境是较为稳定的，需求不再有大的增长和变化。战略目标为致力保持该产品已取得的市场份额，集中精力改善企业内部生产条件，提高效率，降低成本。采取了这种保守型战略，保持生产经营的稳定和提高效率便成为企业的主要任务。在组织设计上强调提高生产和管理的规范化程度，以及用严密的控制来保证生产和工作的效率。因此，采用刚性结构应是这种组织结构的基本特征。

2. 选择风险型战略的领导则可能认为环境复杂多变、需求高速增长、市场变化很快，所以机遇和挑战并存。企业必须要不断开发新产品、开拓新市场，实行新的经营管理方法。为了满足组织不断开拓和创新的需要，在组织设计上就不能像保守型那样以规范化和控制为目标，而应以保证企业的创新需要和部门间的协调为目标，因而，实行柔性结构便成为这类组织的基本特征。

3. 分析型战略介于前两者之间。它力求在两者之间保持适当的平衡，所以其组织结构的设计兼具刚性和柔性的特征。

企业战略类型的选择对组织设计的影响，如表4－2－1所示。

表4－2－1　　　　　　　　企业战略类型对组织设计的影响

结构特征	保守型战略	风险型战略	分析型战略
集权和分权计划管理高层管理人员构成信息沟通	集权为主，严格工程师、成本专家纵向为主	分权为主，粗泛营销、研究开发专家横向为主	适当结合有严格也有粗放联合。组成有纵向，也有横向

（三）技术及其变化对企业组织设计的影响

组织的活动需要利用一定的技术和反映一定技术水平的物质手段来进行。技术以及技术设备的水平不仅影响到组织活动的效果和效率，而且会作用于组织活动的内容划分、职务的设置和工作人员的素质要求。信息处理的计算机化必将改变组织中的会计、文书、档案等部门的工作形式和性质。

现代企业的一个最基本特点是在生产过程中广泛使用了先进的技术和机器设备。由人制造的设备和设备体系有其自身的运转规律，这个规律决定了对运用设备进行作业工人的生产组织。在某些条件下，人们必须要把某一类产品的制造在一个封闭的生产车间内完成；而在另一些条件下，人们又可以让不同车间的生产专门化，而只需完成各类产品的某道或某几道工序的加工。

技术是指企业在把原材料加工成产品并销售出去这一转换过程中，有关的知识、工具和技艺。它不仅包括企业的机器、厂房和工具，而且也包括职工的知识和技能，包括生产工艺和管理业务方法等。

我们可以把技术分成作用于资源转换的物质过程的生产技术与主要对物质生产过程进行协调与控制的管理技术。管理过程是利用反映企业经营要素在时空上的运动特点与分布状况的各种信息来计划、组织、协调与控制企业生产经营活动，与信息收集、处理利用相关的技术因而成为管理技术的主要内容。

1. 生产技术对企业组织的影响

英国工业社会学家伍德沃德最早对工业生产技术与组织结构的关系进行了有影响力的研究，又称为南艾塞克斯郡研究（South Essex Study）。研究的主要内容是英国南艾塞克斯郡的100家工业企业组织结构的特征，如管理宽度、管理层次、管理人员与事务人员比重、工人的技术水平等，还涉及到管理风格的一些内容（如书面沟通同口头沟通的比例、报酬的使用等）以及生产的类型、企业经营成效等。

她的研究表明，工业企业的生产技术同组织结构及管理特征有着系统化的联系。伍德沃德指出，每一种有着类似目的和类似技术复杂程度的生产系统都有其独特的组织模型及管理特征。她所指的企业目的，是指它的产品和市场。这种目的决定着它会有怎样的技术复杂程度。技术复杂程度包括产品制造过程的机械化程度以及制造过程的可预测性。技术复杂程度高，意味着大多数生产操作是由机器来完成的，因而制造过程的可预测性高。

伍德沃德把企业生产组织的形式分成单件小批生产、大批大量生产和连续生产三种类型，随着生产过程中所采用的技术复杂程度的提高，企业生产组织逐渐从单件小批生产转化为大批大量生产，进而发展到连续生产。伍德沃德在研究中还发现：

（1）经营成功企业的组织结构，与其所属的技术类型有着相互对应的关系。而经营不成功的企业，通常其组织结构特征偏离了其相应的技术类型。

（2）成功的单件小批生产和连续生产的组织具有柔性结构，而成功的大批量生产的组织具有刚性结构。

不同生产技术特点的企业，要求不同的组织设计，采用不同的组织结构及管理特征。因而不存在一种绝对的最佳组织结构模式，从而引发了组织结构研究的权变理论思路。

2.信息技术对企业组织的影响

信息技术对组织方面的影响如同计算机一体化技术对生产的影响，提高了企业的生产效率和管理效率，它也同样需要新型的组织结构来配合其发展。

（1）使组织结构呈现扁平化的趋势。在英国伦敦的一个运用了信息技术向雇员授权而不是维持严格的等级制的组织中，技术的发展使其结构由 13 层减少至 4 层。Hercules，一家医药公司，将电子信息和群件技术相联系，使存在于首席执行官与工厂的工头之间的层次由 12 个减少至 7 个。新的信息技术能够使 Aetna Life Casualty 公司的销售以较小的工作小组去替代过去的管理者和代理层级制。

（2）对集权化和分权化可能带来双重影响。希望集权化的管理者能够运用先进技术去获得更多的信息并做出更多的决策。同时，管理者也能够向下属分散信息并且增强参与性与自主性。

（3）加强或改善了企业内部各部门间以及各部门内工作人员间的协调。比如，在 Chase Manhattan 银行，新技术能够使管理者之间彼此沟通并认识到组织的活动与结果，它有助于消除障碍和树立以前不曾有的团体意识及组织的整体意识，特别是当人们在不同地点工作时。

（4）要求给下属以较大的工作自主权。在信息技术很发达的情况下，很少有管理工作将服从严格的政策限定和工作描述。

（5）提高专业人员比率。例如，当 North American Banking Group 安装了顾客服务系统时，雇员中的专业人员由 30%增至 60%。中高层的管理者能够运用新技术去打印自己的备忘录，并可立刻通过电子邮件发送。

（四）企业发展阶段对企业组织设计的影响

企业发展的初始阶段，组织层级会比较简单，如企业在初创时可能以个人业主制或手工作坊等简单的形式出现。早期发展阶段的层级很简单，其管理者很可能同时担任着决策执行者的角色，即企业的管理层和执行层是合而为一的，或者其层级可能是包括管理层和执行层在内的两个简单层级。

在企业逐步向高级阶段发展时，企业可能会将一部分通过市场交易的资源通过内部化来进行交易，因为企业发现通过市场交易这一部分资源的交易费用远远高于内部化的费用，这样企业就以其内部的行政协调取代市场作为资源的配置方式。这时，企业要求有相应的层级组织来执行行政协调配置资源的功能，因而企业的组织层级很可能会增加，即由简单的两级层级跃升为三级或更多级别；或者伴随着企业由简单的初始阶段原始的组织形式发展为成熟阶段或是发展阶段比较高级的企业组织形式如股份制，企业的所有权与经营权可能发生分离。此时原先企业的所有者若缺乏必要的知识、信息和管理技术与手段，则很可能放弃企业的经营权和管理权，将企业的管理权通过委托的方式交由专门从事经营管理的经理人管理，这样企业就会相应地增加其组织层级。

在企业逐渐走向老化或是处于企业生命周期的衰退阶段时，企业则可能出于开源节流的目的进行组织层级的调整，如裁员等。

美国学者 J. Thomas Cannon 提出了组织发展五阶段的理论，并指出在发展的不同阶段要求有与之适应的组织结构形态。

1. 创业阶段。在这个阶段，决策主要由高层管理者个人作出，组织结构相当不正规，对协调只有最低限度的要求，组织内部的信息沟通主要建立在非正式的基础之上。

2. 职能发展阶段。这时决策越来越多地由其他管理者作出，而最高管理者亲自决策的数量越来越少，组织结构建立在职能专业化的基础上，各职能间的协调需要增加，信息沟通变得更重要，也更困难。

3. 分权阶段。组织采用分权的方法来应对职能结构引起的种种问题，组织结构以产品或地区事业部为基础来建立，目的是在企业内建立"小企业"，使后者按创业阶段的特点来管理。但随之而来也出现了新的问题，各"小企业"成为内部不同利益的集团，组织资源转移用于开发新产品的相关活动减少，总公司与"小企业"的许多重复性劳动使费用增加，高层管理者感到对各"小企业"失去了控制。

4. 参谋激增阶段。为了加强对各"小企业"的控制，公司一级的行政主管增加了许多参谋助手。而参谋的增加又会导致他们与直线管理的矛盾，影响到组织中的命令统一。

5. 再集权阶段。分权与参谋激增阶段所产生的问题可能诱使公司高层主管再度高度集中决策权力。同时，信息处理的计算机化也使再集权成为可能。

(五)规模对企业组织设计的影响

规模是影响组织结构设计的一个重要变量。随着企业的发展，企业活动的规模日渐扩大、内容日趋复杂，组织管理的正规化要求逐渐提高，管理的文件越来越多，对不同岗位以及部门间协调的要求越来越高，组织也越来越复杂。

1. 规范化。规范化是指规章、程序和书面文件，如政策手册和工作描述等，这些规定了雇员的权利与义务。大型组织具有更高的规范化程度，原因是大型组织更加依靠规章、程序和书面工作去实现标准化和对大量雇员与部门的控制。与之相反，小型组织则可以通过管理者的个人观察进行控制。规范化也可能提高大型官僚组织中更加规范的和非人格化的行为及作用方式。相反，在小型松散的组织中则更多的是自发的偶然性行为和社会性作用方式。

2. 分权化。集权化与分权化主要与组织中决策权力的集中或分散有关。在集权化的组织中，决策是由高层做出的，而在分权化的组织中，类似的决策在较低的层次上做出。在完全的官僚制中，所有的决策都是由那些具有完全控制权的高层管理者做出的。然而，随着组织的成长壮大，会有越来越多的部门和人员。因此，组织的规模的研究表明，组织规模越大就越需要分权化。

3. 复杂性。复杂性与组织中的层级数目（纵向复杂性）以及部门和工种的数量（横向复杂性）有关。大型组织显示了复杂性的明显特征。规模与复杂性之间的关系也是显而易见的。

（1）在大型组织中对传统的专门化的需要更加普遍。大型组织需要通过经常性地建立新的管理部门来解决规模增大所带来的问题，在大型组织中建立计划部门是因为在组织达到一定的规模后产生了对计划的巨大需要。

（2）随着组织中部门规模的增大，产生了细分的压力，部门最终达到最大以至于管理者不能有效地控制它们。在这一点上，子集团会试图被再细分为独立的部门。

（3）传统纵向的复杂性需要保持对大量人员的控制。随着雇员数量的增加，为保持管理跨度所增加的层级会更多。

4. 专职管理人员的数量。大型组织的另一个特点是管理人员、办事人员和专业人员的数量激增。1957 年，C. Northcote Parkinson 发表了 Parkinson 法则，认为工作可以延长到完成它所需要的时间。Parkinson 认为，由于各种原因，管理者受到激励会增加更多的管理人员来巩固他们的地位。Parkinson 运用所谓的 Parkinson 法则来讽刺英国的海军总部在 1914—1928 年的 14 年 间，尽管海军总人数减少了 32%，军舰也减少了大约 68%，但是海军总部的工作人员却增加了 78% 。实际上，Parkinson 在 英国海军总部所观察到的现象也可在现代大型企业中普遍地观察到:随着企业活动规模的扩大，必然增加对直接生产以及直接生产者的需要，进而必然产生对管理者以及管理者的管理劳动进行管理的必要。

项目三 进 行 集 权 和 分 权

组织的不同部门拥有的权力范围不同，会导致部门之间、部门与最高指挥者（群）之间以及部门与下属单位之间的关系不同，从而使组织的结构也有所不同。

一、权力的性质与特征

根据存在基础的不同，人们一般将权力划分为五种类型。

1. 制度权。也称为法定权或法理权。这种权力附属于某种职位，来自于人们对权利、义务和责任的根本看法所形成的文化系统。在这样一个文化系统中，"职位"作为一种合理合法的存在而为人们所认可或接受。这种随职位而拥有的权力就是我们所关心的职权。

2. 专长权或专家权。这是因为人们拥有某种特殊的知识或技能而对他人所产生的影响力。人们常常会受到医生、律师、科学家等的强烈影响，这是因为他们拥有各自领域的特殊的专门知识而为人们所崇敬。

3. 个人影响权。也称为参考权，这是由被人们信仰和崇拜而产生的权力。例如，一些宗教领袖、战斗英雄、电影明星等就常常拥有这样的权力。

4. 强制权。也称为惩罚权，指能够给人们带来不愉快或不情愿的后果的权力。

5. 奖赏权。指能够为他人带来某种期望的后果或好处的权力。

组织中的管理者所拥有的权力主要就是职权，当然也可以不同程度地同时拥有其他几种权力。职权是在组织中的某一职位上作出决策的权力，它只与组织中的管理职位有关，而与占据这个职位的人员无关。原先占据某一职位的主管一旦离职，其所拥有的职权也就会随之消失。

二、集权与分权的相对性

集权是指决策权在组织系统中较高层次的一定程度的集中；与此相对应，分权则是指决策权在组织系统中较低管理层次的程度上分散。集权和分权是一个相对概念。绝对的集权意味着组织中的全部权力集中在一个主管手中，组织活动的所有决策均由主管作出，主管直接面对所有的执行者，没有任何中间管理人员、没有任何中层管理机构。这在现代社会经济组织中显然是不可能的。而绝对的分权则意味着全部权力分散在各个管理部门，甚至分散在各个执行、操作者手中，没有任何集中的权力，因此主管的职位显然是多余的，一个统一的组织也不复存在。

所以，在现实社会中的组织，可能是集权的成分多一点，也可能是分权的成分多一点。我们需要研究的，不是应该集权还是分权，而是哪些权力宜于集中、哪些权力宜于分散，在什么样的情况下集权的成分应多一点，何时又需要较多的分权。

三、组织中的集权倾向

集权与分权虽然同样必不可少，但组织中几乎普遍存在一种集权的倾向。

(一)集权倾向的产生原因

集权倾向主要与组织的历史和领导的个性有关，但有时也可能是为了追求行政上的效率。

1. 组织的历史。如果组织是在自身较小规模的基础上逐渐发展起来的，发展过程中也无其他组织加入的话，那么集权倾向可能更为明显。因为当组织规模较小时，大部分决策都是由最高主管（层）直接制定和组织实施的。决策权的使用可能会成为习惯，一旦失去这些权力，主管便可能产生失去了对"自己的组织"的控制的感觉。因此，即使事业不断发展、规模不断扩大，最高主管或最高管理层仍然愿意保留不应集中的大部分权力。

2. 领导的个性。权力是赋予一定职位的管理人员的，它是地位的象征。权力的运用可以证实、保证并提高其使用者在组织中的地位。组织中个性较强和自信的领导者往往喜欢所辖部门完全按照自己的意志来运行，而集中控制权力则是保证个人意志绝对被服从的先决条件。当然，集中地使用权力，统一地使用和协调本部门的各种力量，创造比较明显的工作成绩，也是提高自己在组织中的地位、增加升迁机会的重要途径。

3. 政策的统一与行政的效率。从积极方面来看，集权化倾向的普遍存在有时也是为了获得它的贡献。集权至少可以带来两个方面的好处：一是可以保证组织总体政策的统一性，二是可以保证决策执行的速率。集中的权力制定出组织各单位必须执行的政策，可以使整个组织统一认识，统一行动、统一处理对内对外的各种问题，从而防止政出多门、互相矛盾；同时，在集权体制下，决策的制定可能是一个缓慢的过程，但任何问题一经决策便可借助高度集中的行政指挥体系，使多个层次"闻风而动"，迅速组织实施。

（二）过分集权的弊端

一个组织，当它的规模还比较小的时候，高度集权可能是必需的，而且可以充分显示出其优越性。但随着组织规模的发展，如果将许多决策权过度地集中在管理高层则可能出现弊端。

1. 降低决策的质量。大规模组织的主管远离基层，基层发生的问题经过层层请示汇报后再作决策，不仅会影响决策的正确性，而且还会影响决策的及时性。高层主管了解的信息是在传递过程中可能被扭曲的信息，而根据被扭曲的信息制定的决策是很难保证其质量的；即使制定的决策正确，但由于信息多环节的传递需要耽误一定的时间，从而可能导致决策迟缓，等到正确的方案制定出来时，问题可能已对组织造成了重大危害，或者形势已经发生了变化，问题的性质已经转换，需要新的解决方法。

2. 降低组织的适应能力。作为社会细胞的组织，其整体和各个部分与社会环境有着多方联系。随着组织的发展，这种联系变得更频繁、更复杂。而与组织有联系的外界环境是在不断发展和变化的。处在动态环境中的组织必须根据环境中各种因素的变化不断进行调整。这种调整既可能是全局性的，也可能是（且）往往是局部性的。过度集权的组织，可能使各个部门失去自适应和自调整的能力，从而削弱组织整体的应变能力。

3. 降低组织成员的工作热情。权力的高度集中使得组织中的大部分决策均由最高主管或高层管理人员制定，基层管理人员和操作人员的主要任务甚至是唯一任务在于被动、机械地执行命令。长此以往，他们的积极性、主动性、创造性会被逐渐磨灭，工作热情消失，劳动效率下降，从而使组织的发展失去基础。

上述主要弊端的任何一项发展，都会对组织造成致命性的危害；同时，由于集权是一种方便的行为、普遍化的现象，因此，我们应着重研究其对应面：非集权化或权力的分散。

四、分权及其实现途径

（一）分权的标志

要研究和指导组织的分权，首先应确定判别组织是否实行了分权以及分权程度的标志。

1. 决策的频度。组织中较低管理层次制定决策的频度或数目越大，则分权的程度越高。

2. 决策的幅度。组织中较低层次决策的范围越广、涉及的职能越多，则分权的程度越高。比如，按地区划分的管理单位，如果只有权对生产问题作出决策，则组织的分权程度较低；相反，如果对市场营销甚至财务问题也有一定的决策权，那么企业是一个分权化组织的可能性就比较大。

3. 决策的重要性。决策的重要性可以从两个方面来衡量：一是决策的影响程度，二是决策涉及的费用。如果组织中较低层次的决策只影响该部门的日常管理，而不影响部门今后的发展，从而决策对整个组织的影响程度较小，则组织的分权程度较低，反之则高；类似地，低层次管理部门能够制定需要 10 万元费用的决策的组织，其分权程度就要比另一个相应层次的管理部门只能做出需要 5 万元费用的决策的组织要高。

4. 对决策的控制程度。如果高层次对较低层次的决策没有任何控制，则分权程度极高；如果低层次在决策后要向高一级管理部门报告备案，则分权程度次之；如果低层次在决策前要征询上级部门的意见，向其"咨询"，则分权程度更低。

（二）分权的影响因素

分权虽然是必要的，组织中也存在许多因素有利于分权，但同时也存在不少妨碍分权的因素。

1. 组织中促进分权的因素

（1）组织的规模。组织的规模越大，管理的层次越多。多层次管理人员为了协调和指挥下属的活动，必然要求相应的权力。因此，权力往往随着组织规模的扩大和管理层次的增加而与职责一起逐层分解。同时，组织规模达到一定程度以后，决策权仍高度集中，则可能导致"规模负经济"。因此，分权往往是发展中的组织避免或至少是推迟达到"最佳规模"的手段。

（2）活动的分散性。组织的某个工作单位如果远离总部，则往往需要分权。这是因为对于总部来说，不在现场难以正确、有效地指挥现场的操作；同时，分散在各地区的单位主管往往表现出强烈的自治欲望，这种欲望如果不能得到一定程度的满足，则可能破坏组织的效率。

（3）培训管理人员的需要。"在游泳中学会游泳"，在权力的使用中学会使用权力。低层次管理人员如果很少有实践权力的机会，或只有实践很少权力的机会，则难以培养成能够统御全局的人才，从而不能使组织在内部造就高层管理的后备力量。相反，独当一面的分权化单位主管可以非常迅速地适应总经理的工作。

2．不利于分权的因素

（1）政策的统一性。组织作为一个统一的社会单位，要求内部的各方面政策是统一的。如果一个企业在同一产品销给不同用户的价格、在职工的报酬标准等方面采取不同的政策，则可能导致统一组织的解体。而分权则可能对组织的统一性起到某种破坏作用。

（2）缺乏受过良好训练的管理人员。分权与管理人员的培训是互为因果的。现有组织的重新设计不能不考虑到组织现有管理人员的素质：分权化导致的基层决策权力的增加，要求这些权力被正确、有效地运用。唯有如此，才符合分权的初衷，才能促进组织效率的提高。然而，正确地运用权力，要求管理人员具有相应的素质。现有组织如果缺乏足够的符合要求的低层次管理人员，则往往会对进一步分权造成限制。

（三）分权的途径

权力的分散可以通过两个途径来实现：组织设计中的权力分配（我们称为制度分权）与主管人员在工作中的授权。

制度分权与授权的结果虽然相同，都是使较低层次的管理人员行使较多的决策权，即权力的分散化，许多教科书也因此而对它们不做区分，甚至把授权视为分权的主要手段，然而实际上这两者是有重要区别的。

制度分权，是在组织设计时，考虑到组织规模和组织活动的特征，在工作分析、职务和部门设计的基础上，根据各管理岗位工作任务的要求规定必要的职责和权限。而授权则是担任一定管理职务的领导者在实际工作中，为充分利用专门人才的知识和技能，或出现新增业务的情况下，将部分解决问题、处理新增业务的权力委任给某个或某些下属。

制度分权与授权的含义不同，决定了它们具有以下区别。

1．制度分权是在详细分析、认真论证的基础上进行的，因此具有一定的必然性；而工作中的授权则往往与管理者个人的能力和精力、拥有的下属的特长、业务发展情况相联系，因此具有很大的随机性。

2．制度分权是将权力分配给某个职位，因此，权力的性质、应用范围和程度的确定需根据整个组织结构的要求；而授权则是将权力委任给某个下属，因此，委任何种权力、委任后应做何种控制，不仅要考虑工作的要求，而且要依据下属的工作能力。

3．分配给某个管理职位的权力如果调整的话，不仅会影响该职位或部门，而且会影响与组织其他部门的关系。因此，制度分权是相对稳定的。除非整个组织结构重新调整，否则制度分权不会收回。相反，由于授权是某个主管将自己担任的职务所拥有的权限因某项具体工作的需要而委任给某个下属，这种委任可以是长期的，也可以是临时的。长期的授权虽然可能制度化，在组织结构调整时成为制度分权，但授权并不意味着放弃权力。

4. 制度分权主要是一条组织工作的原则,以及在此原则指导下的组织设计中的纵向分工;而授权则主要是领导者在管理工作中的一种领导艺术,一种调动下属积极性、充分发挥下属作用的方法。

另外,有必要指出,作为分权的两种途径,制度分权与授权是互相补充的:组织设计中难以详细规定每项职权的运用,难以预料每个管理岗位上工作人员的能力,同时也难以预测每个管理部门可能出现的新问题,因此,需要各层次的领导者在工作中的授权来补充。

课堂小故事:

子贱放权

孔子的学生子贱有一次奉命担任某地方的官吏。但他到任以后却时常弹琴自娱而不管政事,可是他所管辖的地方却治理得井井有条民兴业旺。这使那位卸任的官吏百思不得其解,因为他每天即使起早摸黑,从早忙到晚也没有把地方治好。于是他请教子贱:"为什么你能治理得这么好?"子贱回答说:"你只靠自己的力量去进行,所以十分辛苦;而我却是借助别人的力量来完成任务。"

分析:

现代企业中的领导人,喜欢把一切事都揽在自己身上,事必躬亲,管这管那,从来不放心把一件事交给手下的人去做,这样,使得他整天忙忙碌碌不说,还会被公司的大小事务搞得焦头烂额。其实,一个聪明的领导人应该是子贱二世,正确地利用部属的力量,发挥团队协作精神,不仅能使团队很快成熟起来,同时也能减轻管理者的负担。

在公司的管理方面,要相信少就是多的道理:你抓得少些,反而收获就多了。管理者,要管头管脚(指人和资源),但不能从头管到脚。

项目四 怎样进行直线主管与参谋

组织中的管理人员是以直线主管和参谋两类不同身份来从事管理工作的,他们的作用不同,对组织活动的展开和目标的实现是必要的。

一、直线、参谋及其相互关系

(一)直线关系

1. 含义:由管理幅度的限制而产生的管理层次之间的关系便是所谓的直线关系。

2. 特点:直线关系是一种命令关系,是上级指挥下级的关系。这种指挥和命令的关系越明确，即各管理层次直线主管的权限越清楚，就越能保证整个组织的统一指挥。

直线关系是组织中管理人员的主要关系，组织设计的一个重要内容便是规定和规范这种关系。

(二)参谋关系

1.含义：随着先进的科学技术和现代化的生产方法与手段在企业中的运用，企业活动的过程越来越复杂。组织和协调活动过程的直线管理人员需设置一些助手，利用不同助手的专业知识来弥补自己知识的不足，来协助他们的工作。这些具有不同专业知识的助手通常称为参谋人员。

2.特点：参谋的设置首先是为了方便直线主管的工作，减轻他们的负担。虽然直线主管会授予他们部分职能权力，但是，他们的主要职责和特征仍然是同层次直线主管的助手，主要任务是提供某些专门服务、进行某些专项研究，以提供某些对策建议。

(三)直线与参谋的关系

1.直线与参谋是两类不同的职权关系。直线关系是一种指挥和命令的关系，授予直线人员的是决策和行动的权力；参谋关系是一种服务和协助的关系，授予参谋人员的是思考、筹划和建议的权力。

2.区分直线与参谋的另一个标准是分析不同管理部门和管理人员在组织目标实现中的作用。对组织目标的实现负有直线责任的部门称为直线机构，为实现组织基本目标协助直线人员有效工作而设置的部门称为参谋机构。

二、职能职权

在纯粹的参谋职权的语境下，一个组织的最高管理者拥有管理和指挥组织所有活动的完全职权。有关人事、采购、研究开发等专门领域的参谋人员或部门只是提出建议，不具有指挥和命令的直线权力。但当最高主管认为自己没有必要亲自处理这些专门领域的事务时，他便可授权给参谋人员，允许他们可以就各自的专门领域直接向直线部门发布指示。这样，参谋人员便有了在这些特定领域中行使直线职权的权力，于是就产生了所谓的职能职权。职能职权是一种赋予个人或部门的对某些特定的程序、业务、政策等进行控制的权力。从理论上来讲，职能职权并不只限于参谋或服务部门的主管，直线主管也同样可以拥有职能职权。但在一般的场合下，职能职权是由服务或参谋部门的主管行使的，这是因为这些部门通常都是由某一领域的专业人员构成的。正是这些专业人员所具有的特殊的知识和技能构成了职能管理的基础。

应当引起注意的是，为了不至于削弱直线主管的职权，职能职权的应用必须适度，必须只限于那些确实需要专门知识和技能的复杂问题。职能职权的产生还意味着对于统一指挥原则一定程度的破坏，意味着多头指挥，因此必须要注意避免职能职权的过度和滥用。

三、处理直线人员、职能人员与参谋人员的关系

在组织机构运转的实际工作中，三种职权（人员）关系处理不当就有可能导致混乱，使管理效率低下。如前所述，随着组织规模的扩大以及管理问题的日益复杂化，主管人员的知识和能力不能适应需要，于是相继出现了参谋、职权（人员）和职能职权（人员）。但在实际当中，这三种人员的职权经常容易混淆。此外，参谋职权的无限扩大容易削弱直线人员的职权乃至威信；职能职权的无限扩大，则容易导致"多头领导"，最终导致管理混乱、效率低下。因此，保证组织机构的正常运转、处理好三种职权（人员）的关系是组织机构运行中的一个重要问题。

在处理各种职权关系时应注意以下几个问题。

（一）三种人员的职权关系

在任何一个现实的组织中，各级管理人员的职责都兼具直线、参谋或职能的因素。从前述的直线职权、参谋职权、职能职权的性质和特点可以看出，在现代组织中，这三种职权是使组织活动朝向组织目标不可分割的整体。直线职权意味着做出决策、发布命令并付诸实施，是协调组织人、财、物，保证组织目标实现的基本权力。而参谋职权则仅仅意味着协助和建议的权力，它的行使是保证直线主管人员做出的决策更加科学与合理的重要条件。职能职权由于是直线职权的一部分，因此也具有直线职权的特点，但职能职权的范围小于直线职权，它主要解决的是关于怎么做和何时做的问题，绝不能包揽直线的一切权力。同时，职能职权的行使者多是一些有一定专长的参谋人员，因此，它更能从某一专业的角度出发来保证一项决策的科学性、可行性和实用性，从而大大促进管理效率的提高。

（二）注意发挥参谋人员的作用

1. 理顺直线和参谋的关系。一般来说，参谋只是为直线提供信息、出谋划策配合直线工作。但是，在管理实践中，参谋和直线的关系比这要复杂得多，概括起来有七种基本的直线—参谋关系。

（1）咨询（顾问）。参谋仅向直线提供咨询帮助，直线可以接受也可以不接受这种帮助。参谋在充分了解情况的基础上，可主动向直线人员提出建议。

（2）按照要求提供服务。其关系与上述的咨询相似，但服务项目超过咨询和建议。参谋人员与直线人员的关系和合同承包人员与发包人的关系相似，他们的上司是参谋部门的领导。

（3）根据既定的计划，作为完成单位任务的一部分，向某组织提供参谋服务。例如，参谋组织向某组织（企业、医院等）提供常规的技术服务。这些专家、技术人员听令于参谋组

织，主管人员对他们的服务质量负责。而接受服务的组织无权指挥专家们的工作，但如果他对于服务质量、对偏离既定方案有疑问时，可直接与参谋组织的主管联系。同时，参谋组织的主管也无权决定服务项目的利用程度，因为这些已在规划中作过规定。

（4）为直线提供必要的常规辅助性服务。一旦提供服务所必要的报告、申请或其他特别制度（例如财会制度等）经过了批准，提供单位就有权要求直线遵守。在发生违章时，服务单位的人员（在向直线人员提出正常要求后）有权要求在监督下进行纠正。只要提出的公文得到批准，使用单位的人员便可直接与提供单位联系，要求给予有关的服务和信息。

（5）中心参谋单位和经营单位、附属的参谋单位、参谋人员之间的职权关系。例如，质量控制中心，通过各分厂的质量控制处开展工作；卫生局人事部门，通过各医院人事处开展工作。这些中心参谋单位对经营组织的参谋进行业务指导，而不能下达指令。若中心参谋单位感到确有必要应做或停做某事，可向经营组织的参谋单位提出有力的建议，甚或提到经营组织的更高一级。

（6）部门主管和来自参谋单位人员之间的关系。参谋单位常常会培训一些较高质量的专业人员，然后分配给经营组织。这些人员虽较长时间在经营组织里工作，但总认为参谋单位才是他们的"家"。经营组织的主管对他们进行"行政管理"，参谋单位的主管对他们进行专业管理。后者是他们的顶头上司，因为参谋单位的主管：一是可变更他们的工作位置；二是决定他们的成绩大小，在提升和报酬时提出建议；三是负责不断提高他们的业务水平。这里所指的"行政管理"，是经营组织的主管给他们（参谋人员）布置工作、批准请假等，并指示他们遵守工作人员守则。"专业管理"的含义，是指由参谋单位的主管为业务工作制定程序和建立有关标准。

（7）经理与顾问或参谋人员，或直接向他报告单位之间的关系。参谋人员与经理下属其他人员的关系是：参谋人员或参谋单位只能提供信息、咨询和建议，通过经理的许可或决定，才能以经理的名义行令，而不能以自己的名义去让他们做什么事。

2. 发挥参谋作用应注意的事项

（1）参谋独立地提出建议。参谋人员多是某一方面的专家，应让他们根据客观情况提出科学性的建议，而不应左右他们的建议。德鲁克 1944 年受聘于美国通用汽车公司，担任管理政策顾问。第一天上班时，该公司总经理斯隆找他谈话："我不知道我们要你研究什么，要你写什么，也不知道该得到什么成果，这些都是你的任务。我唯一的要求，只是希望把正确的东西写下来，你不必顾虑我们的反应，也不应怕我们不同意。尤其重要的是，你不必为了使你的建议易为我们接受而想到调和折中。在我们公司里，人人都会调和折中，不必劳你的驾。你当然也可以调和折中，但你必须先告诉我正确的是什么，我们才能做正确的调和折中。"这段话说明参谋不仅要独立地提出建议，而且还要提出解决问题的方法。参谋不是问题的挑剔者，而是解决问题的倡导者。

（2）直线不为参谋所左右。参谋应"多谋"，而直线应"善断"，直线可广泛听取参谋的意见，但永远要记住，直线是决策的主人。直线人员应像古人所云——"周咨博询，不耻下问，运用之妙，存乎一心"。美国学者路易斯·艾伦提出了六个有效发挥参谋作用的准则：

（1）直线人员可作最后的决定，对基本目标负责，故有最后决定之权；

（2）参谋人员提供建议与服务；

（3）参谋人员可主动地从旁协助，不必等待邀请，应时刻注意业务方面的情况，并予以迅速协助；

（4）直线人员应考虑参谋人员的建议，当最后决定时，应与参谋人员磋商，参谋人员应配合直线朝向目标行进；

（5）直线人员对参谋的建议，如有适当理由，可予拒绝。此时，上级主管不能受理，因直线有选择之权；

（6）直线与参谋人员均有向上申诉之权，当彼此不能自行解决问题时可请求上级解决。

（三）适当限制职能职权的使用

限制职能职权的使用，就要求做到：

1. 限制使用的范围。职能职权的运用常限于解决"如何做""何时做"等方面的问题，若无限扩大到"在哪儿做""谁来做""做什么"等方面的问题就会取消直线人员的工作。

2. 限制使用的级别。职能职权不应越过上级下属的第一级。人事科长或财务科长的职能职权不应越过生产经理这一级。换言之，职能职权应当集中在组织结构中关系最接近的那一级。

本模块重要概念：

组织工作 组织层次 集权与分权

本模块小结：

组织工作是管理的基本职能之一。在计划职能确定了组织的目标，并对实现目标的途径做了大致安排之后，为了使人们能够为实现目标而有效地工作，还必须对包括人、财、物和信息在内的各种资源，在一定的空间和时间范围内进行有效的配置，明确组织中的每一个职位所起的作用，以及职位间的相互关系，建立起一种既有分工又有协作的集体活动的结构。此外，还需要根据组织内外诸要素的变化不断地对组织结构做出调整和变革，以确保组织对环境的适应性。设计和维持这种结构的工作就是管理的组织职能所要承担的任务。

练习与实训：

1. 对组织层次进行对比分析？

2. 在企业管理中，集权与分权是如何结合的？

3. 选取当地一家熟悉的企业，了解企业的组织工作状态，撰写企业组织工作状态报告。

模块五

- -

人力资源管理

学习目标

认识人力资源管理;掌握人力资源管理主要工作内容。

导入案例

刘备被曹操赶得到处奔波,好不容易安居新野小县,又得军师徐庶。这日,曹操派人送来徐母的书信,信中要徐庶速归曹操。徐庶知是曹操用计,但他是孝子,执意要走。刘备顿时大哭,说道:"百善孝为先,何况是至亲分离,你放心去吧,等救出你母亲后,以后有机会我再向先生请教。"徐庶非常感激,想立即上路,刘备劝说徐庶小住一日,明日为其饯行。

第二天,刘备为徐庶摆酒饯行。等到徐庶上马时,刘备又要为他牵马,将徐庶送了一程又一程,不忍分别,感动得徐庶热泪盈眶。为报答刘备的知遇之恩,他不仅举荐了更高的贤士诸葛亮,并发誓终生不为曹操施一计谋。徐庶的人虽然离开了,但心却在刘备这边,故有"身在曹营心在汉"之说。留才留心,只要能留得人才之心,他即使在天涯海角依然会为你效命。

一本《三国演义》,写出了太多的智慧。曹操为了得到徐庶这个人才,拿徐庶的母亲来要挟徐庶。孝子徐庶,被迫就范,而刘备在这场与曹操争夺徐庶的人才战中更胜一筹。他知道徐庶是一定要走的,留是留不住的。所以,他坦诚地表达惋惜之情,为徐庶送行。

曹操得到了徐庶的人,而刘备却得到了徐庶的心。可以说,刘备在求才用才方面做得异常出色。耳熟能详的三顾茅庐的故事,将刘备的求贤演绎得淋漓尽致。

在历史的长河中,不乏求才与用才的经典记载。今天,对于一个企业来说,求才与用才仍然被摆到了一个很重要的位置上,并且被冠上了一个很好的名字——"人力资源"或者"人力资本",后者又将人才上升到资本的程度,更能体现出人才的价值。

一方面是企业对人才的重视,另一方面却是人才的高跳槽。在市场经济日益完善的今天,市场对资源的有效配置允许人才在一定程度上进行合理的流动。但是,如果一个企业存在过高的跳槽现象，人才流动严重，便不得不说这个企业在留才与用才上明显存在问题了。

很多企业提出了，以环境留人、以情感留身、以事业留心，这应该是一条留住人才的很好计策。它让人很容易想到马斯洛的"需要层次理论"。在需要层次理论中，马斯洛将人的需要划分为五个层次，即生存需要、安全需要、社交需要、尊重需要、自我实现需要，它们呈依次递进的关系。良好的工作环境可以让人才实现生存、安全、社交的需要，而情感则可以让人才满足被尊重的需要，事业可以满足人才的自我实现需要。（资料来源：周三多编著.管理学原理[M].南京大学出版社，2009）

组织结构是一种职位结构，职位是由具有一定技能、拥有一定资格的人员来占据的。组织的目标能否实现、任务能否完成，在很大程度上取决于占据这些职位的人员能否满足相应的职位要求。"得人者昌，失人者亡"，人力资源对于组织的重要性是无论怎样强调都不为过的。

人员配备是根据组织目标和任务正确选择、合理使用、科学考评和培训人员，以合适的人员去完成组织结构中规定的各项任务，从而保证整个组织目标和各项任务完成的职能活动。

项目一 人力资源管理概述

一、人员的配备

人员配备是为每个岗位配备适当的人，也就是说，首先要满足组织的需要；其次，人员配备也是为每个人安排适当的工作，因此要考虑满足组织成员个人的特点、爱好和需要。人员配备的任务可以从组织和个人这两个不同的角度去考察。

（一）从组织需要的角度去考察

1. 要通过人员配备使组织系统开动运转。设计合理的组织系统要能有效地运转，就必须使机构中的每个工作岗位都有适当的人去占据，使实现组织目标所必须进行每项活动都有合格的人去完成。这是人员配备的基本任务。

2. 为组织发展准备干部力量。组织是一个动态系统，组织处在一个不断变化发展的社会经济环境中。组织的目标、活动的内容需要经常根据环境的变化做适当的调整，由目标和活动决定的组织机构也会随之发生相应的变化。组织的适应调整过程往往也是发展壮大的过程。组织机构和岗位不仅会发生质的改变，而且也会在数量上不断增加。所以，我们在为组织目前的机构配备人员时还需要考虑机构可能发生的变化，为将来的组织准备和提供工作人员,特别是管理干部。由于管理干部的成长往往需要较长的时间,因此组织要在使用的同时或通过使用来培训未来的管理干部,要注意管理干部培训计划的制定和实施。

3. 维持成员对组织的忠诚。人才流动对个人来说可能是重要的,它可以使人才自己通过不断的尝试,找到最适合自己、能给自己带来最大利益的工作。但是对于整个组织来说,人才流动虽有可能给企业带来"输入新鲜血液"的好处,但其破坏性可能更甚,人员不稳定、职工离职率高,特别是优秀人才的外流,往往使组织几年的培训费用付之东流,而且可能破坏组织的人事发展计划,甚至影响到企业在发展过程中的干部需要。因此,要通过人员配备,稳住人心、留住人才,维持成员对组织的忠诚。

(二) 从组织成员配备的角度去考察

留住人才,不仅要留住其身,而且要留住其心。只有这样,才能达到维持他们对组织忠诚的效果。然而,组织成员是否真心实意、自觉积极地为组织努力工作要受到许多因素影响。

1. 通过人员配备,使每个人的知识和能力得到公正的评价、承认和运用。工作的要求与自身的能力是否相符、是否感到"大材小用""怀才不遇"、工作的目标是否富有挑战性,这些因素与人们在工作中的积极、主动、热情程度有着极大关系。

2. 通过人员配备,使每个人的知识和能力不断发展、素质不断提高。知识与技能的提高,不仅可以满足人们的心理需要("自我实现的需要"已变得越来越现实,特别是对于有一定文化素质的组织成员来说),而且往往是通向职业生涯中职务晋升的阶梯。

二、人员配备的工作内容和程序

(一) 确定人员需要量

人员配备是在组织设计的基础上进行的。人员需要量的确定主要以设计出的职务数量和类型为依据。而职务类型指出了需要什么样的人,职务数量则告诉我们每种类型的职务需要多少人。

构成组织结构基础的职务可以分成许多类型。比如,全体职务可分成管理人员与生产作业人员;管理人员中可分成高层、中层、基层管理人员;每一层次的管理人员又可分成直线主管与参谋或管理研究人员;生产操作人员可分成技术工人与专业工人、基本生产工人与辅助生产工人等。

如果是为一个新建的组织选配人员,那么只需利用上述职务设计的分类数量表去直接在社会上公开招用、选聘即可。然而,我们遇到的往往是现有组织的机构与人员配备重新调整的问题,所以在通常情况下,在进行了组织的重新设计后,还需检查和对照企业内部现有的人力资源情况,两相对比,找出差额,确定需要从外部选聘的人员类别与数量。

(二)选配人员

职务设计和分析指出了组织中需要具备哪些素质的人。为了保证担任职务的人员具备职务所要求的知识和技能,就必须对组织内外的候选人进行筛选,以便做出最恰当的选择。这些待聘人员可能来自企业内部,也可能来自社会。从外部新聘员工或从内部进行调整,各有其优势和局限性。现在需要立即指出的是对候选人能力考察的困难:对于外部候选人的实际工作能力我们往往所知甚少,而对于内部候选人我们了解的也只是他们以前从事较低层次工作时的能力,至于他们能否胜任需要担负更大责任的工作,往往难以得出比较可靠、肯定的结论。候选人实际工作能力的辨识困难告诉我们必须要谨慎、认真、细致地进行人员配备。把不合适的人安排在不合适的岗位上,不论是对个人还是对组织,都会带来灾难性的后果。必须要研究和使用一系列科学的测试、评估和选聘方法。

(三)制定和实施人员培训计划

人的发展是一个过程。组织成员在明天的工作中表现出的技术和能力需要在今天培训,组织发展所需的干部要求现在就应开始准备。维持成员对组织忠诚的一个重要方面是使他们看到自己在组织中的发展前途。人员,特别是管理人员的培训无疑是人员配备中的一项重要工作。培训,既是为了适应组织技术变革、规模扩大的需要,也是为了实现成员个人的充分发展。因此,要根据组织的成员、技术、活动、环境等特点,有计划、有组织、有重点地进行全员培训,特别是对有发展潜力的未来管理人员的培训。

三、人员配备的原则

为求得人与事的优化组合,在人员配备过程中必须依循一定的原则。

1. 因事择人的原则。选人的目的在于使其担当一定的职务,要求其从事与该职务相应的工作。要使工作卓有成效地完成,首先要求工作者具备相应的知识和能力。

2. 因材器使的原则。不同的工作要求不同的人去进行,而不同的人也具有不同的能力和素质,能够从事不同的工作。从人的角度来考虑,只有根据人的特点来安排工作,才能使人的潜能得到最充分的发挥,使人的工作热情得到最大限度的激发。

3. 人事动态平衡的原则。处在动态环境中的组织是在不断发展的,工作中人的能力和知识是在不断提高和丰富的,同时,组织对其成员的素质认识也是不断全面、完善的。因此,人与事的配合需要进行不断调整,使能力发展并得到充分证实的人去从事更高层次的负更多责任的工作,使能力平平、不符合职务需要的人有机会进行力所能及的活动,以求使每一个人都能得到最合理的使用,实现人与工作的动态平衡。

【管理寓言】

去过寺庙的人都知道,一进庙门,首先是弥乐佛笑脸迎客,而在其北面则是黑口黑脸的韦陀。但相传在很久以前,他们并不在同一个庙里,而是分别掌管不同的庙。

弥勒佛热情快乐,所以来的人非常多,但他什么都不在乎,丢三落四,没有好好管理账务,所以依然入不敷出。而韦陀虽然管账是一把好手,但成天阴着个脸,太过严肃,搞得人越来越少,最后香火断绝。

佛祖在查香火的时候发现了这个问题,就将他们俩放在同一个庙里,由弥乐佛负责公关,笑迎八方客,于是香火大旺;而韦陀铁面无私,锱珠必较,则让他负责财务,严格把关。在两人的分工合作中,庙里一派欣欣向荣的景象。

其实,在用人大师的眼里呈现出没有废人,正如武功高手不需名贵宝剑,摘花飞叶即可伤人,关键是看如何运用。

项目二 人力资源管理主要工作内容

一、人力资源规划

(一)人力资源规划概述

随着企业规模的扩大、人员的增多和经营环境的日趋复杂多变,人力资源开发与管理受到越来越多企业内部和外部因素的影响。为降低未来的不确定性,更好地帮助企业应对未来的变化、解决和处理复杂的问题,人力资源管理应首先进行人力资源规划这项工作,这是人力资源管理的基础。有效的人力资源管理规划是通过对企业在不同时期、不同内外环境、不同企业战略目标下人力资源供求的预测,来确保企业对人力资源需求的满足,以保障企业战略目标的实现。换句话说,人力资源规划通过对企业内外人力资源供给和需求的预测,为企业生存、成长、发展、竞争及对环境的适应和灵活反应提供人力支援与保障。

人力资源规划:人力资源规划是为了实现企业的战略目标,根据企业目前的人力资源状况,为满足未来一段时间企业的人力资源质量和数量的需要,在引进、保持、利用、开发、流出人力资源等方面工作的预测和相关工作。

1. 人力资源规划的形式

人力资源规划一般分为劳动力规划、人力资源规划和战略性人力资源规划三种形式。

(1)劳动力规划。是最基本的人力资源规划,属于短期规划,它的内容一般比较简单,主要规划具体部门的用人需求,负责人员招聘与解聘。

(2)人力资源规划。是企业主要的人事管理规划,属于中短期规划。它涉及的内容较广,包括:分析组织外部条件和内部因素、预测组织人员的需求和供给、制定人力资源规划(包括人员招聘规划、人员晋升和调动规划、开发和训练规划、辞退和退休规划、绩效评估规划和职业生涯发展规划)。其核心内容是企业预测人力资源需求与供给的预测。

(3)战略性人力资源规划。是从战略管理角度考虑人力资源,它一般是长达3~5年的长期人力资源规划。近几年,企业相当重视战略性的人力资源规划。因为它是企业根据自身发展的特点和环境的变化,以综合、整体、发展的观念制定的人力资源规划,以保证将人力资源调配到适当的岗位。战略性的人力资源规划具有前瞻性,对经营业务与环境预先做出反应,因而能够维持企业的竞争优势。

2. 人力资源规划的作用

(1)保证企业目标的完成。人力资源规划是实现企业战略的基础规划之一。企业为实现其战略目标,会制定各个部门各个方面的业务规划,比如生产规划、财务规划等,人力资源规划和企业其他方面的规划共同构成了企业目标体系。可以说,制定人力资源规划的最终目的就是确保企业实现经营战略。经营战略一旦确定后,下一步就是要有人去执行和完成,人力资源规划的首要目的就是有系统、有组织地规划人员的数量与机构,并通过职位设计、人员补充、教育培训和人员配置等方案保证选派最佳人选完成预定的目标。

(2)能更好地适应环境的变化。现代企业处于多变的环境之中,一方面内部环境发生变化,如管理哲学的变化、新技术的开发和利用、生产与营销方式的改变等都将对组织人员的机构与数量等提出新的要求;另一方面,外部环境的变化如人口规模的变化、教育程度的提高、社会及经济的发展、法律法规的颁布等也直接影响到组织对人员的需求,影响到员工的工作动机、工作热情及作业方式。人力资源规划的作用是让企业能更好地把握未来不确定的经营环境,及时调整人力资源的构成,以适应内外环境的变化,保持竞争优势。

(3)提高人力资源的使用效率。主要体现为:第一,它能帮助管理人员预测人力资源的短缺和冗余,对企业需要的人才作适当的储备,对企业紧缺的人力资源发出引进与培训的预警,以纠正人员供需的不平衡状态,减少人力资源的浪费或弥补人力资源的不足;第二,有效的人力资源规划能使管理层和员工明确人力资源开发与管理的目标,充分发挥员工的知识、能力和技术,为每个员工提供公平竞争的机会;第三,它也有助于客观地评价员工的业绩,极大地提高劳动积极性;第四,通过人力资源规划可以更好地向员工提供适合个人发展的职业生涯发展规划,提高员工工作质量,开发员工潜能,最终提高组织对人的使用效率。总之,有效的人力资源规划能使企业保持合理的人员结构、年龄结构和工资结构,不会有断层的压力和冗员的负担。

3. 人力资源规划的内容

从内容的性质上讲,企业的人力资源规划可以分为战略计划和策略规划。战略规划阐述了人力资源管理的原则和目标，策略计划则重点强调了具体每项工作的实施计划和操作步骤。一个完整的人力资源规划应该包括以下几个方面：

（1）总规划：人力资源总规划阐述了人力资源规划的总原则、总方针和总目标。

（2）职务编制规划：职务编制规划阐述了企业的组织结构、职务设置、职务描述和职务资格要求等内容。

（3）人员配置规划：人员配置规划阐述了企业每个职务的人员数量、人员的职务变动、职务人员空缺数量等。

（4）人员需求规划：通过总规划、职务编制规划、人员配置规划可以得出人员需求规划。需求计划中应阐明需求的职务名称、人员数量、希望到岗时间等。

（5）人员供给规划：人员供给规划是人员需求计划的对策性规划。主要阐述了人员供给的方式（外部招聘、内部招聘等）、人员内部流动政策、人员外部流动政策、人员获取途径和获取实施规划等。

（6）教育培训规划：包括教育培训需求、培训内容、培训形式、培训考核等内容。

（7）人力资源管理政策调整规划：计划中明确规划期内的人力资源政策的调整原因、调整步骤和调整范围等。

（8）投资预算：上述各项规划的费用预算。

小知识：人力资源规划的发展趋势

詹斯·沃克曾经在《人力资源计划：90年代的模式》一文中对人力资源规划的发展趋势做过科学的分析。沃克认为，人力资源规划正朝着灵活、高效、使用短期等方向发展。具体的趋势为：

1. 为了保证企业人力资源规划的实用性和有效性，人力资源计划将更加注重对关键环节的阐述；

2. 对人力资源规划中的长期计划而言，也倾向于将规划中的关键环节明确化、细致化，并将它们提炼成具体、可执行的规划，最好明确计划的责任和要求，并且有相应的评估策略；

3. 由于人力资源市场和企业发展的变化周期增快，企业更倾向于致力于编写年度人力资源规划和短期规划；

4. 企业的人力资源规划将会更加注重关键环节的数据分析和量化评估，并且将明确地限定人力资源规划的范围。

（二）人力资源规划的程序

1. 制定职务编写计划。根据企业发展规划，综合职务分析报告的内容，来制定职务编写计划。编写计划陈述企业的组织结构、职务设置、职位描述和职务资格要求等内容。制定职务编写计划是描述企业未来的组织职能规模和模式。

2. 根据企业发展规划，结合企业人力资源盘点报告制定人员盘点计划。人员配置计划陈述了企业每个职务的人员数量、人员的职务变动、职务人员空缺数量等。制定配置计划的目的是描述企业未来的人员数量和素质构成。

3.预测人员需求。根据职务编制计划和人员配置计划，使用预测方法来预测人员需求预测。人员需求中应陈述需求的职务名称、人员数量、希望到岗时间等。最好形成一个标明有员工数量、招聘成本、技能要求、工作类别，以及为完成组织目标所需的管理人员数量和层次的分列表。

4.确定员工供给计划。人员供给计划是人员需求的对策性计划。主要陈述人员供给的方式、人员内外部流动政策、人员获取途径和获取实施计划等。通过分析劳动力过去的人数、组织结构和构成以及人员流动、年龄变化和录用等资料，就可以预测出未来某个特定时刻的供给情况。预测结果可勾画出组织现有人力资源状况以及未来在流动、退休、淘汰、升职以及其他相关方面的发展变化情况。

5.制定培训计划。为了提升企业现有员工的素质、适应企业发展的需要，对员工进行培训是非常重要的。培训计划包括培训政策、培训需求、培训内容、培训形式、培训考核等内容。

6.制定人力资源管理政策调整计划。计划中明确计划内的人力资源政策的调整原因、调整步骤和调整范围等。其中包括招聘政策、绩效政策、薪酬与福利政策、激励政策、职业生涯政策、员工管理政策等。

7.编写人力资源部费用预算。其中主要包括招聘费用、培训费用、福利费用等的预算。

8.关键任务的风险分析及对策。每个企业在人力资源管理中都有可能遇到风险，如招聘失败、新政策引起员工不满等，这些事件很可能会影响到公司的正常运转，甚至会对公司造成致命的打击。风险分析就是通过风险识别、风险估计、风险驾驭、风险控制等一系列活动来防范风险的发生。如图5-2-1所示。

寓言故事：

有两个和尚，他们分别在相邻的两座山上的庙里，这两座山之间有一条小溪，于是这两个和尚每天都会在同一时间下山去溪边挑水。久而久之，他们便成为好朋友了。就这样，时间在每天挑水中不知不觉已经过了五年。

突然有一天，左边这座山的和尚没有下山挑水，右边那座山的和尚心想："他大概睡过头了。"便不以为然。哪知第二天，左边这座山的和尚还是没有下山挑水；第三天也一样，过了一个星期，还是一样……直到过了一个月，右边那座山的和尚终于忍受不了，他心想："我的朋友可能生病了，我要过去拜访他，看看能帮上什么忙。"

于是，他便爬上了左边这座山去探望他的老朋友。等他到达左边这座山的庙中时，看到他的老友之后大吃一惊，因为他的老友正在庙前打太极拳，一点儿也不像一个月没喝水的人。

他好奇地问："你已经一个月没下山挑水了，难道你可以不用喝水吗？"左边这座山的和尚说："来，我带你去看。"于是，他带着右边那座山的和尚走到了庙的后院，指着一口井说："这五年来，我每天做完功课后都会抽空挖这口井。即使有时很忙，能挖多少就算多少。"

如今，我终于挖出了井水，就不必再下山挑水了，我可以有更多时间练我喜欢的太极拳。

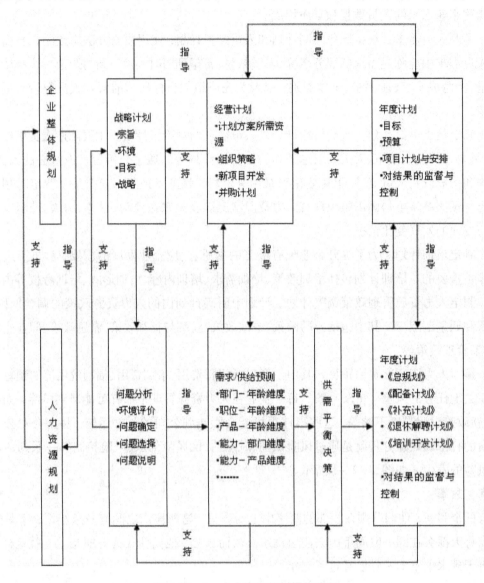

图 5 - 2 - 1　人力资源规划操作流程

二、工作分析

(一)工作分析的定义和作用

"人"是企业中最重要的资源。企业之所以能够完成各项活动，都是人进行工作的结果。通俗地讲，人力资源管理目标不是"人"，而应是"人"的工作。

1. 工作分析的定义

工作，也称职务，是指同类职位的统称。工作分析又称为职务分析，是指对某特定的工作做出明确的规定，并确定完成这一工作需要什么样行为的过程。其实质就是通过一系列的系统化程序，找出某个职位的工作性质、任务、责任及执行这些工作所需要具备的技能和知识。工作分析是企业人力资源管理活动的核心，是建立人力资源管理制度的基础。

工作分析的目的是为了确定以下六个重要问题：

(1)工作人员完成什么样的脑力和体力劳动？

(2)工作将在什么时候完成？

(3)工作将在哪里完成？

(4)工作人员如何完成这项工作？

(5)为什么要完成这项工作？

(6)完成这项工作需要哪些条件？

工作分析涉及的概念和术语有：

任务：安排一名员工完成的一项具体工作。如打字是一项任务，教学也是一项任务。

职位：指某人需完成的一组任务。如打字员需要做打字、复印、维修保养打字机、选购打印纸等。职位根据某项工作的人数而定，有多少职位就有多少人员。一般来讲，职位与个体是一一匹配的，如某办公室需要两名秘书，则设两名秘书职位。

职务：由许多职位组成。这些职位的性质、类别完全相同，完成工作所需的条件也一样，如车间主任就是一种职务。

工作说明书(职务说明书或工作描述)：指将工作分析的结果，用书面的形式加以说明整理成文的过程。

工作规范(职务规范)：指完成某一职务所需具备的能力、技巧、知识、学历和工作经历等。

工作分析：为制定企业正确的人力资源管理决策，收集必要的资料，据此编制工作说明书和工作规范的过程。

2. 工作分析的作用

工作分析可为人力资源管理决策提供科学的依据。通过全面科学的工作分析，可使企业充分了解各项工作的具体内容，以及对员工身心的要求，为正确制定决策提供科学的依据。

工作分析有助于提高部门和员工的工作效率。通过工作分析，使新老员工都能清楚地了解其工作范围和职责，明确各职位之间的关系，用于设计工作及企业组织机构设计，避免重复工作和工作无人负责的局面。

工作分析有助于员工招聘。对于招聘工作，招聘者如果对该项工作的工作说明和工作规范十分清楚，招聘员工的工作就会得心应手，对企业需要设置什么样的岗位也会一清二楚。

工作分析可以科学地评价员工绩效。通过工作分析，每一个工作的内容都有了明确的规定。人力资源管理部门就可以把工作说明书上的要求与员工的实际表现相比较，从而科学地评定他们的工作绩效。

工作分析可以有效地激励员工。工作分析可以在培训、职业开发、安全、工资奖金、人际关系、员工咨询等方面提供建设性意见，企业可以在工作分析的基础上了解员工工作的各种信息，以便全方位、有效地激励员工。

（二）工作分析在人力资源管理中的地位和作用

工作分析是人力资源管理中的一项基础性工作，它所得到的信息是进行人力资源管理中的其他活动所必需的基础和依据。从图5-2-2中，我们可以清楚地看到工作分析在人力资源管理中的地位和作用。

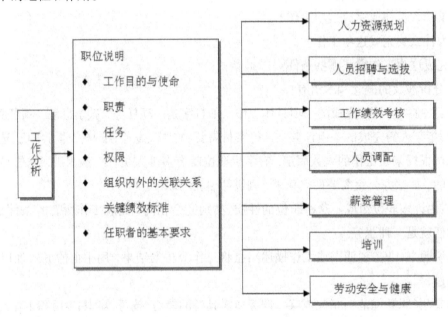

图5-2-2　工作分析在人力资源管理中的地位和作用示意

（三）工作分析所收集的信息

有人将工作分析所要回答的问题归纳为6W1H，6W即做什么（What）、为什么（Why）、用谁（Who）、何时（When）、在哪里（Where）、为谁（for Whom）和如何做（How）。这6W1H基本上概括了工作分析所有收集信息的内容。

1. 做什么（What）：是指所从事的工作活动。主要包括：

——任职者所要完成的工作活动是什么？

——任职者的这些活动要产生什么样的结果或产品？

——任职者的工作结果要达到什么样的标准？

2. 为什么(Why):表示任职者的工作的目的,也就是这项工作在整个组织中的作用。主要包括:

——做这项工作的目的是什么?

——这项工作与组织中的其他工作有什么联系,对其他工作有什么影响?

3. 用谁(Who):是指对从事某项工作的人的要求。主要包括:

——从事这项工作的人应具备怎样的身体素质?

——从事这项工作的人必须具备哪些知识和技能?

——从事这项工作的人至少应接受过哪些教育和培训?

——从事这项工作的人至少应具备怎样的经验?

——从事这项工作的人在个性特征上应具备哪些特点?

——从事这项工作的人在其他方面应具备什么样的条件?

4. 何时(When):表示在什么时间从事各项工作活动。主要包括:

——哪些工作活动是有固定时间的,在什么时候做?

——哪些工作活动是每天必做的?

——哪些工作活动是每周必做的?

——哪些工作活动是每月必做的?

5. 在哪里(Where):表示从事工作活动的环境。主要包括:

——工作的物理环境,包括地点(室内与户外)、温度、光线、噪声、安全条件等。

——工作的社会环境,包括工作所处的文化环境(例如跨文化的环境)、工作群体中的人数、完成工作所要求的人际交往的数量和程度、环境的稳定性等。

6. 为谁(for Whom):是指在工作中与哪些人发生关系以及发生什么样的关系。主要包括:

——工作要向谁请示和汇报?

——向谁提供信息或工作结果?

——可以指挥和监控何人?

7. 如何做(How):是指任职者怎样从事工作活动以获得预期的结果。主要包括:

——从事工作活动的一般程序是怎样的?

——工作中要使用哪些工具,操纵什么机器设备?

——工作中所涉及的文件或记录有哪些?

——工作中应重点控制的环节是什么?

(四)工作分析的步骤

工作分析过程包括以下几个步骤,如图 5 - 2 - 3 所示,这个过程假定工作分析在一个正在运作的组织中开展。换句话说，这个组织已经在工作而并非是一个新的实体。

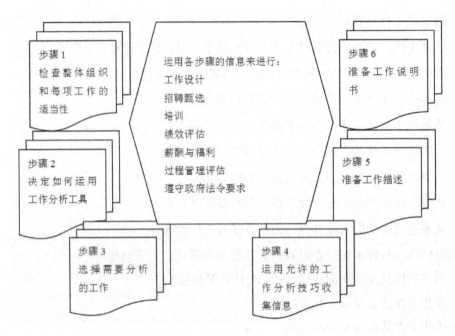

图5-2-3　工作分析过程的步骤以及人力资源管理和工作设计的关系

步骤1为每一项工作如何嵌入到组织的整体结构提供了总体的意见。完成这一步需要组织结构图和流程图（我们将在以后的章节中讨论）。步骤2鼓励相关的人员决定如何使用工作分析和工作设计信息（我们将在下一节进一步介绍这一步）。因为分析所有的工作通常成本很高、耗时很长，所以我们需要挑选出代表性的工作。在步骤3，我们挑选出了要进行分析的工作。

步骤4涉及工作分析的一些可接受方法的运用。通过这些方法来收集工作特征、所需行为以及完成这项工作的员工所需的特征等信息。在步骤5，上一步收集的信息形成了工作描述。接着，在步骤6，一份工作说明书就准备完毕了。

步骤1至步骤6中收集的知识和信息几乎可以作为其他所有人力资源管理活动的基础。如图5-2-3所示，这些活动包括招聘、甄选、培训、绩效评估和薪酬。通过工作分析收集的资料对每一个活动都是必不可少的。

从图5-2-3中还可以看到，收集的信息还可用于工作设计和再设计，这些我们将在本章后面的内容中详细讨论。工作分析提供了组织劳动所必需的信息以便员工高效而满意地工作。最后，工作分析中的信息能用于组织工作设计的下一步评价。在这一步，如何评价组织的努力和判断生产目标和满意度是否能够达到对组织来说十分重要。

三、招聘工作准备

(一)招聘概述

招聘可定义为一个组织用以寻找或吸引求职者来填补岗位的过程。

管理者采取一些方法对申请者进行甄别,以确保最合适的候选人得到这一职位的过程称为甄选。

市场竞争归根结底是人才的竞争,企业经营战略发展的各个阶段必须要有合格的人才作为支撑点,如果盲目招聘,则职工队伍的素质无法保证,而且也会造成巨大的经济上损失的,最终还会威胁到企业的生存。所以,无论是对于大企业还是小企业,通过有效的筛选、评估、面试可以大幅度降低雇用费用,帮助组织更容易地聘用到合适、称职的员工。

(二)招聘的程序和策略

1. 招聘程序

招聘程序是指从出现职位空缺到候选人正式进入公司工作的整个过程。这个过程通常包括识别职位空缺、确定招聘策略、招聘、甄选、试用、招聘评估等一系列环节。

根据企业的人力资源规划,在掌握有关各类人员的需求信息、明确了哪些职位空缺的情况后,人力资源管理部门要考虑招聘是否是最好的方法。因为除了招聘企业外还可以通过以下方式解决问题:

第一,现有人员加班。如果工作任务是阶段性的,招聘正式员工进来会在短期繁忙阶段过去后出现冗员。现有人员适当加班就可以解决的问题就不必再招聘新人了。

第二,工作的重新设计。有些人手上的不足是由于工作流程的不合理或者工作的分配不合理造成的,这时对工作不合理的地方进行再设计,人手的问题就迎刃而解了。

第三,将某些工作外包。一些非核心的工作任务是可以外包给其他机构去做的,这样就可以免去招聘人员的麻烦,而且还会减轻管理上的负担。

如果企业根据实际情况认为招聘是一个最佳方式的话,就要编制招聘计划了。招聘计划包括:招聘人数、招聘标准、招聘对象、招聘时间和招聘预算等。在招聘过程中,企业必须要吸引到比空缺职位更多的求职者。但究竟吸引到的应聘者应该比录用的人数多多少才合适,需要计算投入—产出的比例。投入是指全部应聘者的数量,而产出则是招聘结束后最终到企业报到的人数。估算投入—产出比例的一个有用工具是招聘产出金字塔,如图5-2-4所示。

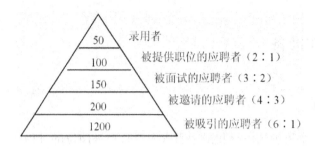

图 5 - 2 - 4 招聘产出金字塔

例如，一家企业需要在明年招聘 50 名初级水平的财务会计人员。同时，企业也知道，最近在劳动力市场上一般获得职位的人有一半可能不到企业报到，即发出通知的人数与录用的人数比例为 2：1。而获准面谈的应聘者和获得职位的应聘者的比例为 3：2，即参加面谈的应聘者中 3 个有 2 个被挑选。而被邀请参加面谈的人与实际被面谈的人的比例为 4：3，即 4 个被邀请参加面谈的应聘者只有 3 个会参加面谈。这些被邀请参加面谈的人又是从最初的被吸引的应聘者中产生出来的，假设其比例为 6：1，即从各种招聘途径被企业吸引到的应聘者中间，6 个申请者中可以挑选 1 名获准面谈。那么，这个企业最初被吸引的应聘者应为 1200 人。

当然，在不同国家、不同的时期，甚至在同一国家的不同地区，每一步的产出率都是不一样的，这些比例的变化与劳动力市场供给有着很大关系。劳动力供给越充足，比例会越小；反之亦然。需要的劳动力素质越高，产出比例越小。这些比例也是要不断调整的，如在招聘广告中如果招聘要求说明得非常详细，那么就可以提高应聘阶段的产出率，因为详细的说明会使一些不合格的潜在申请者进行自我淘汰。

2. 招聘策略

招聘策略是为了实现招聘计划而采取的具体策略，具体包括招聘地点的选择、招聘来源和方法的选择、招聘时间的确定、招聘预算、招聘的宣传策略等。

（1）招聘地点的选择

为了节省费用，企业应将其招聘的地理位置限制在最能产生效果的劳动力市场上。一般来说，高级管理人员倾向于在全国范围内招聘；中级管理人员和专业技术人员通常在跨地区的劳动力市场上招聘；操作工人和办事人员常常在企业所在地的劳动力市场上招聘。企业之所以在这样的地理范围内进行招聘，是因为在不同范围内的市场提供的劳动力素质是不同的。

（2）招聘时间的选择

这是指为保证新聘人员准时上岗，在什么时间开始招聘工作最合适。一般来说，招聘日期的具体计算公式为：

招聘日期 = 用人日期 - 准备周期 = 用人日期 - 培训周期 - 招聘周期

式中培训周期是指新招员工进行上岗培训的时间，招聘周期则是指从开始报名、确定候选人名单、面试直到最后录用的全部时间。

（3）招聘渠道和方法的选择

任何一种确定的招聘方案，对应聘者的来源渠道以及企业应采取的招聘方法都应作出选择。这是招聘策略中的主要部分，将在1.3员工招聘途径中做专门讨论。

（4）招聘中的组织宣传

在招聘过程中，企业一方面需要吸引更多的有效应聘者，增加甄选的余地并且减轻工作负担，并从人力资源战略管理的角度出发考虑员工的稳定性；另一方面还必须利用招聘的过程进行积极的企业形象或者声誉的宣传活动。为了在招聘中达到这些目标，企业不仅需要提供包括职位薪水、工作类型、工作安全感、晋升机会等与职位相关的信息，还要让求职者了解企业的文化、管理方式、工作条件、同事、工作时间等企业信息。只有准确、有效地传达了这些信息，求职者才会在评价自身的基础上思考是否适合这样的工作，这就在企业甄选之前由求职者完成了一个自我甄选的过程。

（三）招聘渠道和方式

企业进行了人力资源的需求与供给预测后，就要根据所获得的这些信息进行具体的招聘工作了。招聘工作的成败很大程度上取决于有多少人来应聘和应聘者的素质，有针对性地吸引更多目标群体来应聘是招聘工作的目标。

招聘的途径有两种：内部招聘和外部招聘。从表5-2-1可以看到，外部招聘和内部招聘各有利弊，具体的使用要根据企业的战略计划、招聘岗位、上岗速度以及经营环境等综合考虑。例如，通用电气数十年来一直都从内部选拔CEO，而IBM、HP等公司则多从外部招聘CEO，因而哪个招聘途径更好并没有标准答案。

表5-2-1　　　　　　　　　内部招聘与外部招聘的利弊

	内部招聘	外部招聘
优点	①了解全面，准确性高 ②可鼓舞士气，激励员工进取 ③应聘者可更快适应工作 ④使组织培训投资得到回报 ⑤选择费用低	①人员来源广，选择余地大，有利于招到一流人才 ②新员工能带来新技术、新思想、新方法 ③当内部有多人竞争而难以作出决策时，从外部招聘可在一定程度上平息或缓和内部竞争者之间的矛盾 ④人才现成，节省培训投资费
缺点	①来源局限于企业内，水平有限 ②容易造成"近亲繁殖"，出现思维和行为定势 ③可能会因操作不公或员工心理原因造成内部矛盾	①不了解企业情况，进入角色慢，较难融入企业文化 ②对应聘者了解少，可能会招错人 ③内部员工得不到机会，积极性可能会受到影响

1. 内部招聘的渠道和方法

内部招聘候选人的来源主要有：公开招聘、晋升、平级调动、岗位轮换、重新雇用或召回以前的员工等。其中，公开招聘是面向企业全体员工，晋升、平级调动和岗位轮换则局限于部分员工，重新雇用或召回以前的员工就是吸引那些因企业不景气等原因而被企业裁撤的人或者在竞争中被暂时淘汰的人。

内部招聘的方法主要有职业生涯开发系统和公告招聘两种。

2.外部招聘的渠道和方法

广告是通过广播电视、报纸、网络或行业出版物等媒体向公众传送企业的就业需求信息。广告是最广泛地通知潜在求职者工作空缺的办法。借助不同的媒体做广告会带来非同寻常的效果，企业所要招聘的职位类型决定了哪种媒体是最好的选择。

人才招聘会可以分为两大类：一类是专场招聘会，即只有一家公司举行的招聘会。专场招聘会是公司想招聘大量人才或面向特定群体（如校园招聘会）时举行的。另一类是非专场招聘会，即由某些人才中介机构组织的有多家单位参加的招聘会，通常是成百上千家单位参加的大型招聘会。

员工推荐是指员工从他们的朋友或相关的人中引荐求职者，这种方法特别是在缺乏某种技术人员的企业中十分有效。这种招聘技术可以使企业和应聘者双方能够迅速了解，又可节省招聘费用。推荐者通常会认为被推荐者的素质与他们自己有关，只有在保证其不会给自己带来坏的影响时才会主动推荐。因而罗宾斯认为，员工推荐是所有招聘来源中最好的一种。

就业服务机构，其中有人事部门开办的人才交流中心、劳动部门开办的职业介绍机构，还有一些私营的职业介绍机构。这些中介机构都是用人单位和求职者之间的桥梁，为用人单位推荐用人、为求职者推荐工作，同时也举办各种形式的人才交流会、洽谈会等。

校园招聘，由于社会上有经验的员工数量有限，而且获取这些人才的成本往往比较高，因此越来越多的企业瞄准了校园这个大市场。高校每年都有大量的毕业生走向社会，在他们当中有不少人会成为企业中最富有提升潜力的员工，无论是在技术岗位上还是在管理岗位上都如此。

猎头公司是指专门为企业招聘中级或高级管理人员或重要的专门人员的私人就业机构。由于人才的短缺，主动求职的愿望相对较低，并且他们已经有很好的工作，因此通过公开的招聘方法难以吸引他们。而猎头公司拥有自己的人才数据库，并经常会主动去发现和寻找人才，还能够在整个搜寻和甄选过程中为企业保守秘密。所以，如果企业要招聘一些核心员工，猎头公司的帮助是必不可少的。猎头公司的服务费相对较高，一般是招聘职位年薪的 $1/3 \sim 1/4$。

企业在确定与猎头公司合作时，应该注意以下几个问题：第一，选择猎头公司时要对其资质进行考察，尽量与背景及声望较好的公司合作。第二，在与猎头公司合作时，要在开始时约定好双方的责任和义务，并就一些容易发生争议的问题达成共识，例如费用、时限、保证期承诺、后续责任等。第三，要让猎头公司充分了解企业对候选人的要求，确立对理想候选人的技能、经验和个性的理解。第四，猎头公司所推荐的人与原来工作的公司应该已经解除聘用关系，特别是涉及企业的技术开发人员必须要小心。第五，如果与一家信誉好、服务质量满意的猎头公司合作愉快的话，今后类似的招聘工作就可以继续与之合作，避免与过多的猎头公司合作。

总之，员工招聘的渠道和方法有很多种，只要善于动脑去思考，我们就会发现一些新的甚至是出其不意的方法。

四、培训与开发

(一)人力资源培训与开发的含义

人力资源培训与开发应包括培训、教育和开发三种类型，知识、技能、能力和态度四项内容。故而，我们也可以这样讲，人力资源培训与开发就是指通过有计划的培训、教育和开发活动，提高员工的知识、技能和能力水平，改善员工的态度，以提高其工作效率，促进组织的发展和员工的成长。

(二)制定培训的基本原则

企业培训的成功实施要遵守培训的基本原则。尽管培训的形式多种多样、内容各异，但各类培训所坚持的原则基本一致。主要有以下几项原则：

1.战略原则

培训的战略原则包括两层含义：其一，企业培训要服从或服务于企业的整体发展战略，最终目的是为了实现企业的发展目标。其二，培训本身也要从战略的角度考虑，要以战略眼光去组织企业培训，不能只局限于某一个培训项目或某一项培训需求。

2.长期性原则

员工培训需要企业投入大量的人力、物力，这对企业当前所进行的工作可能会造成一定影响。有的员工培训项目有立竿见影的效果，但有的培训要在一段时间以后才能反映到员工工作效率或企业经济效益上，尤其是管理人员和员工观念的培训。因此，要正确认识智力投资和人才开发的长期性和持续性，要用"以人为本"的经营管理理念来搞好员工培训。

3.按需施教、学以致用原则

企业组织员工培训的目的在于通过培训让员工掌握必要的知识技能，以完成规定的工作，最终为提高企业的经济效益服务。培训的内容必须是员工个人的需要和工作岗位需要的知识、技能以及态度等。因此，在培训项目实施中，要把培训内容和培训后的使用衔接起来，这样培训的效果才能体现到实际工作中去，才能达到培训的目标。如果不能按需培训、培训与使用脱节，不仅会造成企业人力、物力的浪费，而且还会使培训失去意义。从工作实际需要出发，主要表现在需要与职位特点紧密结合，与培训对象的年龄、知识结构、能力大小、思想状况紧密结合，切忌概念化、一般化。

4. 全员教育培训和重点提高相结合原则

全员教育培训，就是有计划、有步骤地对所有在职员工进行的教育和训练。全员培训的对象应包括企业所有的员工，这样才能全面提高企业的员工素质。同时，全员培训也不是说对所有员工平均分摊培训资金。在全员培训的基础之上还要强调重点培训，要分清主次先后、轻重缓急，制定计划，分散进行不同内容、不同形式的教育培训。在进行全员教育培训的同时，应重点教育培训对企业的发展起着关键作用的领导人才、管理人才和工作骨干，优先教育培训急需人才。此外，人员培训的内容还应该与干部、职工的任职标准相衔接。培训内容也必须兼顾专业知识技能与职业道德两方面。

5. 严格考核和择优奖励原则

培训工作与其他工作一样，严格考核和择优奖励是不可缺少的管理环节。严格考核是保证培训质量的必要措施，也是检验培训质量的重要手段。只有培训考核合格了，才能择优录用或提拔。鉴于很多培训只是为了提高素质，并不涉及录用、提拔或安排工作问题，因此对受训人员择优奖励就成为调动其积极性的有力杠杆。根据考核成绩，设立不同的奖励等级，还可记入档案，与今后的奖励、晋级等挂钩。

激励是调动组织成员为实现组织目标共同努力的主要动力。培训的对象既然是组织内的员工，就要求把培训看成是某种激励的手段。如果他们接受了培训，并从中获得了自身的发展，那么，他们就会乐于参与和支持企业的培训计划。在现代企业中，越来越多的情形是把培训作为一种激励手段。企业的员工在接受培训的同时感受到了组织对他们的重视，提高了员工对自我价值的认识，也增强了员工职业发展的机会。

6. 主动参与原则

要调动员工接受教育培训的积极性，使培训更具针对性，就要促使员工主动参与。在每个年度都要求每个员工填写"年度培训需求表"。首先，员工根据自己的岗位现状对技能的需要、自己目前的技能水平以及行业发展方向做一个综合论述，然后提出自己的培训需求。其次，上级负责人在与员工沟通后，结合员工岗位的发展变化，确定员工下年度的主要培训内容和次要培训内容。这种做法可使员工意识到个人对于工作的"自主性"和对于企业的"主人翁地位"，创造上下级之间思想交流的渠道与场合，更有利于促进集体协作与配合。

7. 投资效益原则

员工培训是企业的一种投资行为，和其他投资一样，也要从投入产出的角度考虑效益大小及远期效益、近期效益问题。员工培训投资属于智力投资，它的投资收益应高于实物投资收益。但这种投资的投入产出衡量具有特殊性，培训投资成本不仅包括可以明确计算出来的会计成本，还应将机会成本纳入进去。培训产出不能纯粹以传统的经济核算方式来评价，它包括潜在的或发展的因素。另外，还有社会的因素。在投资培训时，投入是较容易计算的，但产出回报是较难量化计算的，并且还有些培训较难确定是长期效益还是短期效益。虽然如此，我们也必须把它当作极其重要的问题来考虑。

(三) 明确培训制度的内容

1. 培训服务制度

培训服务制度内容包括两个部分：

培训服务制度条款。制定条款需明确以下内容：(1)员工正式参加培训前，根据个人和组织需要向培训管理部门或部门经理提出的申请；(2)在培训申请被批准后需要履行的培训服务协约手续；(3)培训服务协约签订后方可参加培训。

培训服务协约条款。协约条款一般要明确以下内容：(1)参加培训的申请人；(2)参加培训的项目和目的；(3)参加培训的时候、地点、费用和形式等；(4)参加培训后要达到的技术或能力水平；(5)参加培训后要在企业服务的时间和岗位；(6)参加培训后如果出现违约的补偿；(7)部门经理人员的意见；(8)参加人与培训批准人的有效法律签署。

2. 入职培训制度

入职培训制度的主要内容和条款有以下几个方面：(1)培训的意义和目的；(2)需要参加人员的界定；(3)特殊情况不能参加入职培训的解决措施；(4)入职培训的主要责任(部门经理还是培训管理者)；(5)入职培训的基本要求标准(内容、时间、考核等)；(6)入职培训的方法。

3. 培训激励制度

培训的配套激励制度主要包括以下几个方面：(1)完善的岗位任职资格要求；(2)公平、公正、客观的业绩考核标准；(3)公平竞争的晋升规定；(4)以能力和业绩为导向的分配原则。

4. 培训考核评估制度

培训考核评估制度需要明确的内容有以下几方面：(1)被考核评估的对象；(2)考核评估的执行组织(培训管理者或部门经理)；(3)考核的标准区分；(4)考核的主要方式；(5)考核的评分标准；(6)考核结果的签署确认；(7)考核结果的备案；(8)考核结果的证明(发放证书等)；(9)考核结果的使用。

5. 培训奖惩制度

培训奖惩制度主要由以下一些内容组成：(1)制度制定的目的；(2)制度的执行组织和程序；(3)奖惩对象说明；(4)奖惩标准；(5)奖惩的执行方式和方法。

6. 培训风险管理制度

通过制度规避培训风险需考虑以下几点：(1)企业根据《劳动法》与员工建立相对稳定的劳动关系；(2)根据具体的培训活动情况考虑与受训者签订培训合同，从而明确双方的权利义务和违约责任；(3)在培训前，企业要与受训者签订培训合同，明确企业和受训者各自负担的成本、受训者的服务期限、保密协议和违约补偿等相关事项；(4)根据"利益获得原则"，即谁投资谁受益、投资与受益成正比关系，考虑培训成本的分摊和补偿。

7. 起草培训制度草案

起草某一具体的培训制度，其内容应包括以下几个方面：(1)制定企业员工培训制度的依据;(2)实施企业员工培训的目的或宗旨;(3)企业员工培训制度实施办法;(4)企业培训制度的核准与施行;(5)企业培训制度的解释与修订。

(四)员工培训管理制度

1.培训目的

培育优秀的企业文化;强化企业核心竞争力;全面提高人的素质;促进企业人力资本的不断增值;推动企业向学习型组织模式发展;不断提高企业创新能力;实现企业持续、稳定的发展。传递企业文化和价值观,沟通企业新的战略目标与工作重点,转变员工观念,提高员工岗位工作技能,推广新的观念,知识和技能,提高团队整体素质水平,促进员工个人职业生涯发展。

2.培训形式

培训形式分为内部培训和外部培训。内部培训的形式主要有脱产培训、在职培训和员工自修。脱产培训就是对管理中具有共性的,有必要让员工理解和掌握的知识、技能、企业理念等对员工进行的集中脱产培训、研修,这种培训由专任讲师授课或主持。在职培训是指在日常工作中对员工的培养训练,即通过制定工作计划,分配调整工作,岗位技能讲座及操作,评价考核业绩,推进工作改善,帮助解决问题等途径对员工进行的指导。自修是指员工自己加强学习,提高修养,不断开发和提高自身能力,为此员工必须要善用所有的学习资源,以获得进步和发展。

外部培训的形式主要有短期课程、个人进修和外出考察。短期课程是针对表现突出的骨干人员,为开拓思维、触发灵感,进一步提高管理水平和业务能力,可由本人申请或企业选派参加外部专业培训机构举办的短期课程,包括各种外部教育机构、培训中心举办的短期培训课程、交流会。个人进修是企业鼓励员工到大专院校或专业培训机构进修学习(包括攻读学位、职称及其他资格证书考试、培训等),形式以业余进修为主。参加完各种形式的学习后,员工的结业(毕业)证书及成绩单须报企业人力资源部门作为任免的参考依据。外出考察是为拓展视野、丰富学习经验,企业组织管理人员、专业人才以及荣获嘉奖的员工外出考察,考察单位为优秀企业或机构。

3.培训类别及其内容和组织

根据企业自身特点,实行分层分类培训。主要类别有:新员工入职培训,在职员工培训,管理人员培训。新员工入职培训(试用期新员工的培训)的内容是企业的概况和经营理念,企业的发展目标,企业的规章制度及劳动安全,质量教育等。由企业人力资源部按"年度企业培训计划"实施,未列入计划的培训内容视需要举办。专业技能培训、专业理论知识由各部门按年度部门培训计划实施,未列入计划的培训内容视需要举办。在职员工的培训的内容是员工的职业化训练、专项技能训练。由各部门按"年度部门培训计划表"实施。管理人员培训的内容是人力资源管理,财务管理,企业管理,高效激励,有效沟通,时间管理,高绩效团队建设,员工关系管理与劳动争议处理,相关法律知识等。

五、绩效管理

（一）绩效的含义与性质

员工的工作绩效，是指那些经过评估的工作行为、表现及其结果。对组织而言，绩效就是任务在数量、质量及效率等方面完成的情况；对员工个人来说，则是上级和同事对自己工作状况的评价。企业通过对其员工作绩效的评估，获得反馈信息，便可据此制定相应的人事决策与措施，调整和改进其效能。所以，绩效的评估是具有监控功能的。

在绩效的性质中值得强调的是它的多因性、多维性与动态性。

1.绩效的多因性

这是指绩效的优劣并不取决于单一的因素，而要受制于主、客观的多种因素影响。图5 – 2 – 5 所示的工作绩效模型，列出了影响工作绩效的四种主要因素，即员工的激励、技能、环境与机会，其中前两者是属员工自身的、主观性影响因素，后两者则是客观性影响因素。

图 5 – 2 – 5 　工作绩效模型

这个模型也可用以下公式表示：

$$P = F(S, O, M, E)$$

式中 P 为绩效，S 是技能，O 是机会，M 是激励，E 是环境。此式说明，绩效是技能、激励、机会与环境四个变量的函数。

2.绩效的多维性

这是指绩效评估需要从多种维度或方面去分析与评估。例如，一名工人的绩效除了产量指标完成情况外，质量、原材料消耗率、能耗、出勤，甚至是团结、服从、纪律等硬、软方面，都需综合考虑、逐一评估，但由于各个维度的权重不等，所以评估的侧重点可能也有所不同。

3.绩效的动态性

员工的绩效是会变化的，随着时间的推移，绩效差的可能改进转好，绩效好的也可能退步变差，因此管理者切不可凭一时印象，以僵化的观点看待下级的绩效。

总之，管理者对下级绩效的考察应该是全面、发展、多角度和权变的，力戒主观、片面和僵化。

绩效管理是这样一个过程：执行官，管理者和主管们可以通过这个过程使员工绩效和企业目标相一致。一个有效的绩效管理过程可以精确定义优秀绩效，使用绩效测量手段，并且提供给员工关于他们自身绩效的反馈。绩效评估是企业绩效管理过程中至关重要的一环。

从战略和竞争优势的视角来看，整合员工工作表现和企业绩效目标是非常重要的。那些以无助于企业实现目标的态度来工作的员工会遇到在企业中短期或长期生存的问题。绝大部分专家相信：如果企业要实现获利能力、成长、效率和价值的话，企业战略就必须和员工能力和于绩效是相一致的。

管理者有义务发展、应用、监控和修正绩效测量方法。但很不幸，并不是所有的测量方法都很容易被发展。诸如计算机、汽车或电视机等有形成果可以被精确测量，但对教师、会计或者律师等所生产的服务或无形成果却很难加以测量。尽管当定义、测量、监控和修正绩效时追求精确是一个有价值的目标，但是解释与探索肯定比实现来得更容易，特别是和许多专业人员、服务业员工及"知识工人"一起工作时（例如研发技术人员或研发工程师），且知识工人提供了有助于绩效目标实现的无形智力资本。

绩效评估是用来测定员工有效工作程度的一种行为。关于绩效评估的其他术语包括绩效考核、人事等级评定、价值等级评定、绩效评价、员工评价和员工评估。

在许多组织中，两种评价体系同时存在：正式的和非正式的。管理者经常会思考员工究竟干得如何，这是非正式体系。人际政治和人际交往影响着它，所以那些比别的人缘更好的员工就有着更大的优势。与之相对应，正式绩效评估是组织制定的，以系统地评价员工绩效的体系。

知识辨析：绩效管理与绩效评估的区别

绩效管理是对绩效评估的发展，绩效评估是绩效管理的局部环节和手段，两者是不同的。

（1）绩效评估是对员工个人或部门绩效的评价，而绩效管理是把对组织绩效的管理和对员工绩效的管理结合在一起的体系，是从战略高度对绩效进行管理，着眼于组织绩效及长远发展。

（2）绩效评估是事后评估工作的结果，而绩效管理则包括事前计划、事中管理、事后评估，所以绩效评估仅是绩效管理中的一个环节。

（3）绩效评估侧重于判断和评估，而绩效管理侧重于信息沟通和员工个人及组织整体绩效的提高。

（4）绩效评估往往只出现在特定的时期，如月末、季末或年末，而绩效管理则伴随着管理活动的全过程。

（二）绩效评估的目的和一般程序

绩效评估的目的

绩效评估是要"知人"，进而"用人"，其目的分述如下：

1. 订立绩效目标的依据。绩效评估为目标管理中目标的确定提供依据，有助于为员工制定新的工作目标。

2. 评估过往绩效。绩效评估可对员工个人、团队或企业过去时段的绩效进行总结与评估。

3. 帮助改善现时绩效。绩效评估的结果可反馈给被评估人，以帮助其改进并提高现时绩效。

4. 员工任用的依据。绩效评估是对员工的素质、知识和技术进行推断与评估，确保用人得当。

5. 员工调配和升降的依据。管理者通过绩效评估去了解员工工作的状况及人事配合的程度，做出员工调配的决定。

6. 评估培训和发展需要。通过绩效评估，企业可了解员工的素质、知识、能力、长处和短处等，以作为培训决定的依据和判断培训效果的方法。

7. 检验员工招聘和培训的效果。绩效评估可以帮助企业检验员工招聘和培训的效果，从而判断招聘培训的方法和程序是否适当有效。

8. 确定薪酬的依据。绩效评估可用来衡量员工的工作数量和质量，以此作为确定薪酬的依据。

9. 激励员工。科学和严格的绩效评估可作为奖罚的基础，同时为员工提供有效的内在激励机会。

10. 协助制定员工职业发展规划。绩效评估的导向和结果，可以协助制定员工个人职业发展的规划。

11. 收集管理信息。绩效评估为管理部门提供了与员工直接沟通的宝贵机会，使上级主管能够及时掌握工作的进展和存在的问题，获得解决问题的一手信息，有助于正确决策。

绩效评估的一般程序

绩效评估是企业根据员工的职务描述对员工的工作业绩、工作行为和工作技能定期进行的考察与评估。绩效评估的程序一般分为"横向程序"和"纵向程序"两种。

1. 横向程序

横向程序是指按绩效评估工作的先后顺序形成的进行过程。主要有以下环节：

制定绩效评估标准。绩效评估标准必须要以职务分析中制定的职务描述与任职说明为依据。

实施绩效评估。即对员工的工作绩效进行考核、测定和记录。

绩效评估结果的分析与评定。绩效评估的记录需与既定标准进行对照，作出分析与评判，从而获得绩效评估的结论。

结果反馈与实施纠正。绩效评估结论通常应与被评估员工见面，使其了解组织对自己工作的看法与评价，从而发扬优点、克服缺点。

2. 纵向程序

纵向程序是指按组织层次逐级进行考核的程序，一般为：

以基层为起点，由基层部门的主管对其下级进行绩效评估，以及上级主管对基层管理人员进行绩效评估。绩效评估分析的单元包括员工个人的工作行为(如工人是否按规定的工艺和操作规程进行工作,或主管是如何管理其下级的等),员工个人的工作效果(如产量、废品率、原材料消耗率、出勤率等),也包括影响其行为的个人特征及品质(如工作态度、信念、技能、期望与需要等)。

经基层考核之后,便会上升到中层部门进行绩效评估,内容包括中层主管的个人工作行为与特性,也包括该部门总体的工作绩效(如任务完成率、劳动生产率、产品合格率等)。

待逐级上升到公司领导层时,再由公司所属的上级机构(或董事会)对公司这一最高层次进行绩效评估,其内容主要是经营效果方面硬指标的完成情况(如利润、市场占有率等)。

六、薪酬管理

薪酬管理是指在经营战略和发展规划的指导下,综合考虑内外部各种因素的影响,确定自身的薪酬水平、薪酬结构和薪酬形式,并进行薪酬调整和薪酬控制的整个过程。

薪酬水平指企业内部各类职位以及企业整体平均薪酬的高低状况,它反映了企业支付的薪酬的外部竞争性。薪酬结构指企业内部各个职位之间薪酬的相互关系,它反映了企业支付的薪酬的内部一致性。薪酬形式则是指在员工和企业总体的薪酬中,不同类型薪酬的组合方式。薪酬调整是指企业根据内外部各种因素的变化,对薪酬水平、薪酬结构和薪酬形式进行相应的变动。薪酬控制是指企业对支付的薪酬总额进行测算和监控,以维持正常的薪酬成本开支,避免给企业带来过重的财务负担。

薪酬制度即人们常说的工资制度,它是根据国家法律和政策制定的薪酬分配有关的一系列准则、标准、规定和方法的总和。从微观层次理解薪资制度,就是指企业内部工资管理的标准与规定。我国现行的薪酬制度大体有以下四种基本形式。

(一)薪酬制度的基本类型

1.绩效工资制度

绩效工资制度的特点是员工的薪酬主要取决于员工个人、部门及公司的绩效,以成果与贡献度为评价标准。工资与绩效直接挂钩,强调以目标达成为主要的评价依据,注重结果,认为绩效的差异反映了个人在能力和工作态度上的差异。绩效工资通过调节绩优与绩劣员工的收入,影响员工的心理行为,以刺激员工,从而达到发挥其潜力的目的。然而,由于影响绩效工资的因素有很多,因而在使用过程中存在许多操作性困难。首先,绩效工资可能对雇员产生负面影响。有时候,绩效工资的使用会影响"暂时性"绩劣员工的情绪,甚至会将其淘汰,而这种淘汰会引发企业管理成本的大幅上扬。其次,绩效工资的效果受外界诸多因素制约。再次,绩效工资的评判标准必须得到劳资双方的共同认可。最后,员工对绩效工资具体方案的真正满意度也是一个比较重要的因素。有时绩效评价难免会存在主观评价因素。这些困难的存在从一定程度上影响了绩效工资制度的有效实施，从而降低了激励效用。计件工资制、销售提成工资制、效益工资等都属于绩效工资制。

2. 工作工资制度

工作工资制度的特点是员工的薪酬主要根据其所担任的职务（或岗位）的重要程度、任职要求的高低以及劳动环境对员工的影响等来决定。薪酬随着职务（或岗位）的变化而变化，岗位工资制、职务工资制等都属于工作工资制。

3. 能力工资制度

能力工资制度的特点是员工的薪酬主要根据员工所具备的工作能力与潜力来确定，而能力一般是以知识、技能和绩效等共同作用表现出来的。职能工资制、能力资格工资制以及我国过去工人实行的技术等级工资等都属于能力工资制度。

4. 组合工资制度

组合工资制也称为结构工资制，是指由几种职能不同的工资结构组成的工资制度。组合工资制的特点是将薪酬分解成几个组成部分，分别依据绩效、技术和培训水平、职务（或岗位）、年龄和工龄等因素确定薪酬。组合薪酬结构使员工在各个方面的劳动付出都有与之对应的薪酬，某员工只要在某一个因素上比别人出色都能在薪酬上反映出来。组合工资制对不同工作人员进行科学分类，并加大了工资中灵活的部分，其各个工资单元分别对应体现劳动结构的不同形态和要素，因而较为全面地反映了按岗位、按技术、按劳分配的原则，对调动职工的积极性、促进企业生产经营的发展和经济效益的提高，在一定时期起到了积极的推动作用。

在现实的企业薪酬管理中，很少运用单一的薪酬管理制度和管理机制，一般都是将几种制度有机地结合起来加以运用。因此，一种薪酬管理模式往往是以一种或一种以上的制度为主，辅助其他的管理制度和管理机制。

本模块重要概念：

人力资源规划 工作分析 员工招聘与录用 培训与开发 绩效管理 薪酬管理。

本模块小结：

系统介绍人力资源管理的作用，重点介绍了人力资源管理主要工作内容。

练习与实训：

1. 人力资源管理主要模块内容进行对比分析？

2. 在企业管理中，人力资源管理理论与实践是如何结合的？

3. 举例说明人力资源管理理论的实际应用？

4. 选取当地一家熟悉的企业，了解企业的人力资源管理理论的运用，撰写企业如何运用人力资源管理思想的报告。

模块六

领导工作

学习目标

认识领导;了解领导的相关理论;理解领导需要的艺术。

导入案例

唐僧的领导理论

在唐僧西天取得真经 100 年之后的一天,唐僧到如来家里做客。如来为检验他这 100 年来修炼的程度,同唐僧进行了如下交谈:

众所周知,你当年的成功离不开三个得力徒弟——悟空、八戒、沙僧。那么,你本人最喜欢哪个徒弟呢?

唐僧给的答案多少有些出乎如来的意料,那就是:八戒。

八戒最大的优点就是可爱。唐僧满面笑容地说道,有他就少不了笑声。有很多人误以为他懒惰,其实他并不懒惰。每次他打扫马厩或者收拾包裹都是一丝不苟,挑不出什么错儿来。但是他很小气,总是要暗地比较自己比别人多干了多少,他吃不得一点亏。而且他又喜欢睡懒觉,所以大家才会以为他很懒。"作为一个领导者,必须要知人善用。手下队伍要精简,属下的个人能力要强。"唐僧如实说到。

那么,八戒的个人能力是你三个徒弟里面最差的,又有不负责任等对工作不利的缺点,你为什么不换一个精明能干的人选呢? 如来佛不解地问。

的确,八戒在队伍里面确实是个人素质最差的一个。可是,并不是由最好的人员组合起来的队伍就可以最大限度地发挥队伍的整体功效。一个强大完整的队伍,其成员必须要有不同的特点和分工。你仔细观察一下就会发现,通风报信的往往是八戒。而打不过就跑这个特点也只有八戒,我记得以前有个将军,他就是要用怕死的兵放哨。别人不解。他说假如用勇猛的士兵放哨站岗,遇到敌人一定会战死,而胆怯的士兵则会跑回营中报信。这是说明人员搭配问题很好的一个例子。唐僧神采奕奕地说。

而且八戒这个人脸皮很厚,不怕指责。一件事情做不好,大家都可以把责任推到他头上。这样就节省了内部处理问题的时间。而由于他的存在，其余的人自然而然就会对自己有一种信心，因为他的能力一定比八戒强。

对于我个人来讲，唐僧点起一支烟，兴致勃勃地说"我之所以喜欢他，是因为他比较喜欢溜须拍马。一个领导者，不可避免地就会对一个总是夸赞他的手下产生好感甚至是依赖感。你看几乎每个领导者身边都会有八戒这样的人物存在。因为你不能要求领导者在一个至高无上的地位，还要放低身份和自尊去听取下属的批评并接受下属的顶撞。你必须要有一个会说好话的人在身边，否则你早就被气死了。"唐僧的话把如来逗笑了。

如来问道："你觉得悟空这个徒弟怎么样？一路上他多次救过你的性命！"

"是呀，上次我西天取经还有一个主角人物，他就是齐天大圣孙悟空，由于紧箍咒的存在，他和我的关系非常微妙。其实，我们之间最终是敌人的关系。"唐僧缓缓地说。"每次危难时刻，他都能出来救我，很多次我都非常感动。但是只要风平浪静，我就会恢复对他的敌视态度。"

唐僧说："因为我是一个忌妒心很强的人。每个希望自己建功立业的男人都有忌妒心。"

如来站起来给唐僧沏了杯茶，唐僧呷了一口继续说道："西游记不是无间道，"唐僧说："我必须要做男一号，别人不可能和我抢戏分、比风头，因为我是整个组织的领导者，也是这次西天取经的唯一执行者，他们都是我的助手，助手的功劳怎么能大过执行者的功劳呢？可是悟空没有重视自己的身份，总是擅自行事，关键时候意气用事。我知道他的人气和知名度要高过我，实际上这是很不正常的现象，毕竟经是我拿回来的。"

"那么你们在个性和感情上有什么冲突呢？"如来问。"首先我先说我们的共同点：其一，我们都是很执着的人；其二，我们都是禁欲者。在这两点上我们可以相互激励对方。但是，孙悟空其实是一个无知的农村土猴，没受过良好家庭教育，文化素质很差，脾气太倔强。作为一个被领导者，过于倔强的性格一定会和领导者产生矛盾。一山不容二虎，当一件事情我们有了分歧时，到底该听谁的呢？当然是听领导者的。因为领导者是一个指挥者，他负的是全局成败的责任。不管是他指挥失当还是用人失当，只要最后的结果是失败的，他就要负全部责任。像中国足球队的教练输球后，责怪队员就是一种低素质指挥者的表现，因为队员是他选拔和训练的。"

"坦白地讲，我是一个完美的指挥者，最后取经成功的结果说明了一切。而如果指挥者下达命令属下不听从，那么最后属下就要负责。作为一个真正意义上的属下，即使领导者让他跳崖，他也一定要执行。只要彻底执行了，他就没有责任。而悟空就不懂这个常识，所以我说他是乡村土猴子，说实话他的处世方法真的很让人讨厌，很多次我都想让他卷铺盖回家。"

唐僧自信深沉的谈吐让如来欣慰地笑了笑。"你们矛盾爆发程度最激烈的一次是不是白骨精事件的那次？"如来继续问道。唐僧咳嗽了几声，唉："那是我最丢脸的事情了。"唐僧吐了个烟圈，"那次我是直接输给他了，至今我们耿耿于怀。人都是有感情的，虽然敌对情况严重点，毕竟我们还是同志、是战友、是上下级，相处久了一定是有感情的。那次我让他走，实在是因为他让我太生气了。看他一次次给我下跪认错，我忍不住心软了。但是我告诉自己，这是赶走他最好的时机，如果这次他走了，他永远都是个农村土猴。而我自己会独享取经归来的光环，所以我咬牙赶他走了。后来发现不能没有他。你看哪一个君王不是等稳定了之后才除掉自己眼中钉的，所以我想请他回来，等取经成功以后向如来揭发他的一些丑行，斗倒他也不迟，请他回来的时候我有多丢面子。好在大家都是自己人，家丑不可怕。"

"那个紧箍咒问题你怎么看?"如来问。"这个问题是我们师徒关系中的核心问题。我总是会在恰当的时机让他见识见识我的厉害。看他他痛苦的样子其实我很有满足感，但是我还装出很心痛的样子。而且，正是因为有紧箍咒的存在，我认为他一定会把我当仇人看。等到了取经成功以后会找我报复，遗憾的是他没有抓住那个机会，因为他的谋略比我要差很多，反而是我向你推荐他作佛。作佛了就不能好打不平了。他的性格我清楚，他忍不住火气的，所以他常常被你教训，这你也是清楚的。"

最后，唐僧说了这样的话:"英雄从来都是被利用的。他是个英雄，可我却是个赢家。"
(资料来源:周三多编著.管理学原理［M］.南京大学出版社，2009)

项目一 —— 认 识 领 导

领导是一种特殊社会现象,这种社会现象具有不同于其他社会现象的独特性质。正是领导与其他社会现象的相对分离,才使领导学成为了一门独立学科。许多管理学中所讲的"管理"实际上就是领导,管理几乎就是领导的同义语。而管理学创始人法约尔又把领导与管理严格地区分开来,认为领导是保证技术职能、商业职能、财务职能、安全职能、会计职能、管理职能这六项职能得以贯彻的保证力量,而"管理"仅仅是这六项职能中的一种,"领导"并没有得到完善、规范的阐述。

一、领导的定义

领导者(leader)的单词最早是在 1300 年出现的;领导一词到 1834 年后才出现,其意义是指领导者的领导能力。《韦氏大辞典》则将领导解释为获得他人信仰、尊敬、忠诚及合作的行为。

每个人对领导的意义看法不一,见仁见智。领导的意义众说纷纭,诠释不同,由于探讨的角度、强调的重点及重视的程度不尽一致,所以至今仍然仁智互见、看法缤纷。一般认为领导有以下几方面含义:

(1)领导就是影响力的发挥;

(2)领导就是倡导行为;

(3)领导是促进合作的功能;

(4)领导是一种信赖的权威;

（5）领导是协助达成组织目标的行动；

（6）领导是达成组织目标的历程。

二、领导与管理的关系

简单地说，领导是指在一定的环境下，对组织目标的规划及带领与引导被领导者实现目标的行为过程。管理是指为实现一定的目标，对人、财、物的管辖和治理。

二者的关系还是一个争议的课题。有的说领导包管理，有的则主张管理包领导。

（一）领导与管理的区别

领导与管理的最大区别体现为：领导是一种变革的力量，而管理则是一种程序化的控制工作。管理者和领导者是两类完全不同的人，他们在动机、个人历史、想问题、做事情的方式上存在着差异。管理者如果说不是以一种消极的态度，也是以一种非个人化的态度面对目标的；而领导者则是以一种个人的、积极的态度面对目标。管理者倾向于把工作视为可以达到的过程，这种过程包括人与观念，两者相互作用就会产生策略和决策；领导者的工作具有高度的冒险性，他们常常倾向于主动去冒险，当机遇和奖励很高时尤其如此。管理者根据自己在事件和决策过程中所扮演的角色与他人发生关系；而领导者关心的是观点，以一种更为直接和移情的方式与他人发生关系。

约翰·科特认为，管理和领导，虽然定义不同，但显然有着诸多相似之处。两者都涉及到对需要做的事情作出决定，建立一个能完成某项计划的人际关系网络，并尽力保证任务的完成。然而，两者之间的相似性却不能掩盖两者之间的差异性。

首先，管理的计划与预算过程趋向于注重几个月到几年的时间范围，强调微观方面，看重风险的排除以及合理性；而领导过程中经营方向的拟定则着重于更长的时间范围，注重宏观方面敢冒一定风险的战略以及人的价值观念。

其次，具有管理行为的企业组织其人员配备趋向于注重专业化，挑选或培训合适的人担任各项工作，要求服从安排；而联合群众的领导行为则注重于整体性，使整个群体朝着正确的方向前进，并且投入进去，实现所确定的目标。

再次，管理行为的控制和解决问题常常侧重于抑制、控制和预见性；而领导的激励和鼓舞则侧重于授权、扩展，并不时创造出惊喜来激发群众的积极性。

最后，领导与管理的根本区别体现为它们各自的功用不同，领导能带来有用的变革，而管理则是为了维持秩序。

领导与管理的区别主要体现在以下三个方面：

第一，领导具有全局性，管理具有局部性。

第二，领导具有超前性，管理具有当前性。

第三，领导具有超脱性，管理具有操作性。

（二）领导与管理的联系

领导与管理的联系主要体现在以下两个方面：①领导是从管理中分化出来的；②领导活动和管理活动在现实生活中具有较强的复合性与相容性。只有有力的管理与有力的领导联合起来，才能带来满意的效果。

管理过分而领导不力，则会非常强调短期行为，过分注重专业化，过分侧重于抑制、控制和预见性。总而言之，管理过分、领导不力的组织有一种刻板的面貌，不具备创新精神，对于企业来说，即不能处理市场竞争和技术环境中出现的重大变化，衰退是必然的结果。

领导有力而管理不足，会导致以下的结果出现：（1）强调长期远景目标，而不重视近期计划和预算；（2）产生一个强大的群体文化，不分专业，缺乏体系和规则；（3）鼓动那些不愿意运用控制体制和解决问题的原则的人集结在一起，导致状况最终失控，甚至一发而不可收拾。

三、领导的本质

什么是领导的本质？对此众说纷纭、莫衷一是，如有人认为，领导的本质就是权威和服从；有人认为，领导的本质是领导者本身的影响力；还有人认为，领导就是服务；也有人从操作、手段性、结果性等多方面来论述领导的本质。但大多数学者都是从自然属性和社会属性两个方面来进行论述的。这就是说，领导活动具有自然属性和社会属性，与此相关，领导的本质也是双重的。从自然属性看，任何领导都是社会组织中的一种特殊劳动，是社会管理中的一种高层次劳动，是领导者进行统率和引导的活动过程。统率和引导是领导的最一般本质。从社会属性看，不同历史条件下领导者与被领导者的关系、领导者的产生方式、领导观念、领导方式和方法等无不受到当时生产力和生产关系的影响，因而又是各不相同的，从而表现出了鲜明的社会历史性。一般来说，领导的自然属性要从属于领导的社会属性。

四、领导的基本要素

领导的要素包括领导者、被领导者、群体目标和客观环境。

领导者就是在社会共同活动中履行一定领导职务的个人或集体。或者说，领导者就是在社会组织中占有一定职位、负有责任和代表一定群众利益的个人或集体。

被领导者是相对领导者而言的，是指在社会共同活动中处于被领导地位的组织和个人。被领导者在领导活动中具有双层身份：相对领导者而言，它是领导客体或领导对象；相对领导环境和领导目标而言，它又是领导主体。

领导环境是指领导主体借以进行活动的内部及外部的客观因素的总和。或者说，领导环境是除领导者自身因素以外影响领导者从事领导活动的时间、空间、条件及因素的总和。

群体目标就是领导者率领被领导者在一定的客观条件下所要达到或实现的目标。

领导被理解为一个动态的过程，它是领导者、被领导者、环境相互作用与相互结合以实现群体目标的过程。

第一，领导者在行政活动过程中处于一个极其重要的地位。

第二，领导活动的顺利推行必然是在群体成员的积极参与和领导者与被领导者相互沟通的过程中实现的。

第三，领导活动的最终目的是实现领导目标。在实现目标的过程中，决不是领导者自身的单一化受益，而是使组织价值、个体价值和领导者自身的价值三个方面都获得社会的肯定。

第四，任何领导活动都必须在适应或有效改造外在环境的前提下才能获得有效性。

所以，我们决不能把领导理解为以领导者为原点在单一的、自上而下的权力运动过程中进行的行为，它实际上是将领导者、被领导者、环境和组织成员都能接纳的目标贯通在一起的行为，其中领导者的发动作用和被领导者的执行功能都应该是等量齐观的重要因素。

五、领导活动的特性

领导活动的特性主要表现在以下几个方面：

1.权威性。从领导活动的成败及其效果来说，权威性是领导活动的首要特性，因此，现代意义上的领导权威是一种理性权威，其特征在于它的合法性，在于它的活动过程中表现的规章制度取向。法制（治）赋予了领导权威的合法性，而领导活动在其展开过程中所表现出来的法制（治）精神又维护并巩固了它自身的合法性。因为权力并不等同于权威，一个拥有权力的人不一定拥有足够强大的权威，人们接受领导者的领导，不是基于对他权力的恐惧，而是基于对其权威的肯定性认同。

2.综合性。从领导活动的内容来看，综合性是其重要特性。领导作为"软专家"所进行的指挥、协调活动，表现为极强的综合性。首先，领导的综合性是由社会的劳动分工决定的。其次，现代社会也是一个利益多元化的社会。领导活动的一个重要内容，就是将不同的劳动分工与不同的利益进行综合，从而将综合的结果输出给社会和员工。前者涉及的是技术性层面，它要求领导者进行这一活动时采用多样化的技术方法和手段。后者涉及政治层面，它要求领导者从社会发展的高度，从大多数人的利益需求这一视角来思考问题。

3.超脱性与全局性。从领导活动在组织体系中的地位来说，超脱性与全局性是其重要特性。领导者只有超脱于各种利益群体之上，才能从根本和宏观上把握领导活动的整个过程，因此，超脱性是全局性的基础，即在保持自身超脱性的基础上，在战略层面上规定组织的方向、任务和目标，它要求领导者必须在整体发展、全局利益等领导理念的驱使下，在组织与环境的互动中，处理各种关系，实现领导要素的有机组合以及各种资源的有效配置。

4.超前性与战略性。从领导活动的功能与作用来说，超前性与战略性是一体的。

5.服务性。从领导活动的价值取向和精神归宿来说，服务性是领导活动的重要特性。领导活动的本原体现为公共使命的承担，服务是领导本质所在。西方关于领导的正式理论就认为，领导者应该是代理者、议事者和促进者的统一。现代社会把"权力民授说"视为一个普遍的法则，尽管在短暂的时段中我们看到，领导者可以运用强制性的权力展示权威的威严，但是从根本上来说，领导者仅仅是居于特定职位上的民意的代理者。因此，领导的服务性并不是一种虚假的设定，而是引发领导者敬畏的法则，更是驾驭领导者行为的信念。

6.间接性。领导活动与组织目标之间的间接性是所有领导活动共有的特性，也是领导原理和领导艺术具有相通性的决定性力量。领导活动必然是一种依靠动员和激励下属实现组织目标的活动。

课堂小故事

春秋晋国有一名叫李离的狱官，他在审理一起案件时，由于听从了下属的一面之词，致使一个人冤死。真相大白后，李离准备以死赎罪。晋文公说："官有贵贱，罚有轻重，况且这起案子主要错在下面的办事人员，又不是你的罪过。"李离说："我平常没有跟下面的人说我们一起来当这个官，拿的俸禄也没有与下面的人一起分享。现在犯了错误，如果将责任推到下面的办事人员身上，我又怎么做得出来。"他拒绝听从晋文公的劝说，伏剑而死。

分析：正人先正己，做事先做人。领导者要想管好下属必须以身作则，示范的力量是惊人的，不但要像先人李离那样勇于替下属承担责任，而且要事事为先、严格要求自己，做到"己所不欲，勿施于人"。一旦通过表率树立起在员工中的威望，将会上下同心，大大提高团队的整体战斗力。得人心者得天下，做下属的敬佩自己的领导将使管理事半功倍。

项目二　了 解 领 导 的 相 关 理 论

一、领导理论发展的三个阶段

1.从领导特质的角度去理解领导。以领导者为中心，探讨领导者不同于其他人的特质。

2.从人际关系、感情因素的角度去观察领导。领导是对组织内群体或成员施加影响的活动过程，是一门促使下级满怀信心地完成其任务的艺术，是一种说服他人热心于一定目标的努力。

3.从组织所处的环境这一角度去观察领导。使人们转而去寻找这样的条件，在这些条件下各种风格、行为和哲学都可能是适宜的和有效的。

与以上对领导的理解相联系，西方的领导科学理论大致经历了"伟人论"（特质论）、"行为论"和"权变论"三个阶段、三个主要研究方向或三种研究类型。

第一,伟人论(特质论)阶段。一个人之所以会成为领导者,有其不可比拟的天赋和个人品质。伟人论阶段注重对领导特质的研究,因此领导性格、领导特质就成为研究者关注的核心内容。

第二,行为论阶段。主要研究领导者的哪些行为会有助于他进行有效的领导。只有那些行为上表现为既关心生产(工作)又关心个人(下属)的领导者才是最有效率的。换言之,那些天资绝顶的人不一定会成为领导者,真正决定一个人成为领导者的因素是其行为。有效的领导者应该是那些适应性强的人,就是那些能考虑到自己的能力、下属的能力和需要完成的任务,而能将权力有效下放的人。

第三,权变论阶段。由于"伟人论"和"行为论"都忽视了领导者所处情境对领导效能的影响,因此,刻意追求最佳领导特质和行为模式的做法并没有把环境因素考虑在内。提出这一理论的费德勒认为,无论领导者的人格特质或行为风格如何,只有领导者使自己的个人特点与领导情境因素相"匹配",他才能成为一个优秀的领导者。权变论把客观情况与领导行为的相互作用视为领导活动能够成功的关键所在。只有能够很好运用认知资源(包括知识、能力、技能以及领导者和群体成员的经验)的人,才能成为一个优秀的领导者。

以上三个阶段或三种类型都是片面地将某一个要素置于首要地位,而实际上对于领导活动来说,并不存在一种永恒的、永远处于决定性地位的要素。这就说明,领导既是一门科学,又是一门艺术。领导活动的成败取决于多种要素在特定状态下的有机组合。

二、领导特质论

特质理论侧重研究领导者的性格、品质方面的特征,作为描述和预测其领导成效的标准。研究的目的是通过研究,区分领导者与一般人的不同特点,以此来解释他们成为领导者的原因,并将其作为选拔领导者和预测其领导有效性的依据。实际上就是研究怎样的人才能成为良好、有效的领导者。

西方学者研究归纳领导特质有以下几类:身体特征、背景特征(教育、经历、社会关系等)、智力特征(智商、分析判断力)、个性特征、与工作有关的特征(责任心、首创性、毅力、事业心等)、社会特征(指挥能力、合作、声誉、人际关系、老练)。

对领导者共同特性研究最具代表性的研究者应首推斯托第尔曾,其诠释过自1904—1947年所完成的有关领导特质的124份研究文献,将与领导才能有关联的个人因素归纳为以下五类:

◆能力:包括智慧、机警、言词灵巧及判断。

◆成就:包括学识、知识、运动成就。

◆责任:包括可信赖、倡导、坚忍、积极、自信、超越他人的欲望。

◆参与:包括活动、社交能力、合作、适应能力、幽默。

◆地位：包括社会地位、声望。

◆情境：包括心理层次、地位、技能、追随者的需求与兴趣和希望达成的目标。

斯托第尔又对 1945 年以前的 52 项"领导特质研究"进行了领导者特性的因素分析工作，旨在找出领导者的共同特性。结果发现，三个或三个以上的研究者所认定的 26 个因素如表 6 - 2 - 1 所示。

表 6 - 2 - 1　　　　　　　　　　　　领导者的共同特性

因素号码	因素名称	次数
1	社交与人际关系技巧	16
2	技术性技巧	18
3	行政技巧	12
4	领导效能与成就	15
5	社会性接近与友谊	18
6	智慧技巧	11
7	维系具有凝聚力的工作团体	9
8	维持协调及团队工作	7
9	任务动机与应用	17
10	一般的印象	12
11	支持团体的任务	17
12	保持实际表现的标准	5
13	愿意承担责任	10
14	情绪平稳与控制	15
15	对非正式团体的控制	4
16	有教养的行为	4
17	道德行为、人格廉正	10
18	沟通、语文能力	6
19	权势倾向、支配与果断	11
20	生理精力	6
21	经验与活跃	4
22	成熟、温文儒雅	3
23	有勇气、勇敢	4
24	高高在上、有距离	3
25	有创造力	5
26	随和	5

资料来源：Handbook of leadership（P.93）by R. M. Stogdill, 1974, New York：Free Press.

斯托第尔又将表 6 - 2 - 1 的 26 个因素分成了三类：第一类属于技巧方面的因素，包括第 1、2、3、4、5、6、9 和 11 等项因素；第二类为领导者与团体的关系方面的因素，包括第 7、8、12、15 与 16 等项因素；第三类为有关领导者个人特性的因素，包括第 13、14、17、18、19、20、21、22、23、24、25 和 26 等项因素。三类因素中以第一类因素最为重要，这些因素使领导者为其团体或组织所看重，也使其能维持团体的凝聚力、能力与生产力；如果领导者兼具高度的任务动机、廉正、沟通能力等特性，则对以上这三类功能的实现更有帮助。

斯托第尔又对 1948—1970 年 163 项领导特质研究进行了调查。在他的调查工作中，凡有下列四种情形之一的，均被认为领导者个人特质与领导有正面或显著的关系：第一，某一特质与领导者某一方面的效能有显著相关者；第二，就某一特质而言，领导者与追随者有显著差异者；第三，就某一特质而言，有效能的领导者与无效能的领导者有显著差异者；第四，就某一特质而言，高地位领导者与低地位领导者有显著差异者。其调查结果如下：

（1）生理特质方面

☆活跃与精力：有 24 项研究认为此一特质与领导有正相关。

☆年龄：有六项研究认为年龄与领导有正相关。

☆面貌与注重仪容：有四项研究认为此一特征与领导有正相关。

（2）社会背景方面

☆教育程度：有 14 项研究认为教育程度与领导有正相关。

☆社会地位：有 19 项研究认为社会地位与领导有正相关。

☆流动性：有六项研究认为流动性与领导具有正相关。

（3）智慧与能力方面

☆智力：有 25 项研究认为智力与领导有正相关。

☆判断力与决定力：有六项研究认为此一特性与领导有正相关。

☆知识：有 12 项研究认为知识与领导有正相关。

☆言辞流利：有 15 项研究认为言词流利与领导有正相关。

（4）人格方面

☆适应及保持正常状况：有 11 项研究认为此一特质与领导有正相关。

☆积极进取与武断：有 11 项研究认为此一特质与领导有正相关。

☆机警：有四项研究认为机警与领导有正相关。

☆凭借权势与支配：有三十一 31 研究认为此一特质与领导有正相关。

☆情绪平衡与控制：有 14 项研究认为此一特质与领导有正相关。

☆热心：有三项研究认为热心与领导有正相关。

☆外向：仅有一项研究认为外向与领导有正相关。

☆独立性、凡事不附和：有 13 项研究认为此一特性与领导有正相关。

☆客观、实际：有七项研究认为此一特质与领导有正相关。

☆独创力、创造力：有 13 项研究认为此一特质与领导有正相关。

☆人格廉正、道德的行为：有九项研究认为此一特质与领导有正相关。

☆机智多谋：有七项研究认为此一特质与领导有正相关。

☆自信：有 28 项研究认为自信与领导有正相关。

☆对压力的容忍：有九项研究认为此一特质与领导有正相关。

（5）与任务相关的特质

☆成就需求、追求卓越的需求：有21项研究认为此一特质与领导有正相关。

☆责任感：有17项研究认为责任感与领导有正相关。

☆有进取心、倡导能力：有十项研究认为此一特质与领导有正相关。

☆在追求目标上负责尽职：有六项研究认为此一特质与领导有正相关。

☆任务导向：有13项研究认为此一特质与领导有正相关。

（6）社会特质方面

☆争取合作的能力：有三项研究认为此一特质与领导有正相关。

☆行政能力：有16项研究认为此一特质与领导有正相关。

☆吸引力：有四项研究认为吸引力与领导有正相关。

☆教养：有四项研究认为教养与领导有正相关。

☆合作精神：有五项研究认为此一特质与领导有正相关。

☆声望：仅有一项研究认为声望与领导有正相关。

☆善于交际、人际的技巧：有35项研究认为此一特质与领导有正相关。

☆社会参与：有九项研究认为此一特质与领导有正相关。

☆圆滑、外交手腕：有四项研究认为此一特质与领导有正相关。

斯托第尔依据这个调查结果提出了他的结论，他认为，领导者具有下列特质：有责任心；有完成任务的能力；追求目标时有活力、有毅力，解决问题时有独创力和大胆冒险的精神；有倡导的能力、有自信心和个人认同感；能容纳人际间的压力；能容忍挫折、具有影响他人的能力；有依目的促成团体交互作用的能力等。

三、领导行为论

领导行为理论，主要是领导者在领导过程中的具体行为，以及不同的领导行为对部属的影响，以期寻求最佳的领导行为。研究领导行为理论的目的在于，提高对各种具体的领导行为的预见性和控制力，改进工作方法和领导效果。研究的侧重点在于，确定领导者应具备什么样的领导行为以及哪一种领导行为的效果最好。其中具有代表性的领导行为理论有：

一是四分图理论。1945年，美国俄亥俄州州立大学教授斯多基尔、沙特尔在调查研究的基础上把领导行为归纳为"抓组织"和"关心人"两大类。"抓组织"，强调以工作为中心，是指领导者以完成工作任务为目的，因此，只注意工作是否有效地完成，只重视组织设计、职权关系、工作效率而忽视部属本身的问题，对部属严密监督控制。"关心人"，则强调以人为中心，是指领导者强调建立领导者与部属之间互相尊重、互相信任的关系，倾听下级意见和关心下级。调查结果证明，"抓组织"和"关心人"这两类领导行为在同一个领导者身上有时一致、有时并不一致。因此，他们认为领导行为是两类行为的具体结合，分为四种情况，用两度空间的四分图来表示，如图6-2-1所示。属于低关心人高组织的领导者，最关心的是工作任务；而高关心人而低组织的领导者大多数较为关心领导者与部属之间的合作，重视互相信任和互相尊重的气氛；低组织低关心人的领导者，对组织和人都漠不关心，一般来说，这种领导方式效果较差；高组织高关心人的领导者对工作和人都较为关心，一般来说，这种领导方式效果较好。

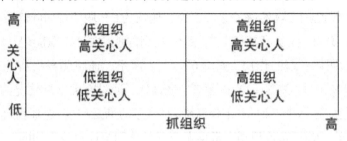

图6-2-1　四分图

二是领导方格图理论。在四分图理论的基础上，布莱克和莫顿1964年提出了领导方格图理论。横坐标表示领导者对工作的关心程度，纵坐标表示领导者对人的关心程度。如图6-2-2所示，在坐标图上由1到9划分为九个格，作为标尺。整个方格共81个小方格。每个小方格表示"关心工作"和"关心人"这两个基本因素相结合的一种领导类型，并分别在图的四角和正中确定了五种典型类型。即(1，1)型：贫乏型领导，他们对人和事都不够关心，这是最低能的领导方式，其结果必然导致失败。(1，9)型：乡村俱乐部型领导，他们只关心人而不关心工作，对部属一味迁就、做老好人，这种类型也称为逍遥型领导。(9，1)型：任务型领导，他们高度关心工作及其效率而不关心人，只准下级服从，不让其发挥才智和进取精神。(5，5)型：中间型领导，他们对人的关心度和对工作的关心度保持中间状态，甘居中游，只图维持一般的工作效率与士气，安于现状，不能促使部属发挥创造革新精神。(9，9)型：协调型领导，他们既关心工作，又关心人，领导者通过协调与综合各种活动，促进工作的发展，他们会鼓舞士气，使大家和谐相处、发扬集体精神，这种领导方式效率最高，必然可以取得卓越的成就。

图6-2-2　领导方格

三是 PM 型领导模式。美国学者卡特赖特和詹德在他们的《团体动力学》一书中提出了 PM 型领导模式。这一理论认为,所有团体的组成,或者是以达成特定的团体目标为目的,或者是以维持或强化团体关系为目的,或者兼而有之。为此,领导者为达到不同目的而采取的领导行为方式可划分为三类:目标达成型(P 型)、团体维持型(M 型)、两者兼备型(PM 型)。后来,日本大阪大学教授三隅发展了这一理论。他认为,P 职能(Performance)是领导者为完成团体目标所做的努力,主要考察工作的效率、规划的能力等;M 职能(比 Maintenance)是领导者为维持和强化团体所起的作用,如图 6 - 2 - 3 所示。他将领导的行为方式分为四种类型,即 PM、P、M、PM。为了测量 P、M 的因素,他设计了通过有关下属情况的八个方面来测定 P、M 两职能的问卷。这八个方面是:工作激励、对待遇的满足程度、企业保健、精神卫生、集体工作精神、会议成效、沟通、功效规划。根据调查问卷分别统计单位平均的 P、M 分数和领导者个人的 P、M 分数,将后者与前者相比较,就可以知道领导者的领导类型了。

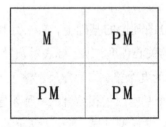

图 6 - 2 - 3　PM 图

四是领导系统模式。美国密执安大学教授利克特经长期研究,于 1961 年提出了领导系统模式。

这一理论将领导方式归结为四种体制,分别是:

1. 专制独裁式,领导者做决定,命令下属执行,并规定严格的工作标准和方法,下属如果达不到规定的目标就要受惩罚;

2. 温和独裁式,权力控制在最高一级,领导者发号施令,但让下属有评议的自由,并授予下属部分权力,执行任务时稍有灵活性;

3. 协商民主式领导,重要问题的决定权在最高一级,领导者对下属有一定的信任度,中下级在次要的问题上有时也有决定权;

4. 参与民主式领导,由群众制定目标,上下处于平等的地位,有问题民主协商和讨论,由最高级领导做最后的决定。

利克特认为,单靠奖金调动员工积极性的传统管理形式将要过时了,只有依靠民主管理才能充分发挥人的潜力和智慧,而独裁式管理永远达不到参与式管理所能达到的生产水平和员工对工作的满足感。

五是领导作风理论。勒温提出的领导作风理论是研究领导者工作作风类型以及工作作风对员工的影响,以期寻求最佳的领导作风。该理论以权力定位为基本变量,把领导者在领导过程中表现出来的极端行为分为以下三种类型。

第一种类型称为专制式的领导作风，权力定位于领导者个人手中，领导者只从工作和技术方面来考虑管理，认为权力来自于他们所处的位置，认为人类的本性是天生懒惰，不可信赖，必须要加以鞭策。

第二种类型称为民主式的领导作风，权力定位于群体，领导者从人际关系方面考虑管理，认为领导者的权力是由他领导的群体赋予的，被领导者受到激励后会自我领导，并富有创造力。

第三种类型称为放任自流的领导作风，权力定位于员工手中，领导者只是从福利方面考虑管理，认为权力来自于被领导者的信赖。具体如表6-2-2所示。

表6-2-2　　　　　　　　　　　领导方式在行为特质上的区别

领导方式行为特质	民 主 式	独 裁 式	放 任 式
领导方式决策制定	与部属分享，让部属参与，是多数人的意见所形成的决策	领导一人独享，部属绝对不允许参与决策	领导放弃决策权，部属自行制定其工作标准与内容
对部属的指导	通过会议、讨论的方式对部属作指导，如部属有疑问则给予多种解决的办法，以启发部属的思考	以强迫命令的方式让部属接受，而且只有一种解决办法	不主动指导，除非部属有请求时，才随便敷衍一下
决策制定完成，命令下达	部属认为有障碍难行或决策本身有错时，上级允许加以修改	不准反映意见，更不许修改，要错就错到底	决策是部属制定的，他们可以随心所欲地修正
政策执行结果	有功则大家分享，有过先行责己，再追查责任	有功首长独享，有过部下承担	不加过问
对部属的奖惩	根据事实数据予以客观公正的奖惩，可以发生激励与阻吓的效果	根据首长的主观好恶，随便加以考评	例行公事般地加以奖惩，不足以发挥奖惩功效
与部属的关系	非常密切，积极参加团体活动，不以特别身份出现	非常疏远，很少参加团体活动，并且以特别身份出现，高高在上	非常疏远，与部属无情感可言

在实际工作中，这三种极端的领导作风并不常见。勒温认为，大多数的领导者所采纳的作风往往是处于两种极端类型之间的混合型。

六是坦南鲍姆和施密特的领导行为连续论。坦南鲍姆和施密特提出领导行为连续论（Continuum of Leader Behavior），其认为领导型态是连续性的，仅有程度上的差异，不可予以截然划分，领导型态只是在"以领导者为中心"与"以部属为中心"两端之间的程度有所差异而已。如图6-2-4所示，在领导者中心与部属中心两个端点之间，依据领导者权威使用区与容许部属自由区两者比例的多少，将领导型态区分为七个连续的等级。在图中越靠近左端越趋向于领导者中心式领导，也即越趋于权威型的领导，而越靠近右端则越趋向于部属中心式领导,也即越倾向于民主式的领导。

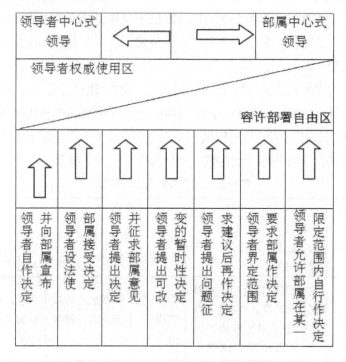

图6-2-4 领导行为连续论

四、领导权变理论

权变理论或情境理论的基本观点认为,不存在一成不变,普遍适用的最佳管理理论和方法,组织管理应根据组织所处的内部和外部条件随机应变。权变理论把内部和外部环境等因素看成是自变量,把管理思想、管理方式和管理技术看成是因变量,因变量随自变量的变化而变化。管理者应根据自变量与因变量间的函数关系来确定一种最有效的管理方式。

最早对权变理论做出理论性评价的人是心理学家费德勒(F. Fiedler)。他于1962年提出了一个"有效领导的权变模式",即费德勒模式。这个模式把领导人的特质研究与领导行为的研究有机地结合起来,并将其与情境分类联系起来研究领导的效果。通过15年的调查,他提出:有效的领导行为,依赖于领导者与被领导者相互影响的方式及情境给予领导者的控制和影响程度的一致性。如图6-2-5所示:

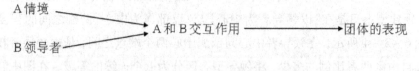

图6-2-5 权变理论中三个理论元素的动态交互作用

费德勒认为，领导者的行为及其所要追求的目标具有多样性，这种多样性的存在是由领导者之间在基本需求方面的差异所决定的，因此，必须要以此种需求结构来界定领导方式，这是费德勒权变理论的基本出发点。所以，费德勒将领导方式归纳为两类，即"员工导向型"领导方式和"工作导向型"领导方式。前一种领导方式以维持良好的人际关系为其主要需要，而以完成任务的需要为辅。后一种领导方式则以完成任务为其主要需求，而以维护良好的人际关系的需求为辅。在这里，费德勒将领导方式认定为领导者的一种人格特定，这种人格特质是一种具有持久性且不易改变的特征。

费德勒还设计出了一种LPC量表，如表6-2-3所示，用以鉴别不同的领导方式，并认为无论哪种领导方式均有利弊，十全十美的领导方式是不存在的。在鉴别领导者的领导型态方面，费德勒以其所发展的最不被喜欢的共事者测量表(The Least Preferred Co-worker Scale，LPC)来测量。在Fiedler大部分的研究中，均使用含有15个项目的测量表，每一项目均使用两个极端而相反的形容词形成一个八点测量表(见表6-2-3)，领导者在两个相反词间的测量表上选择一点来表示他对最不喜欢的共事者的知觉，每一项的评分由一分至八分，所有项目的分数的和即为受试者的LPC分数。若在LPC得低分者，即为任务导向的领导者，这类领导者会因圆满达成任务而获得满足；若在LPC得高分者，即为关系导向的领导者。

表6-2-3 最不被喜欢的共事者测量表

欢愉的	8 7 6 5 4 3 2 1	不欢愉的
友善的	8 7 6 5 4 3 2 1	不友善的
拒人的	1 2 3 4 5 6 7 8	接纳人的
肯帮助人的	8 7 6 5 4 3 2 1	不肯帮助人的
不热心的	1 2 3 4 5 6 7 8	热心的
紧张的	1 2 3 4 5 6 7 8	轻松的
冷漠的	1 2 3 4 5 6 7 8	温暖的
合作的	8 7 6 5 4 3 2 1	不合作的
支持的	8 7 6 5 4 3 2 1	有敌意的
无味的	1 2 3 4 5 6 7 8	有趣的
争闹的	1 2 3 4 5 6 7 8	和谐的
自信的	8 7 6 5 4 3 2 1	自卑的
效率的	8 7 6 5 4 3 2 1	无效率的
愁眉苦脸的	1 2 3 4 5 6 7 8	高兴的
开放的	8 7 6 5 4 3 2 1	防卫性的

资料来源：A theory of leadership effectiveness(P.268) by F.E. Fiedler, 1967, New York：McGraw-Hill.

费德勒(1978)利用14年的时间，探讨了300种有关权变理论的实验，结果发现情境因素常是决定领导绩效的重要变量。情境因素包括：领导者与成员的关系、任务结构、与领导者职位权力三者。

费德勒将情境的三要素由中点加以二分，用以评估情境的有利程度；所谓情境的有利程度是指领导者能够控制并影响部属的程度。因此，可以依序排列出情境对领导者的八种有利程度，如表6-2-4所示。

表6-2-4　　　　　　　　　　　　　情境对领导者的有利程度

领导者与成员的关系	好	好	好	好	差	差	差	差
任务结构	高	高	低	低	高	高	低	低
领导者职位权力	强	弱	强	弱	强	弱	强	弱
象限数序	I	II	III	IV	V	VI	VII	VIII
有利程度	有利				中度有利			不利

资料来源：改自 Educational administration：Theory research and practice（P.288）by W. K. Hoy, & C. G. Miskel, 1987, New York.

费德勒认为：在高度有利或相当不利的情境中，"任务导向"的领导者较具领导效能，因为在不利的情境中，领导者的权力本已很小，团体的支持又少，任务不明确，所以只有用"指示性"与"任务导向"的行为才有效；而在高度有利的情境中，由于任务明确、职位权力甚高，以及领导者与成员的关系良好，"任务导向"的领导者原就比"关系导向"的领导者更具效能；而在中度有利的情境中，"关系导向"的领导者较具领导效能，究其原因是在中度有利的情境中，关系导向的领导者对情境做不利反应时所体验的压力，较任务导向的领导者在同样情境中所体验的压力为小。

综上所述，费德勒的权变理论旨在促使领导者了解自己的领导型态，并配合领导情境的有利程度，选择适合的领导型态，以求提高领导效能。费德勒权变模式的研究摘要如图6-2-6所示。

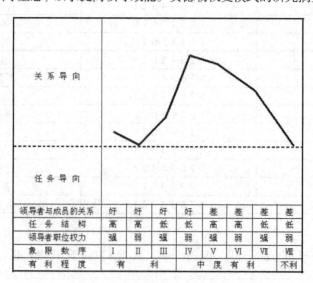

图6-2-6　费德勒权变模式研究摘要

资料来源：A theory of leadership effectiveness（P.271）by F. E. Fiedler, 1967, New York：McGraw - Hill.

课 间 案 例

哪种领导类型最有效

ABC 公司是一家中等规模的汽车配件生产集团。最近，对该公司的三个重要部门经理进行了一次有关领导类型的调查。

一、安西尔

安西尔对他本部门的产出感到自豪。他总是强调对生产过程、产出量控制的必要性，坚持下属人员必须要很好地理解生产指令以得到迅速、完整、准确的反馈。当安西尔遇到小问题时，会放手交给下级去处理，而当问题很严重时，他则委派几个有能力的下属人员去解决问题。通常情况下，他只是大致规定下属人员的工作方针、完成怎样的报告及完成期限。安西尔认为，只有这样才能导致更好的合作，避免重复工作。

安西尔认为对下属人员采取敬而远之的态度对一个经理来说是最好的行为方式，所谓的"亲密无间"会松懈纪律。他不主张公开谴责或表扬某个员工，相信他的每一个下属人员都有自知之明。

据安西尔说，在管理中的最大问题是下级不愿意接受责任。他认为，其下属人员可以有机会做许多事情，但他们并不是很努力地去做。

他表示，不能理解在以前他的下属人员如何能与一个毫无能力的前任经理相处。他说，他的上司对他们现在的工作运转情况非常满意。

二、鲍勃

鲍勃认为每个员工都有人权，他偏重于管理者有义务和责任去满足员工需要的学说。他说，他常为他的员工做一些小事，如给员工两张下月在伽利略城举行的艺术展览的入场券。他认为，每张门票才 15 美元，但对员工和他的妻子来说价值却远远超过 15 美元。通过这种方式，也是对员工过去几个月工作的肯定。

鲍勃说，他每天都要到工厂去一趟，与至少 25% 的员工交谈。鲍勃不愿意为难别人，他认为安的管理方式过于死板，安的员工也许并不那么满意，但除了忍耐之外别无他法。

鲍勃说，他已经意识到在管理中有不利因素，但大都是由于生产压力造成的。他的想法是以一个友好、粗线条的管理方式对待员工。他承认，尽管在生产率上不如其他单位，但他相信其雇员有高度的忠诚与士气，并坚信他们会因其开明领导而努力工作。

三、查理

查理说，他面临的基本问题是与其他部门的职责分工不清。他认为，不论是否属于他们的任务都安排在他的部门，似乎上级并不清楚这些工作应该由谁来做。

查理承认他没有提出异议，他说这样做会使其他部门的经理产生反感。他们把查里看成是朋友，而查里却不这样认为。查里说过去在不平等的分工会议上他感到很窘迫，但现在适应了，其他部门的领导也不以为然了。

查理认为，纪律就是使每个员工不停地工作，预测各种问题的发生。他认为，作为一个好的管理者，没有时间像鲍勃那样握紧每一个员工的手，告诉他们正在从事一项伟大的工作。他相信，如果一个经理声称为了决定将来的提薪与晋职而对员工的工作进行考核，那么，员工则会更多地考虑他们自己，由此将会产生很多问题。

他主张，一旦给一个员工分配了工作，就让他以自己的方式去做，取消工作检查。他相信大多数员工都知道自己把工作做得怎么样。

如果说存在问题，那就是他的工作范围和职责在生产过程中发生的混淆。查理的确想过，希望公司领导叫他到办公室听听其对某些工作的意见。然而，他并不能保证这样做不会引起风波而使情况有所改变。他说他正在考虑这些问题。（案例来源：徐国良，王进主编. 企业管理案例精选解析［M］. 中国社会科学出版社，2009）

问题：

1. 你认为这三个部门的经理分别会采取什么模式的领导方式？

2. 这些模式都是建立在什么假设的基础上的？试预测这些模式各将产生怎样的结果？

3. 是否每一种领导方式在特定的环境下都有效，为什么？

项目三 领导需要的艺术

一、领导艺术的含义

领导艺术是艺术的一种，因此要了解领导艺术的含义首先应要了解艺术的确切含义。"艺术"一词，大致有以下三种含义：一是指社会意识形态，二是指领导方法、技巧，三是指事物形状独特而美观。

领导艺术的具体含义是什么，该如何给领导艺术下一个比较准确而概括的定义？由于种种原因，目前我国理论界的看法也不尽一致。概括起来看，目前人们大多从以下角度为领导艺术下定义：

1. 从领导经验的角度下定义。这种给领导艺术下定义的方法基本上是把领导艺术框定在领导经验的范畴之内，认为领导艺术是一种直觉、感性、变动不定的非逻辑推理。领导艺术再高超，也总是带有经验的痕迹和强烈的个人感情色彩。

2. 从领导科学的角度下定义。这种给领导艺术下定义的方法是国内教科书所普遍采用的，但争议也较大。这种观点是从领导艺术与领导科学的关系的角度来给领导艺术下定义，认为领导艺术是领导科学的主要内容之一。领导科学就是系统化、理论化的领导艺术，领导艺术就是非模式化的领导科学。

3. 从领导方法的角度下定义。这种观点认为，领导艺术与领导方法是密不可分的，领导方法是领导艺术的结晶和升华，领导艺术既是一种灵活的领导技巧，又是一种特殊的领导方法，是对领导方法的巧妙选择、组合和具体运用。

4. 从哲学的角度下定义。这种下定义的方法一般是通过阐述领导活动规律与领导艺术关系的方式来进行的。这种观点认为，就是领导者在领导实践中创造性地运用领导科学的一般原理、原则和方法去解决实际问题的艺术。

综上所述，为了兼顾不同的使用范围，可以从以下三个方面来界定领导艺术：从广义层次上来说，可以将所有的领导活动都看成是一种领导艺术，即所有领导活动都既是科学，又是艺术；从中观层次上来说，可以把领导艺术定义为那些非模式化、非常规性的个性化的创造性领导活动中所表现出的技巧；从狭义层次上来说，可以把领导艺术严格界定为能有效达成目标，且能给人以美感的创造性领导技巧。本章所述的领导艺术，主要是从狭义层次上讲的。

二、领导艺术的特征和基础

领导艺术具有哪些特征？这在不同的教科书中有着不同的表述。我们认为，领导艺术主要具有以下特征：

1. 领导艺术的创造性

2. 领导艺术的灵活性

3. 领导艺术的实践性

4. 领导艺术的适度性

5. 领导艺术的美妙性

此外，非模式化和非规范性、随机性等也是领导艺术的重要特征。

领导艺术的基础，是领导者能够充分发挥领导艺术所需要的条件。一个领导者领导艺术水平的高低取决于哪些因素？一般来说，主要有以下几点：

1. 知识或学识

2. 才智和胆略

3. 经验

在上述各因素中，最重要的是领导经验。

管理格言：

"要么领导，要么服从，别无他途。"——泰德·特纳

"从来没有无能的士兵，只有无能的军官。"——拿破仑

"领导是实现组织目标的关键。"

三、领导艺术与领导科学、领导经验的关系

(一)领导艺术与领导科学的关系

1.二者是领导工作的经验性与理论性的对立统一。具体来说,领导经验不管怎么高超,都脱离不了经验的范畴,不是每个人都能掌握的;而领导科学则相反,它属于理性范畴。不管其复杂程度如何,它的原则、方法,是个人素质修养不同的领导者都能学会和掌握的。从这个意义上说,领导艺术是经验性的领导科学,领导科学则是理论性的领导艺术。

2.它们是领导工作模式化和非模式化的对立统一。领导工作中有许多可以模式化的东西,这就是领导科学的比较严谨的理论体系和规范化知识。它们是相对稳定、不易变化的。领导工作中又有许多非模式化的东西,要靠领导者随机决断、灵活处理。由此可见,领导科学同领导艺术相比,表现为模式化的知识;领导艺术同领导科学相比,表现为非模式化的技能。从这个意义上说,领导科学是模式化的领导艺术,而领导艺术则是非模式化的领导科学。

(二)领导艺术与领导经验的关系

二者之间存在着密切关系。领导经验是领导艺术的原始材料和基础。没有丰富的领导实践经验,就不可能有高超的领导艺术;领导艺术是领导经验的提高和升华。如果仅有领导经验,而没有领导活动规律性的认识,不具备特殊的智慧、才能和胆略,领导艺术也无从谈起。因为领导艺术虽有经验因素和特色,但它高于领导经验,是领导者综合运用领导经验、领导科学的表现。

(三)领导经验与领导科学的关系

这可以从认识论的角度去把握。经验一般指感性认识。领导经验就是领导者从领导实践中获得的各种感性认识。认识开始于经验。只有通过大量的经验,人们才能从中抽象出正确的理论。科学是理性认识。它是从实践经验中总结出来的知识体系,是对客观事物规律性的认识。所以,领导经验是领导科学的原始材料和基础要素,是领导科学的源泉;而领导科学则是从领导经验中概括出来的领导理论知识。它源于领导经验,又高于领导经验。

四、领导艺术的主要内容和几种常见的领导艺术

领导艺术的内容十分丰富,涉及的领域也非常广泛,因此不同的学者对此各执己见、莫衷一是。我们认为,与领导职能相对应,领导艺术的内容主要包括以下几个方面:

（一）领导的用权艺术

任何领导者都会拥有一定的职权。权力是领导者实施领导的基础和前提。领导者的权力包括两个方面：一是组织法定权，二是个人影响权。组织法定权是依照法定程序授予担任一定领导职务的领导者以支配领导活动的权力。它包括对人、财、物的支配权、指挥控制权、强制权等权力。这种权力建立在被领导者必须服从的基础之上。个人影响权是由领导者的个人影响力形成的。这种权力建立在被领导者自觉接受的基础之上。领导者的用权艺术，实际上就是领导者如何有效地运用组织法定权和个人影响权的问题。具体来说，领导者应注意以下几点：

★要谨慎用权

领导者要实施有效领导，就必须运用好手中的各种权力。但在运用权力的过程中，一定要谨慎从事。具体来说：

（1）要严格遵守法定权限，不对上越权，不向下侵权；

（2）不要轻易动用法定权；

（3）平时不炫耀权力，关键时刻要果断用权；

（4）要妥善使用非权力影响力。

★用权要讲求实效

（1）用权不等于生硬地下命令、发指示强制执行，主要应该运用事先诱导、警告、指示的方式，使下级、部属从敬畏角度出发，自觉服从领导；

（2）要善于运用权力对下属进行诱导和控制；

（3）实施奖惩与说服教育工作相结合。

★要学会"分身术"，相宜授权

授权就是领导者将自己所拥有的一部分权力和责任委托给下属，使其在一定制约机制下放手工作的方法和艺术。授权是领导的"分身术"。它对于调动下属的积极性，培养和锻炼下级干部，更好地完成领导目标具有特别重要的意义。因此，领导者必须掌握以下授权原则：

（1）因事择人，视能授权；

（2）明确权责，适度授权；

（3）授权留责，监督控制。

（二）领导的待人艺术

领导者要有效实施领导，不仅要懂得如何用权，而且要懂得如何待人。作为一个领导者，在待人方面的基本态度应该是以诚待人、尊重对方，切忌虚伪。

★对待上级、下级和同事应有的态度

1.对待上级应有的态度。总的说来，应该是尊重而不盲从。具体来说，上级所布置的任务要乐于接受；上级的指示要认真听取；上级的批评要虚心接受；批评上级要注意方式、方法，等等。

2.对待下级的态度。总的来说，应该平等待人、尊重对方。对待下级既要批评，也要激励。要充分掌握激励艺术，把握激励时机。

3.对待同事的态度是尊重对方，照顾对方。

★领导者同群众会见的艺术

领导者在与群众会见时，总的说来应该是亲切而不做作。具体来说，应该态度庄重，风度潇洒；讲话要有针对性，能激发群众兴趣，打动人心；语言要生动、准确，富有鼓动性、说服力和幽默感；切忌信口开河，慎重对待诺言。

（三）领导的处事艺术

领导者每天都要面临着许多亟待处理的问题。如何处理好纷繁复杂的问题，需要掌握一定的处事艺术。领导的处事艺术或管理艺术，就是指领导者把握事物的特征和分寸、灵活运用多种处事方法的技巧。

★领导者要处理好各种事物，必须注意：

1.必须增强全局意识、目标意识和决策意识；

2.要养成对日常事务进行理性分析和分类处理的良好习惯；

3.要掌握处理事务的分寸和技巧。

★领导者要提高处事艺术，需要掌握以下原则：

1.原则性和灵活性的统一；

2.抓住中心和统筹兼顾的统一；

3.充分调动领导积极性与群众积极性的统一；

4.处事明确性与模糊性的统一；

5.创造开拓与和谐平衡的统一；

6.宽与严的统一。

（四）领导的讲话艺术与体态艺术

1.领导的讲话艺术

语言是思维的外壳，是表达感情、沟通思想、传递信息的工具，是人际交往的桥梁。领导者每天要面对上下左右方方面面的各种各样的人，要通过语言或谈话来表达自己的思想，实施领导活动。因此，讲话或谈话艺术如何，对于实现领导目标显得至关重要。领导者要使自己的讲话具有较高的艺术，必须做到以下几点：

☆讲话要明确主题；

☆语言要准确，不要使对方产生歧义或无所适从；

☆要采用恰当的表达方式；

☆要巧妙地表达自己的意图。要区分谈话对象和场所,以确定是采用直截了当的语言,还是模糊、含蓄的语言。

2.体态表现艺术

领导者不仅要用语言来表达自己的思想和意图,而且有时还要用体态动作来表达自己的意图,这样才能取得更好的效果。体态语言主要有面部表情语言、身体语言、手势语言、眼神语言和步态语言等。

项目四 领导应该怎样激励

激励贯彻于管理过程的始终。一切管理活动的首要任务,是促使人们发挥各自的潜能,以帮助完成组织、部门或其中任何一个组织单位的任务和目标。管理必须掌握和运用正确的激励手段,不断开拓新的激励方式,充分发挥激励的作用,才能成为有效的管理者。激励是指影响人们内在需求或动机,从而加强、引导和维持行为的活动或实现组织目标的特定行为。激励就是通过设立能满足个人需求的激励因素,引导人们产生某种有助于组织目标实现的特定的动机,进而使个人自觉地采取符合组织目标的行为。

一、激励的作用

(一)提高人们工作的自觉性、主动性和创造性

一般来讲,个人目标与组织目标是一致的,二者统一的程度越高,职工的自觉性乃至主动性、创造性就越能得到充分发挥。

(二)激发人们工作的热情和兴趣

通过激励,使之对本职工作产生强烈、深刻、积极的情感,并以此为动力,动员自己付出全部精力为达到预定的目标而努力。

(三)使人保持持久的干劲,提高工作绩效

激励可以激发人的干劲并使之有工作的坚韧性,为实现目标而坚持不懈地努力。一般来说,在目标一致、客观条件基本相同的情况下,工作绩效与能力和激励水平之间可用一个数学公式来表示:

$$工作绩效 = f(能力 \times 激励)$$

即工作绩效取决于能力和激励水平的高低。能力固然是取得绩效的基本保证，但是，不管能力有多强，如果激励水平低也难以取得好的成绩。

二、激励的构成因素

影响和驱动人们从事某种活动或实现某种目标的最主要因素无外乎需要、动机等来自个性心理特征上的诱导。

(一)需要

人对其所依赖和索取的物质、能量、信息之类的东西的欲求就是需要。需要的产生有两个主要方面，首先是人的生理状态引发需要，其次是外界刺激引发。需要是行为的内驱力，是行为的力量源泉，也是行为的终极目标。

(二)动机

动机有三种功能。第一种是始发功能，即动机引发行为；第二种是导向功能；第三种是强化功能。动机是需要和行为的中介。需要被人所认识到就会产生动机，动机的产生就会激发人的行为。动机是激励人去行动以达到一定目的的内在原因。简单地说，动机就是推动人行为的动力。动机是人类行为产生的直接原因，但不是终极的原因，人们的一切行动总是从一定的动机出发，并指向一定的目的。所以说，动机和目的是两个既相互联系又有所区别的概念。目的是人采取行动所要达到的结果，而动机则是促进人去采取行动的动力，它是人为什么要达到那个目的的内在原因。在人的行动中，有时目的相同，动机不一定相同；有时动机相同，目的又不一定相同。因此，要判断一个人行动的实质，首先要揭示他追求这种目的的主要动机。

三、激励模式

一个有效的激励手段必然要符合人的心理和行为活动的客观规律。反之，不符合人类心理活动客观规律模式的激励措施就不会达到调动人积极性的目的。

激励过程，实质上就是要处理好三类变量之间的相互关系，这三类变量是指刺激变量、机体变量和反应变量。需要和动机都属于机体变量，行为属于反应变量，外界的目标实际上是刺激变量。在管理实践中，激励过程虽与目标的达成与否紧密相关，但目标达成后的绩效评价与奖惩观念对于激励对象的满足程度影响也很大，很多管理人员往往因为忽视这一环节而使激励过程功亏一篑。通过对绩效的自评来满足自豪感，以他人的评价来给予经济奖惩。当重新评价的需要未能得到满足时，激励过程仍需要重复进行。

四、激励理论

管理学家、心理学家及行为学科学家们从不同的角度提出了各种激励理论,基本上分为三大类:内容型激励理论、过程型激励理论和综合型激励理论。

(一)需要层次理论

需要层次理论是美国心理学家马斯洛(Abrabam Maslow)20世纪40年代提出的,他把人类的多种需要划分为五个层次:生理需要、安全需要、社交需要、尊重需要与自我实现需要。马斯洛给出了需要各层次间的相互关系:这五种需要像阶梯一样从低到高,逐层上升。一个层次的需要相对满足了,就会向高一层次发展。这五种需要不可能完全满足,越到上层,满足的程度越小。不同层次的需要不可能在同一等级内同时发生作用,在某一特定的时期内总有某一层次的需要在起着主导作用。因为人的行为是受多种需要支配的,所以同一时期内可能同时存在几种需要。

马斯洛还认为,生理需要与安全需要为低级需要,而社交需要、尊重需要与自我实现需要则是较高级的需要,低级需要主要是从外部使人得到满足,而高级需要则是从人的内心使人得到满足。对一般人来说,低级需要的满足是有限的,高级需要的满足则是无限的,因而高级需要具有比低级需要更持久的激励力量。

马斯洛的需要层次理论简单明了、易于理解,具有内在逻辑性,得到了普遍认可。但其存在的缺陷是,在实际生活中,人的需要发展趋势并不一定严格按照马斯洛的五个需要层次逐层递增。

(二)双因素理论

双因素理论,是美国心理学家赫茨伯格(Frederick Herzberg)于20世纪50年代后期提出的。他根据调查的资料分析发现,使被调查者产生不满意的因素大都由外界的工作环境产生,而使被调查者产生满意的因素一般都是由工作本身所产生的。因此,赫茨伯格把影响人们动机与行为的因素分为两类:激励因素和保健因素。

该理论有两个要点:(1)满意与不满意。赫茨伯格的这个学说打破了传统的满意、不满意的观点(认为满意的对立面是不满意)。赫茨伯格认为满意的对立面是没有满意,而不是不满意;不满意的对立面是没有不满意,而不是满意。(2)内在激励与外在激励。双因素理论实际上将激励分为内在与外在两种。

双因素理论揭示了内在激励的作用,它对管理者如何更好地激励员工提供了新的思路,具有重要的指导价值,如管理者应注意以下几方面:(1)注重对员工的内在激励。(2)正确处理保健因素与激励因素的关系。

(三) 期望激励

期望激励,是由弗鲁姆(Victor Vroom)在 20 世纪 60 年代提出的。这一理论认为:只有当人们预期某一行为能给个人带来具有吸引力的结果时,人们才会采取这一特定行为。从激励的角度看,这一理论可用下列公式表示:

$$激励力量 = 效价 \times 期望值$$

激励力量的效果直接表现为人们的积极性。激励力量越大,积极性就越高;激励力量越小,积极性就越低。激励力量的大小取决于对要达到目标的效价和期望值两个因素。

通过期望理论,我们在管理中可以得到以下启示:人们可以自觉地评价自己努力的结果和得到的报酬。报酬必须紧密地联系员工为组织做出的贡献行为。管理者应重视组织的特定报酬与员工的愿望相符。

(四) 公平理论

公平理论,是美国的斯达西·亚当斯(J. Stacey Adams)在 20 世纪 60 年代提出的。亚当斯通过大量的研究发现:员工对自己是否受到公平合理的待遇十分敏感。他们的工作积极性不仅受到所得报酬的绝对值的影响,更受到相对值的影响。公平理论为在管理中提高员工的满意度和工作积极性提供了一种新的思路。一个人所得的相对值比绝对值更能影响人的工作积极性。

(五) 强化理论

在组织管理中,运用强化理论通过控制强化物(如奖惩)可以控制、改造员工的行为。

正强化:用某种具有吸引力的结果对某一行为进行鼓励和肯定,使其重视并加强。这种有吸引力的结果在管理中表现为奖酬,如认可、赞赏、增加工资、职位提升、高奖金、提供满意的工作条件等,这些可使员工的行为重现和加强。负强化:负强化是指预先告知某种不符合要求的行为或不良绩效可能引起的不愉快的后果(如批评、惩罚等),使员工为了减少或消除可能会作用于其身的某种不愉快的刺激,从而使其行为符合要求或避免做出不符合要求的行为。

(六) 综合激励模式

1. 综合激励模式的内容

综合激励模式,是由美国学者波特(Lyman. W. Porter)和劳勒(Edward. E. Lawler)于 1968 年提出的。这一模式较为全面地说明了激励理论的全部内容。

2. 综合激励模式在管理中的应用

波特-劳勒的综合激励模型说明管理者要想使激励产生预期效果,就需要考虑以下几个方面的工作:如何根据个人能力进行工作分工;如何设定合适的工作目标;给予什么奖励才能适应不同人的需求;激发每个人的积极性;设定什么样的有效奖励制度能使员工不断保持积极性;如何进行公平考核才能使员工感到公平、合理,使员工真正感到满意。

课间案例

王永庆——中国台湾的传奇人物

在世界化工行业,台塑董事长王永庆在中国台湾是一个家喻户晓的传奇式人物。他把中国台湾塑胶集团推进到了世界化工工业的前50名。台塑集团取得如此辉煌的成就,是与王永庆善于用人分不开的。多年的经营管理实践令王永庆创造出了一套科学用人之道,其中最为精辟的是"压力管理"和"奖励管理"两套方法。王永庆在总结台塑企业的发展过程时说:"如果中国台湾不是幅员狭窄,发展经济深为缺乏资源所苦,台塑企业可以不必这样辛苦地致力于谋求合理化经营就能求得生存及发展的话,我们是否能做到今天的PVC塑胶粉粒及其他二次加工均达世界第一,不能不说是一个疑问。"他又说,"研究经济发展的人都知道,为什么工业革命和经济先进国家出自于温带国家,主要是由于这些国家气候条件较差、生活条件较难,不得不求取一条生路,这就是压力条件之一。日本工业发展得很好,也是在地瘠民困之下产生的,这也是压力所促成的;今日中国台湾工业的发展,也可说是在'退此一步即无死所'的压力条件下产生的。"

事实的确如此。台塑企业能发展至年营业额逾千亿元的规模,可以说就是在这种压力逼迫下一步一步艰苦走出来的。台塑企业如果在当初不存在产品滞销、中国台湾没有市场的问题,便不会想出扩大生产,开辟国际市场;没有中国台湾塑胶粉粒资源匮乏的现状,也就不会有在美国购下14家PVC塑胶粉粒工厂之举。

王永庆把这一问题的研究成果融入企业管理中,创立了"压力管理"的方法,就是人为地造成企业整体有压迫感和让台塑的所有从业人员都有压迫感。

首先,台塑的企业规模越来越大,生产PVC塑胶粉粒的原料来源是一个越来越严峻的问题。台塑在美国有14家大工厂,但台塑与拥有尖端科技和计算机的美国对手竞争,压力之大可想而知。他们必须开辟更多的原料基地,企业才会有生命力。这是企业的压力之一。

其次,全体从业人员的压力。台塑的主管人员最怕"午餐汇报"。王永庆每天中午都在公司里吃一盒便饭,用餐后便在会议室里召见各事业单位的主管,先听他们的报告,然后会提出很多犀利而又细微的问题逼问他们。主管人员为应对这个"午餐汇报",每周工作时间不少于70小时,他们必须对自己所管辖部门的大事小事了然于胸,对出现的问题作过真正的分析研究才能够过关。由于压力过大、工作紧张,台塑的主管人员很多都患有胃病,医生们戏称是午餐汇报后的"台塑后遗症"。

王永庆每周的工作时间则在100小时以上。整个庞大的企业都在他的掌握之中,他对企业运作的每一个细节也都了如指掌。由于他每天坚持锻炼,年逾古稀身体状况仍然很好,精力十分充沛。

随着企业规模的扩大，人多事杂，单靠一个人的管理是不够的，必须要依靠组织的力量来推动。台塑在1968年就成立了专业管理机构，具体包括总经理室及采购部、财政部、营运部、法律事务室、秘书室、计算机处。总经理室下设营业、生产、财务、人事、资材、工程、经营分析、计算机等8个组。这就犹如一个金刚石的分子结构，只要自顶端施加一种压力，自上而下的各个层次便都会产生压迫感。

自1982年起，台塑又全面实施计算机化作业，大大提高了经济效益。

合理的激励机制是王永庆对员工施加巨大的压力，同时对部属的奖励也极为慷慨。台塑的激励方式有两类，一类是物质的，另一类是精神的。台塑的金钱奖励以年终奖金与改善奖金最为有名。王永庆私下发给干部的奖金称为"另一包"（因为是公开奖金之外的奖金）。"另一包"又分两种：一种是台塑内部通称的黑包，另一种是给有特殊功劳人员的杠上开包。1986年黑包发放的情况是：课长、专员级10万～20万新台币；处长高专级20万～30万新台币；经理级100万新台币，同时给予特殊有功人员200万～400万新台币的杠上开包。业绩突出的经理们每年薪水加红利可达四五百万新台币，少的也有七八十万新台币。此外还设有成果奖金。对于一般职员，则采取"创造利润，分享员工"的做法。员工们都知道自己的努力会有收获，因此极大地激发了他们的工作积极性。

除了以上两套管理方法外，在人员选拔、使用上王永庆也自有一番心得。他认为，人才往往就在你的身边，求才应从企业内部去寻找。他说："寻找人才是非常困难的，最主要的是，自己企业内部的管理工作先要做好；管理上了轨道，大家懂得做事，高层经理人才有了知人之明，有了伯乐，人才自然就被发掘出来了。自己企业内部先行健全起来，是一条最好的选拔人才之道。"王永庆分析指出："身为企业家，应该知道哪一个部门需要何种人才，例如，这个单位欠缺一个分析成本的会计人员，或是计算机的程序设计人员；究竟是哪一种成本分析，需要的是哪一部门的计算机专家，困难在哪里等。任用人才时应首先确定工作职位的性质与条件，再决定何种类型的人来担任最适宜，然后寻求担任此职位的人才。"

王永庆说："就像苦苦地研究一样东西，到了紧要阶段，参观人家的制造，触类旁通，一点就会；如果不经苦苦地研究追求，参观人家的制造就会仍然一无所得。要自己经过分析，知道追求的目的，才知道找怎样的人才，否则空言找人才，不是找不到，就是找到了也不懂得用。还有，人才找来了，因为自己的无知，三言两语便认为不行的也多得是；或者因为本身制度的不健全，好好的人才来了不久就失望而去。"基于这个道理，台塑每当人员缺少时并不是立即对外招聘，而是先看看本企业内部的其他部门有没有合适的人员可以调任，如果有的话，先在内部解决，填写"调任单"，两个单位互相协调调任即可。负责人事的台塑高级专员陈清标说："通过内部的甄选有两大优点，一方面可以改善人员闲置与人力不足的状况；另一方面则因人员已熟悉环境，训练时间可以节省下来。"这样就可发挥轮调的作用，将不适合现职的人或对现职有倦怠的人的另换一个工作，使其更能发挥所长，而且分工太细、组织僵化等问题，也可以从调任中消除掉。（资料来源：周三多编著．管理学

原理〔M〕. 南京大学出版社，2009）

问题：

如何评价王永庆的领导魅力？

评价台塑的激励体制。

【管理寓言】

<h2 style="text-align:center">故事三则</h2>

两只刺猬……

两只困倦的刺猬，由于寒冷而拥在一起。可因为各自身上都长着刺，于是它们离开了一段距离，但又冷得受不了，才又凑到了一起。几经折腾，两只刺猬终于找到了一个合适的距离：既能互相获得对方的温暖而又不被扎。

"刺猬"法则就是人际交往中的"心理距离效应"。领导者要搞好工作，应该与下属保持亲密关系，这样做可以获得下属的尊重。与下属保持心理距离，避免在工作中丧失原则。

北风和南风……

北风和南风比威力，看谁能把行人身上的大衣脱掉。北风首先来一个冷风凛冽寒冷刺骨，结果行人把大衣裹得紧紧的。南风则徐徐吹动，顿时风和日丽，行人因为觉得春意上身，始而解开纽扣，继而脱掉大衣，南风获得了胜利。

这则寓言形象地说明了一个道理：温暖胜于严寒。领导者在管理中运用"南风"法则，就是要尊重和关心下属，以下属为本，多点人情味，使下属真正感觉到领导者给予的温暖，从而去掉包袱，激发工作的积极性。

老虎的孤独……

作为森林王国的统治者，老虎几乎饱尝了管理工作中所能遇到的全部艰辛和痛苦。它终于承认，原来老虎也有软弱的一面。它多么渴望可以像其他动物一样，享受与朋友相处的快乐；能在犯错误时得到朋友的提醒和忠告。

它问猴子："你是我的朋友吗？"

猴子满脸堆笑地回答："当然，我永远是您最忠实的朋友。"

"既然如此。"老虎说，"为什么我每次犯错误时，都得不到你的忠告呢？"

猴子想了想，小心翼翼地说："作为您的属下，我可能对您有一种盲目崇拜，所以看不到您的错误。也许您应该去问一问狐狸。"老虎又去问狐狸。狐狸眼珠转了一转，讨好地说："猴子说得对，您那么伟大，有谁能够看出您的错误呢？"

和可怜的老虎一样，许多主管也时常会体味到"高处不胜寒"的孤独。由于组织结构上的等级制度，主管和部属之间隔着一道深深的鸿沟。所有的部属对你的态度，都像对待老虎一样敬而远之，因为：指出你的错误容易，可万一你恼羞成怒，他们不是自取其祸吗？更何况，由于立场不同，有些部属不仅不会阻止你犯错，反而会等着看你的笑话！更有甚者，个别员工可能等的就是你倒台的那一天，他正好可以取而代之。

管理小测试:你是否具备领导才能?

世界上有两种人,一是领导者,二是追随者。小小的胜利能由一个人单枪匹马取得,但那种带来最后成功的伟大胜利就不是一个人单干就能行的了。要取得这种胜利,必须有别人的参与,因此,这其中必须有领导才能。事情的成败,依赖领导者的水平。领导能力对一个想取得巨大成就的人来说必不可少。

测试项目:

1. 别人请你帮忙,如果有能力做到,你很少拒绝吗?(是□ 否□)

2. 为了避免与人发生争执,即使你是正确的,你也不愿发表意见吗?(是□ 否□)

3. 你循规蹈矩吗?(是□ 否□)

4. 即使不是你的错,你也经常向别人说抱歉吗?(是□ 否□)

5. 如果有人取笑你身上的那件上装,你会再穿它吗?(是□ 否□)

6. 你永远走在时尚的前列吗?(是□ 否□)

7. 你曾经喜欢穿那种好看却不暖和的衣服吗?(是□ 否□)

8. 开车时,你曾经咒骂过别的司机吗?(是□ 否□)

9. 你对反应迟钝的人缺少耐心吗?(是□ 否□)

10. 你经常对人发誓吗?(是□ 否□)

11. 你曾经让对方觉得不如你或比你差劲吗?(是□ 否□)

12. 你曾经激烈地指责过电视上的言论吗?(是□ 否□)

13. 如果请的工人没有把事情做好,你会反应强烈吗?(是□ 否□)

14. 你习惯于坦白自己的想法,而不考虑后果吗?(是□ 否□)

15. 你是个不乐意忍受别人缺点的人吗?(是□ 否□)

16. 在与人争论时,你总爱占上风吗?(是□ 否□)

17. 你总是让别人替你做重要的决定吗?(是□ 否□)

18. 你喜欢将钱投资在扩大再生产上,而胜过于投资自身及家庭的文化生活上吗?
(是□ 否□)

19. 你故意在穿着上引人注目吗?(是□ 否□)

20. 你不喜欢标新立异吗?(是□ 否□)

如果你的分数是14~20分,说明你是个标准的追随者,不适合做领导,你喜欢被动地听人指挥。在紧急情况下,你多半不会主动出头带领群众,但你很愿意跟大家合作。

如果你的分数是7~13分,说明你是个介于领导者和追随者之间的的角色。你可以随时带头,或指挥别人该怎么做,不过,因为你的个性不够积极,冲劲不足,所以常常是扮演主要的追随者的角色。

如果你的分数是6分以下,说明你是个天生的领导者。你的个性很强,不愿接受别人的指挥。喜欢指挥别人,如果别人不服从的话,你就会变得很叛逆,不肯轻易服从别人。

本模块重要概念：

领导　领导者　领导的职能　激励

本模块小结：

领导的好坏是决定群体和组织能否生存与取得成功的最重要因素。小到一个家庭大到一个企业甚至一个国家，到处都需要有效的领导者。群体、企业和国家的生死存亡都取决于其领导者促使他人为共同目标而奋斗的能力。领导是管理活动中不可缺少的职能之一，没有领导，管理活动就如同一盘散沙般达不到目标。本章以领导职能为中心，重点阐述领导的作用和功能、领导的基本原理、领导者的素养和艺术，包括领导者如何激励职工等基本理论，以便在管理活动中充分发挥领导职能的作用。同时还介绍了有关领导的相关理论。

练习与实训：

1. 对领导的职能进行对比分析？

2. 在企业管理中，领导者是如何管理企业的？

3. 举例说明，领导职能的实际应用？

4. 选取当地一家熟悉的企业，了解企业的管理者，撰写管理者是如何管理企业的报告。

模块七

管理控制

学 习 目 标

认识控制；了解控制有哪些类型；了解控制的过程；掌握控制的技术与方法。

导 入 案 例

哈勃望远镜

经过长达 15 年的精心准备，耗资 15 亿美元的哈勃太空望远镜最后终于在 1990 年 4 月发射升空。但是，美国国家航天局仍然发现望远镜的主镜片存在缺陷。由于直径达 94.5 英寸的主镜片的中心过于平坦，导致成像模糊。因此，望远镜对遥远的星体无法像预期那样清晰地聚焦，结果造成一半以上的实验和许多观察项目无法进行。

更让人觉得可悲的是，如果有一点更好的控制，这些是完全可以避免的。镜片的生产商珀金斯－埃默公司，使用了一个有缺陷的光学模板生产如此精密的镜片。具体原因是，在镜片的生产过程中，进行检验的一种无反射校正装置没设置好。校正装置上的 1.3 毫米的误差导致镜片研磨、抛光成了误差形状。但是没有人发现这个错误。具有讽刺意味的是，与其他许多 NSSA 项目不同的是，这一次并没有时间上的压力，而是有足够充分的时间来发现望远镜上的错误。实际上，镜片的粗磨从 1978 年就开始了，直到 1981 年才抛光完毕。此后，由于"挑战者号"航天飞机的失事，完工后望远镜又在地上待了两年。

美国国家航天局(NASA)中负责哈勃项目的官员，对望远镜制造中的细节根本就不关心。事后，航天管理局中一个 6 人组成的调查委员会的负责人说："至少有三次明显的证据说明问题的存在，但这三次机会都失去了"。(资料来源：周三多编著.管理学原理 [M].南京大学出版社，2009)

点评：哈勃望远镜的例子说明了在一个组织机构中，如果没有控制将发生什么。一件事情，无论计划做得多么完善，如果没有令人满意的控制系统，那么在实施过程中仍然会出问题。因此，对于有效管理，必须考虑到设计良好的控制系统所带来的好处。

项目一 认识控制

一、控制的定义

控制，是指为了确保组织目标以及为此而拟订的计划的实现，各级管理者根据事先确定的标准或重新拟订的标准对下级的工作进行衡量、测定和评价，并在出现偏差时进行纠正，以防止偏差继续发展或再度出现。在这个定义中，有以下要点：

（一）进行控制的目的

确保组织目标以及为此而拟订的计划的实现。

（二）实施控制的管理者级别

控制工作并非某一层次管理者的特权，它是各级管理者都必须履行的重要管理职能，只不过进行控制的范围和要求有所差别而已。

（三）实施控制的一般步骤

确定标准，考核业绩，将实际业绩与标准进行对比，如果存在偏差则进行纠正。

（四）实施控制的结果

偏差的消失。具体来说，就是消除实际工作与原定计划之间的偏差。

二、控制的重要性

（一）控制是作用于管理活动全过程重要的管理职能

正如前面所介绍的，组织所处的内、外部环境是在不断变化的，在组织及其活动中，人、财、物及信息等各种资源的组合方式也是复杂多变的；因此，不论你的预测有多精确、计划有多周详，也不可能做到"未卜先知"、全无偏差，只要偏差存在就需要用控制职能来发现并纠正偏差，偏差的出现与计划、组织、领导中的哪一职能有关，控制就会对其产生作用直至偏差消失：

1.当原有的组织目标及为其拟订的行动方案与剧烈变化的环境(远远超出了预测)产生矛盾时,控制就会警示组织修正原订目标和计划,使其更加切合实际;

2.当偏差的产生是由于组织结构或人员配备不合理时,控制会提醒组织应该重新选拔人员、分派任务及明确职责来纠正偏差;如果偏差的产生是由于对组织成员的激励不够、协调不善,那么控制会提示管理者采取更高明的领导方法来对其下属进行有效管理。

上面说了这么多,看起来很复杂,但实际上逻辑简单、清晰:管理活动的任何一个环节都可能存在偏差,不管是计划、组织、领导哪一职能与偏差的产生有关,控制职能都会对其产生作用直至偏差的消失;此外,良好的控制不但能够消除偏差,还能找到偏差产生的真正原因以及消除偏差的有效途径,并将其反馈给管理者,作为其今后进行更为有效行使各种管理职能的重要依据。

(二)控制可以帮助企业赢得竞争优势——效率、质量、顾客响应及创新

通过控制,管理者可以准确地评价组织的产出能力及资源的使用效率。大部分优秀的管理者都希望能够精确地测定出本企业生产每一单位产品所消耗的资源数量,以及有多少单位的产品或服务正在生产之中。而控制系统中包含管理者用来评估产品或服务的生产效率的标准。此外,如果管理者试图对原有的生产组织方式进行改造以获得更高的效率,控制系统还可以告诉管理者,这种改造是否取得了成功及成功的程度如何。

例如,过去汽车的生产是全手工的,七八个工人围着一辆汽车敲敲打打地进行生产,后来福特率先提出了用生产线组装来代替以往的全手工生产,这可以说是汽车制造业的一次重大变革,可是这次变革是成功的吗?这一点毫无疑问,因为采用了控制系统中"汽车的日产量"这一指标来分别评价"全手工生产"和"生产线组装生产"两种生产组织方式。

一个有效的控制系统可以帮助管理者始终监督产品和服务的质量,并持续地对其进行改进。正如我们所知道的,质量是当今企业赢得竞争优势的又一重要手段,而组织控制是决定产品和服务质量的关键因素,这主要是因为一个良好的控制系统可以向管理者提供产品或服务质量真实的反馈信息。例如,克莱斯勒公司就坚持统计顾客的投诉数量和新车的返修数量,以此来对本企业的服务和产品质量做出正确的评价,并不断实施改进。

良好的控制可以使员工更为积极主动地为顾客提供帮助,并与顾客保持良好的联系。一个企业对其客户的响应水平会直接影响到企业在客户心目中的形象及企业与客户之间的关系,良好的响应是企业富有活力及尊重客户的重要表现。一个有效的控制系统往往可以激励和监督企业员工更积极地为顾客提供帮助,并始终与其保持良好的联系。例如,中国电信公司会在为客户完成施工服务后的第二天主动打电话询问客户对其工作人员的评价,以此来监督和激励其员工更好地响应客户提出的服务要求,与客户保持良好的联系。

恰当的控制与鼓励创新的组织文化的结合,对提高组织的创新水平具有重要意义。创新对于一个企业的重要意义,我想就没有必要多说了。企业要想提高员工的创新水平,必须给

予员工一定自由发挥的空间,但是这种自由发挥的空间必须要在一个合理的控制系统掌控之中;此外,控制系统还能够正确地考核员工的实际创新业绩,并将这些业绩与员工的收入挂钩,进而起到对员工的激励作用。

三、控制的基本原理

控制对于保证计划的顺利进行具有重要作用,在控制工作的实施过程中应遵循以下基本原理:

(一)反映计划要求原理

控制工作的意义就在于保证计划按照预期的方向和进度进行。因此,计划是控制工作的重要依据和参照。计划越是明确、全面、完整,所设计的控制系统越是能反映这样的计划,控制工作也就越能有效地为管理者的需要服务。

(二)组织适宜性原理

权责利对等是管理的基本原理之一,也是控制工作得以顺利进行的保证。而责权利的对等主要依靠组织机构的设置来实现。组织机构越是明确、全面、完整,设计的控制技术越是能反映组织机构中的岗位职责,也就越有利于纠正偏离计划的误差。

【管理寓言】

春秋时期,楚国令尹孙叔敖在苟陂县一带修建了一条南北水渠。这条水渠又宽又长,足以灌溉沿渠的万顷农田,可是一到天旱的时候沿堤的农民就在渠水退去的堤岸边种植庄稼,有的甚至还把农作物种到了堤中央。等到雨水一多,渠水上进,这些农民为了保住庄稼和渠田,便偷偷地在堤坝上挖开口子放水。这样的情况越来越严重,一条辛苦挖成的水渠被弄得遍体鳞伤、面目全非,因决口而经常发生水灾,变水利为水害了。

面对这种情形,苟陂县历代的行政官员都无可奈何。每当渠水暴涨成灾时,便会调动军队去修筑堤坝、堵塞漏洞。后来宋代李若谷出任知县时,也碰到了决堤修堤这个头疼的问题,他便贴出告示说:"今后凡是水渠决口,不再调动军队修堤,只抽调沿渠的百姓,让他们自己把决口的堤坝修好。"这则布告贴出以后,再也没有人偷偷地去决堤放水了。

分析:这是一个有趣的故事,但是故事背后的寓意却值得我们管理者深思。如果在执行一项政策之前就把这当中的利害关系对执行者讲清楚,他们也许就不会为了自己的私利而做出损害团队利益的事情了,当然这只是对素质高的团队来说。

有的企业可能因为行业的原因,员工的素质都不太高,遇到这种情况即使你说明了利害他还是会为了自己的利益偷偷地去做一些损公肥私的事情,怎么办?严格有效的监督控制机制的建立就显得非常重要了。

一个没有制度的企业只是一个货堆。以人管理，总是有漏洞可循的，因为人都是有弱点、有感情的。动物之间哪怕是猫和老鼠相处久了也会有感情，也会相安无事。而制度呢？却能起到人所不能起到的作用。

当制度都不能发挥作用的时候，就只有利用李若谷的办法——以子之矛攻子之盾，当他发现这样做得到的好处还不如他损失多的话，他自然也就不会再去做这样的事情了。

所以说，不管具体用什么方法来执行，制定一套安全有效、能够实现权责利关系对等的内部控制制度是非常必要的。

（三）控制关键点原理

谚语有"牵牛要牵牛鼻子"的说法，其含义就是只有抓住问题的主要矛盾，才能够有效地解决问题。在管理学中，我们让问题的主要矛盾成为"关键点"。在任何工作中都存在着几个重要的关键环节，只要能够保证这些关键环节的实现，工作的大概方向和轮廓就可以保证了。

而一旦出现问题时，控制工作也应当以这些关键点为着力点。可以说，管理者越是能够把握事物的关键点，控制工作就越有效。

【管理寓言】

有一个富翁得了重病，已经无药可救，而唯一的独生子此刻又远在异乡。他知道自己死期将近，但又害怕贪婪的仆人侵占财产，便立下了一份令人不解的遗嘱："我的儿子仅可从财产中先选择一项，其余的皆送给我的仆人。"富翁死后，仆人便欢欢喜喜地拿着遗嘱去寻找主人的儿子。

富翁的儿子看完了遗嘱，想了一想，就对仆人说："我决定选择一样，就是你。"这聪明的儿子立刻得到了父亲的所有财产。

分析："射人先射马，擒贼先擒王"，把握住得胜的关键则会收到事半功倍的效果，处理危机的关键在于破解病因的源头。在从事任何事情之前，先想一想事情的原委，你可以变得更加清醒。

提了粽子的绳头可以拎起一长串的粽子，抓住了问题的关键点就等于控制了全局。

（四）例外情况原理

在管理控制上实行例外原则，是指管理者必须有思想准备、有能力对于一些例外情况以及原本属于职权范围之外的重大事情进行决策和处理。在组织处于复杂而不稳定的环境条件下时，管理者越是把注意力集中在例外的情况，控制工作就越有效。

【管理故事】

随机应变——曹操应急伴献刀

这个智谋见于《三国演义》第四回"废汉帝陈留践位谋董贼孟德献刀"。

董卓收服猛将吕布后，威势更盛。并于当年（189年）九月废汉少帝刘辩为弘农王，而改立陈留王刘协为帝，是为汉献帝。然后，董卓自任相国，赞拜不名，入朝不趋，剑履上殿，飞扬跋扈，不可一世。第二年，董卓又派部下鸩杀少帝(弘农王)，绞死唐妃，甚至夜宿御床，篡位之心毕露无遗，他的行为激起了朝臣的普遍愤恨。

渤海太守袁绍与司徒王允秘密联络，要他设法除掉董卓。但文弱书生出身的王允面对骄横的董卓无计可施。思来想去，实在想不出什么办法，他便以庆祝生日为名，邀请群臣到自己家中赴宴，商讨计策。

席间，酒行数巡，王允突然掩面大哭。众官惊问："司徒贵诞，为何悲伤?"王允说："今日其实并非我的生日，因想与诸位一叙，恐怕董卓疑心，所以托言生日。董卓欺君专权，国将不国。想当初高皇帝刘邦诛秦灭楚，统一天下，谁想传至今日，大汉江山即将亡于董卓之手!"

王允边说边哭，众官也皆相对而泣。唯骁骑校尉曹操于座中一边抚掌大笑，一边高声说："满朝公卿，夜哭到明，明哭到夜，还能哭死董卓吗?"王允闻言大怒，对曹操说："你怎么不思报国，反而如此大笑呢?"曹操回答说："我不笑别的，只笑满朝公卿无一计杀董卓!我虽不才，愿即断董卓之头悬于国门，以谢天下。"王允肃然起敬说："愿闻孟德高见。"曹操说："我近来一直在奉承、交好董卓，就是为了找机会除掉他。听说司徒您有七宝刀一口，愿借给我前去相府刺杀董卓，虽死无憾!"王允闻言即亲自斟酒敬曹操，并将宝刀交给了曹操。曹操洒酒宣誓，然后辞别众官而去。

次日，曹操佩着宝刀来到相府，见董卓在小阁坐于床上，吕布侍立于侧。董卓一见曹操，便问他为何来得晚。曹操回答说："乘马羸弱，行动迟缓。"于是，董卓即让吕布去从新到的西凉好马中选一匹送给曹操。吕布领命而出。曹操觉得机会来了，即想动手，但又怕董卓力大，难以制服。正犹豫间，董卓因身体胖大，不耐久坐而倒身卧于床上并转面向内。曹操见状急忙抽出宝刀，就要行刺。不料董卓从衣镜中看到曹操在背后拔刀，急回身问道："曹操干什么?"此时吕布已牵马来到阁外。曹操心中不免暗暗发慌，他灵机一动，便表情镇静地双手举刀跪下说："今有宝刀一口，献给恩相。"董卓接过一看，果然是一把宝刀:七宝嵌饰，锋利无比。董卓便将宝刀递给吕布收起，曹操也将刀鞘解下交给吕布。然后，董卓带曹操出阁看马，曹操趁机要求试骑一下。董卓不加思索便命备好鞍辔，把马交给曹操。曹操牵马出相府，加鞭往东南而去。

吕布见曹操乘马远去，便对董卓说："刚才曹操似乎有行刺的迹象，及被发现，便佯装献刀。"在吕布的提醒下，董卓也觉得曹操刚才的举动值得怀疑。正说间，董卓的女婿李儒来到。李儒是董卓的谋士，是个很有心计的人。他一听董卓介绍曹操刚才的所作所为，便说："曹操妻小不在京城，只独居寓所。今差人请他来，他若无疑而来，便是献刀;若推托不来，必是行刺，便可逮捕审问。"董卓即依照李儒的主意，派遣四个狱卒前去传唤曹操。良久，狱卒回报说："曹操根本不曾回寓所。他对门吏声称丞相差他有紧急公事，已纵马飞奔出东门去了。"李儒说:.."曹操心虚逃窜，行刺无疑。"董卓大怒，便下令遍行文告，画影绘形，悬赏通缉曹操。

分析:曹操是一个高明的刺客。在行动前，他不仅想到了成功，而且也想到失败后怎样保全自身。七宝刀既可以作为刺杀董卓的利器,也可以作为进献的礼物。最关键的一点是曹操能随机应变,在紧急关头灵活机智,使自己得以保全性命。

由此可见,曹操是一个全身成事的英雄,而不是一个舍身取义的莽汉。事情的成败,都有主客观的许多因素,只有把握住最有利的条件和机会、选择最恰当的方式才能成功。"相机而行""见机行事"这一谋略的实质还在于,事物在不断的变化之中,主客观条件也是不断变化的,只有随着时间、地点和机会的变化而灵活地作出不同选择的人才能把握住成功的主线。

补充阅读:热炉法则——惩处的基本原则

在组织的日常管理中,惩处是一种典型而有效的控制方法。著名的"热炉法则"为管理者合理有效地使用惩处方法进行管理控制带来了启示:

预防性原则——热炉火红,不用手去摸也知道炉子是热的,是会灼伤人的预防性原则。领导者要经常对下属进行规章制度教育,以警告或劝戒其不要触犯规章制度,否则会受到惩处。

必然性原则——每当你碰到火炉,肯定会被灼伤的必然性原则。也就是说,只要触犯单位的规章制度就一定会受到惩处。

即时性原则——当你碰到热炉时,立即就被灼伤的即时性原则。惩处必须在错误行为发生后立即进行,决不拖泥带水,决不能有时间差,以便达到及时改正错误行为的目的。

公平性原则——不管谁碰到热炉,都会被灼伤的公平性原则。对公平的追求来源于人类的天性,只有公平的制度才可能得到大家的认可及拥护。

有效性原则——不管在什么时候碰到热炉,都会被灼伤的有效性原则。最好的管理是不要管理,所谓"无为而无所不为",主管在不在一个样。

项目二 控 制 有 哪 些 类 型

一、预先控制、现场控制和反馈控制

根据控制的时点和方式的不同,可以将控制分为预先控制、现场控制和反馈控制三类。

(一)预先控制

1. 定义

预先控制也称为前馈控制、事前控制、预先控制,是指通过观察情况、收集整理信息、掌握规律,正确地预计未来可能出现的问题,提前采取措施,将可能发生的偏差消除在萌芽状态,以避免未来可能出现的问题。

【管理寓言】

一只山猪在大树旁勤奋地磨着獠牙。狐狸看到了,好奇地问:"又没有猎人来追你,也没有任何危险,为什么要这般用心地磨牙呢?"

山猪答道:"你想想看,一旦危险来临,就没时间磨牙了。现在把牙磨利,等到要用的时候就不会慌张了。"

分析:"书到用时方恨少"的情况你经历过吗?从管理学的角度来说,今天的学习相对于明天的工作来说就是一种预先控制。如果没有充足的学识和能力的准备,那么当机会到来时只能眼睁睁地看着它溜走。把握自己的人生,应当从各种各样的预先准备开始。

2. 预先控制的优缺点

预先控制是控制的最高境界,是管理者最渴望采取的控制类型,因为它能避免预期出现的问题,可以避免事后控制对已铸成的差错无能为力的弊端。预先控制是在工作开始之前针对某项计划行动所依赖的条件进行控制,并不是针对具体人员,因而不易造成对立面的冲突,易于被职工接受并付诸实施。

但是,预先控制需要有一种超前的思维和科学的预测方法,要注意避免单凭主观意志进行工作,其准确性也因此受到了主客观因素的影响;并且进行预先控制需要掌握大量的信息、足够的经验和科学的方法,因此,一般来说实施的难度也相对较大。

3. 预先控制的应用

预先控制在人们的日常生活、国家的日常管理事务中普遍存在,例如:

(1)为了预防疾病而进行的卫生、防疫工作;

(2)为了预先获知灾害性自然现象而进行的预警活动,如农业天气预报、台风预警、地震预警等;

(3)为了抵御自然灾害和人为灾害的侵袭而预先进行的应急措施的学习、准备和演练,如各种逃生训练、救生演练以及军事演习等;

(4)为了避免资源枯竭而出台的资源保护政策,如水资源保护政策等。

此外,还有许多的成语、谚语都体现了预先控制方法的广泛应用,例如"未雨绸缪""防患于未然""治病不如防病"等。这样的事例在生活、学习和工作中还有很多,我们都可以举出一些。同学们可以在课间对于自己所了解的预先控制措施进行讨论。

课 堂 案 例

跳舞的狐狸——动物界的危机管理

在北美阿拉斯加的荒野上生存着一种狐狸,它们以食用老鼠为生,是老鼠的天敌。但它们对于老鼠的捕食并不是毫无节制的。当鼠群减少、狐狸增加而严重威胁到老鼠的繁衍时,狐狸们便会采取行动，限制种群的发展：一部分成员会聚在一起，疯狂、不间断地舞蹈，夜以继日，直至力竭气绝而死。

分析：这种狐狸在维持种族生存和发展方面给了人类以启示，人类必须要珍惜有限的资源而不能过度使用，这不应仅仅是一句口号。我们可以观察一下，生活中还存在许多对于资源不加以珍惜的现象。应当培养一种理念：危机的控制应当从预先控制入手。

(二)现场控制

1.定义

现场控制也称为同期控制、事中控制、同步控制，是指在一项活动或一项工作的过程中，管理者在现场对正在进行的活动或行为给予必要的指导、监督，以保证活动和行为按照规定的程序及要求进行。

现场控制是一种管理者与被管理者面对面进行的控制活动，其目的主要在于及时纠正工作中出现的各种偏差，其工作重点是正在进行计划实施的过程。

控制工作主要表现为上级向下级指示恰当的工作方法和工作过程、监督下级的工作以保证计划目标的实现、发现不合标准的偏差时立即采取纠正措施等。因此，现场控制有监督和指导两项职能。

2.现场控制的优缺点

由于现场控制可以直接地对被管理者进行监督和指导，因此，对于约束被管理者的不良行为、提高其工作能力及自我控制能力、减少事后控制可能造成的损失等具有重要意义。

但是，现场控制也存在着难以克服的缺点，主要表现在受管理者时间、精力、能力的制约较大；比较适用于简单劳动，对设计、创作等复杂劳动难以运用；容易在控制者和被控制者之间形成对立等。

3.现场控制的应用

现场控制主要表现为管理者亲临工作现场进行监督和指导，例如管理者的现场巡查、现场抽查、现场指导等。在信息技术的发展和普及下，现场控制的形式也发生了改变，通过各种信息传输仪器和设备，管理者可以不必亲临现场就能获得现场信息；通过各种感应器获得工程现场的一手数据；通过各种监控设备或现场信息，例如通过通信设备举行电视电话会议等。

(三)反馈控制

1.定义

反馈控制也称为事后控制，是工作结束或行为发生之后进行的控制，指通过分析过去工作的执行结果，将它与控制标准相比较，发现偏差所在并找出原因，拟定纠正措施以防止偏差发展或继续存在。

反馈控制是最常见的控制方法，其工作重点是把注意力集中在历史结果上，并将其作为未来同类工作行为的基础。

2. 反馈控制的优缺点

反馈控制是一种最常见的控制方法。反馈控制方法可广泛运用于标准成本分析、财务报告分析、质量控制分析、工作人员和部门的业绩评定等等方面。反馈控制能及时发现问题、防止事态恶化、实现良性循环、不断提高业绩。

但反馈控类似于"亡羊补牢"，在获得信息的时候事情已经发生了，对已经发生的偏差及其危害无补偿作用。

3. 反馈控制的应用

许多企业都需要设置一些特殊的非生产性部门，从管理职能上来说，这些部门的主要工作就是反馈控制的职能。例如：

质检部门——检查产品质量，发现不合格产品；

营销部门的跟踪调查——收集消费者对所使用产品和服务的意见、满意度等；

售后维修部门——对因产品质量而产生的问题进行事后的处理等。

尽管反馈控制进行的前提是"问题已经出现，损失已经发生"，但是在重复性工作中，反馈控制对于提高管理水平依然具有重要作用。一般来说，只要缩短反馈控制进行的周期、提高频度就可以收到良好的效果。例如，海尔提出的"日事日毕，日清日高"管理法则，就是将反馈控制的周期控制在 24 小时内，即便问题发生了，也可以得到及时的解决。

最后，需要强调的是，预先控制、现场控制和反馈控制不是独立的，而是有着密切内在联系的，任何一个环节的控制工作做得好，都将为其他环节创造良好的条件和基础。预先控制工作完备，现场控制就有了保证，反馈控制也相应地会得到更高的效率。

例如，在开发设计新产品时充分地进行准备工作（预先控制），可以为此后投入生产以及质量控制（现场控制）带来方便；而过硬的产品性能和质量可以为之后的维修等售后服务（反馈控制）减少麻烦；规范的售后服务工作又可以为下一项产品的开发及设计（预先控制）提供依据及参考。

综上所述，在连续性的管理活动中，预先控制、现场控制以及反馈控制并没有绝对的界限，是一个循环往复的整体控制过程。

【管理寓言】

扁鹊的医术

魏文王问名医扁鹊说："你们家兄弟三人，都精于医术，到底哪一位最好呢？"

扁鹊答说："长兄最好，中兄次之，我最差。"

文王再问："那为什么你最出名呢？"

扁鹊答说："我长兄治病，是治病于病情发作之前。由于一般人不知道他事先能铲除病因，所以他的名气无法传出去，只有我们家的人才知道。我中兄治病，是治病于病情初起之时。一般人以为他只能治轻微的小病，所以他的名气只及于本乡里。而我扁鹊治病，是治病于病情严重之时。一般人都看到我在经脉上穿针管来放血、在皮肤上敷药等大手术，所以以为我的医术高明，名气因此响遍全国。"

分析：事后控制不如事中控制，事中控制不如事前控制，可惜大多数经营者均未能体会到这一点，等到错误的决策造成了重大的损失后才寻求弥补，有时是亡羊补牢，为时已晚。

课 堂 案 例

"视听天地"电视谈话节目的现场控制

2001年11月6日晚，以一曲《卧虎藏龙》享誉世界的著名音乐家谭盾在北京电视台《国际双行线》栏目做节目时，因另一位嘉宾、国内著名指挥家卞祖善对他的先锋音乐做了10分钟的批评，而在节目进行了57分钟后，拂袖离去，留下主持人、观众与卞祖善完成最后节目的录制。这件事被电视业内认识称为"谭盾事件"。

这期节目于11月10日上午如期播出，没有预期的掌声、笑声，而是真实地记录了谭盾拂袖而去的过程。

"谭盾事件"引起了国内外传媒的极大关注，除了"传统音乐和现代音乐的碰撞"之外，我们还可以在节目操控的技术和学理方面进行思考。从这个非电视直播谈话节目中的"突发性媒介事件"，我们注意到了电视谈话节目直播的几个现场操控问题。

问题一：话语权的平衡分配

谈话节目强调对话与交流，强调观念的碰撞和智慧的交锋。清华大学传播学系副主任尹鸿教授认为："对话者之间的差异引发的交流和碰撞才使得节目称得上是真正的谈话节目。"那么，如何运作好谈话节目这一核心部分呢？首先，节目要能成功地引导嘉宾或者观众说话。其次，还要注意话语权的平衡分配。应该给在场的每一个人以充分的表述时间以及在时间段上的平衡。虽然这仅仅是一种操作技术，但却能表现媒体的客观和公正性，也不会使哪一方话语者感到委屈、愤怒，以至于造成节目的失控。

在"谭盾事件"中有这样一个细节：当谭盾录制节目过半的时候，卞祖善来了，两人寒暄未过，卞祖善就开始了对谭盾音乐的批评，时间长达十分钟。听完后，谭盾说："以前我都没有回答过，今天我也不回答。"这是一种消极的应答方式，双方不仅没有形成真正的交锋，还造成了谭盾后来的突然退场。谭盾后来在美国接受记者的电话采访时谈了自己的感受："我只觉得，访谈节目的规则应该是你一句我一句的交流，而不是搞这种大批判。"

问题二：嘉宾的知晓权利和心理承受问题

有时，电视节目制作者为了节目的需要，不会将自己的意图和盘托出，甚至还会有意隐瞒。的确，追求悬念和制造突发事件常常是媒体的得意之举。但是，嘉宾毕竟有自己的知晓权。因此，编导就必须把握好嘉宾知晓情况的度。北京广播学院的苗棣和北京师范大学的于丹在参加中央电视台的"谈话节目课题研究"时指出：关于嘉宾的知晓权问题，底线是不能欺骗。除此之外，在考虑了谈话嘉宾的知晓权问题后，还应该考虑嘉宾自身关于这个事件的心理承受能力。这就需要编导在事前做大量的准备工作。直播固然讲究真实、允许有限度的失误和瑕疵，但若不考虑嘉宾因素而导致节目意外失控则是不能原谅的。

我们看到，《国际双行线》节目的创意是好的，不想一边倒，不想吹捧。于是，在谭盾不知情的情况下，请来了素与谭盾在音乐理念上有分歧的卞祖善作嘉宾。这最终导致了节目的失控。

谭盾在 11 月 17 日接受采访时说："这个节目组从来没有告诉过我会有人出来跟我对谈，他们给我设了一个圈套。你能想象吗？在聚光灯底下，我本来谈得很开心，这时主持人告诉我，说要给我一个惊喜，然后卞祖善就站出来了，我一开始是很热情的，说卞老师好，可是对方很激动，连说带比画地对我进行批判。"

问题三：主持人的应变能力

直播和录播最大的区别在于录播可以重来，而直播却具有不可更改性。直播的电视视听信号的采集、合成与播出是同时进行的。而作为谈话节目的直播与其他新闻节目的直播情况又不一样，后者可以运用双视窗直播、异地多点直播等直播方式，在直播运行中如果出现某一现场失控，导播可以立即切换其他画面救场。但是谈话节目的直播现场是固定的，只能采用同一现场多机位直播的方式。因此，对谈话节目的直播失控率应该控制在尽可能小的范围内。

在电视直播谈话节目中还有一个重要的因素，那就是主持人的应变能力。主持人作为谈话节目的现场控制者，特别要树立直播意识，碰到任何突发情况都应该做到沉着冷静、随机应变、化解失误。

我们看一下《国际双行线》主持人的表现：在谭盾退场后，"主持人匆匆跟了出去，灯光黯淡下来……5 分钟后演播室的灯又亮了起来，明亮的灯光下主持人笑得有点痛苦，但很真诚。他告诉我们这期节目还要继续进行。在结束的时候，主持人说相信这期节目可以让我们学到很多东西，包括做人。"

这位主持人的表现应该说是不错的，他坚持把节目录完了。虽然他在谭盾退场后，也离席追赶，但要求他在碰到国内第一桩"嘉宾中途退席"时仍正襟危坐显然不太可能的，也不符合情理。而且《国际双行线》毕竟不是一个"直面观众"的直播节目。可是在电视谈话节目的直播时，主持人就必须有冷静和灵活应变的能力。首先绝对不能离席，对一个直播的谈话节目来说，主持人中途走开就意味着整个节目垮了。其次还要有足够的机智圆场，把已经失控的场面挽救回来。

二、程序控制、跟踪控制、自适应控制、最佳控制

根据确定控制标准的方法不同，可以将控制过程分为以下几类：

（一）程序控制

程序控制的特点是根据时间的先后顺序严格按照预先规定的程序进行工作。在企业的生产经营活动中，大量的管理工作都属于程序控制性质。例如，计划编制程序、统计报告程序、信息传递程序等都必须严格按事前规定的时间进行活动，以保证整个系统行动的统一。

（二）跟踪控制

跟踪控制的特点是控制标准固定，有一个先行的量，依据这个先行的量来确定跟踪的量。如在企业纳税控制中，产品的销售额就是先行量，税金就是跟随量，控制标准就是各个税种的税率。这是一种动态的跟踪控制。国家通过制定各种税种和税率，就可有效地控制国家与企业在经济利益上的分配关系。

（三）自适应控制

自适应控制的特点是根据目前已经达到的状态还有过去的历史，通过学习和总结经验进行控制。企业的生产经营活动面对的情况是千变万化的，企业决策者必须进行自适应控制，往往要根据过去时刻企业所处的外部环境和内部已经达到的状态，凭直觉经验和理性判断来做出决策，实施控制。

（四）最佳控制

最佳控制的特点是控制标准是一个最大或最小的值。组织活动中往往采取最佳控制的方法。例如，用最低成本来控制生产规模，用最大利润率控制投资，用最短路程控制运输路线等。

三、集中控制、分层控制、分散控制

根据控制的层次可分为集中控制、分层控制和分散控制。

（一）集中控制

集中控制是指在组织中建立一个相对稳定的控制中心，由控制中心对组织内外的各种信息进行统一的加工处理，发现问题并提出问题的解决方案。

（二）分层控制

分层控制是指将管理组织分为不同的层级，各个层级在服从整体目标的基础上，相对独立地开展控制活动。

（三）分散控制

分散控制是指组织管理系统分为若干相对独立的子系统，每一个子系统独立地实施内部直接控制。

此外，还可以依据不同的标准将控制进行其他类型划分，例如，内部控制与外部控制；直接控制与间接控制；作业控制与管理控制等。管理者可以根据管理需要选择具体的分类方法。

项目三 了解控制的过程

控制的过程主要包括制定标准、衡量绩效、纠正偏差三大阶段。

一、制定控制标准

控制的标准，是指反映或衡量系统预期稳定状态的水平或尺度。控制工作开展的第一步是确定控制标准及其形式。

控制标准可以分为定量标准和定性标准。

定量标准是指可以通过测量、测算等方式予以数字化表示的指标，主要包括：实物标准——例如产量、销售量等用实物的个数表示的指标；价值标准——例如成本、利润、销售额等用货币单位表示的指标；时间标准——例如工期、工时等用时间单位表示的指标。

定性标准主要是用于衡量产品和服务质量、难以用数字予以量化的指标，例如"产品优质""服务周到"等指标。但是定性标准并非绝对不能用数字表示，某些定性标准也可以通过一定的方式予以量化处理。

决定控制标准最主要的依据是计划。要控制就要有标准，离开可比较的标准，就无法实施控制。因此，控制过程的首要步骤就是拟定控制标准。这里所说的标准，是指评定组织或个人某一确定活动成效的尺度。一般来说，对于一项任务的完成与否及完成的质量和效果如何，存在多个评价指标。例如，企业销售部门工作的控制评价指标包括：销售量、销售额、销售增长率、市场占有率、市场份额增长率、货款回收率、货款回收周期、销售成本等一系列指标。诸多的指标共同构成了评价指标体系。

一般是对那些直接关系组织目标实现的基本活动领域或关键性活动订立控制标准。不同的业务领域，不同种类的活动各有不同形式的控制标准。

二、衡量工作绩效

绩效衡量的内容与要求。衡量的主要内容包括受控系统的资源配置、运行情况、工作成果等。监测的核心是实际与计划是否一致。绩效衡量的要求:测量的时间性、测量的准确性。采用科学的监测、考核方法。考核方法应具备以下特征:定量化;全面、准确、公正。

三、制定纠偏措施

控制过程的第三步是纠正偏差,以使各项工作按照计划要求的轨道发展。通过实际业绩同控制标准之间的比较,可以检验二者之间有无差异。如果没有差异,工作按原计划继续进行;如果出现差异,则首先要了解偏差是否在标准允许的范围之内。若偏差在允许的范围之内,则工作继续进行,但也要分析偏差产生的原因,以便下一步改进工作,做到精益求精;若差异在允许的范围之外,则应及时地深入分析产生偏差的原因,在分析原因的基础上找出适当的纠正办法,纠正偏差。

纠正行动是指根据偏差分析结果进行决策,制定纠正偏差的措施,并付诸实施,以使实际系统重新进入计划轨道、保证目标实现的行为。纠正方式:可通过调整行动、调整计划、既调整计划又调整行动等三种方式,使实际与标准相一致。

纠正的时效与幅度。(1)为了提高纠正行动的效率和降低纠正行动的成本,就必须尽可能早、尽可能快地纠正偏差。(2)适度控制。有效控制是指实际轨道围绕标准,在允许的幅度内上下均匀波动。

控制过程中的行为反应。管理者必须要认真分析与研究管理控制过程中人的因素,正确估计控制中的行为反应,并因势利导,以实施有效控制。

课间案例

苏南机械有限公司

苏南机械有限公司是江南的一个拥有3000多名职工的国有企业,主要生产金属切削机械。公司建立于中华人民共和国成立初期,当初只是一个几十人的小厂。公司从小到大,经历了几十年风风雨雨,为国家作出过很大贡献。20世纪80年代,公司取得了一系列令人羡慕的殊荣:经主管局、市有关部门及国家有关部委的考核,公司各项指标均达到了规定的要求,因此被光荣地评为国家一级企业;厂里的当家产品质量很好,获得了国家银质奖。随着外贸体制改革的深入,逐渐打破了国家对外贸的垄断,除了外贸公司有权从事外贸外,有关部门经考核还挑选了一部分有经营外贸潜力的国有大、中型企业,赋予它们外贸自主权,让它们直接进入国际市场,从事外贸业务。公司就是在这种形势下得到了上级有关部门的青睐,获得了外贸自主权。

　　进入 20 世纪 90 年代，企业上上下下都感到日子吃紧，虽然经过转制，工厂改制成了公司，但资金问题仍日益突出，一方面，公司受到了"三角债"的困扰；另一方面，产品积压严重，销售不畅。为此，公司领导多次专题研究销售工作。大部分人都认为，公司的产品销不动，常常竞争不过一些三资企业和乡镇企业，问题不在产品质量，而主要是在销售部门的工作上。因此，近几年公司对销售工作做了几次大的改革，先是打破了只有公司销售部门独家对外进行销售的格局，赋予各分厂（原来的各车间）进行对外销售的权力，还另外组建了几个销售门市部，从而形成了竞争的局面，利用多方力量来推动销售工作，公司下达包括价格浮动幅度在内的一些指标来加以控制。与此同时，公司对原来的销售科进行了充实调整工作，把销售科改为销售处，后来又改为销售部，现在正式改为销售公司。在人员上也做了调整，抽调了一批有一定技术、各方表现均不错的人员充实进销售公司。这样一来，从事销售工作的人员增加了不少，销售的部门也从原来的一个变成了十几个。当初人们担心这样会造成混乱，但由于公司通过一些指标加以控制，所以基本上没有出现过这种情况，但是销售工作不景气的状况却没有根本改变，这是近年来一直困扰公司领导的一大问题。

　　与此同时，公司的外销业务有了长足的发展。当初公司从事外销工作的一共只有五六个人，是销售科内的一个外销组，以后公司获得了外贸自主权，公司决定成立进出口部专门从事外销工作，人员也从原来的几个人发展到了今天的 30 个人：除了 12 个人在外销仓库外，18 个人中有 5 个外销员、5 个货源员，其他的人从事单证、商检、海关、船运、后勤等各项工作。公司专门抽调老王担任进出口部经理。老王今年 50 岁，一直担任车间、科室的主要领导，是公司有名的实力派人物。在王经理的带领下，进出口部的业绩令人瞩目：1996 年的外销量做到了 450 万美元，1997 年达到 500 万美元，1998 年计划为 650 万美元，而 1—9 月便已达到 500多万美元，看来完成预定的计划是不成问题的。

　　成绩是显著的，但问题矛盾也不少。进出口部成立以来，有三件事一直困扰着王经理：一是在外销产品中，本公司的产品一直上不去。公司每年下达指标，要求进出口部出口本公司一定量的产品，如 1998 年的指标是 650 万美元的外销量，其中本公司的产品应达 350 万美元。公司的理由是：内销有困难，进出口部要为公司挑担子。虽然做公司产品对进出口部来讲没有多大利润，但这关系到全公司 3000 人的吃饭问题。因此，进出口部只得接受了这项任务，王经理再将指标分解给外销员，即每人做 70 万美元的本公司产品，可结果总是完不成。王经理和外销员都反映，完不成的责任不在进出口部，因为订单来了，本公司分厂不能及时交货，价格也有问题，所以只能让其他厂去做，进出口部做收购，这样既控制价格、质量，又能及时交货。说穿了，做本公司的产品，进出口部要去求分厂，而做外购则是人家求进出口部，好处也就不言而喻了。公司对进出口部完成不了本公司产品的出口任务一直很有意见，进出口部与各分厂的关系也搞得很僵，而且矛盾还在发展之中。二是外销员队伍的稳定问题。近几年已有几名外销员跳了槽，而且跳出去的人据说都"发"了，有的自己开公司做贸易，有的跳到了其他外贸公司，因为他们是业务熟手，手中又有客户，所以都有着很高的待遇，一句话，比原来公司强多了。这又影响了现在的外销员。公司虽然在工资、奖金上向外销员做了倾斜，但他们比跳槽的收入还差一大截，因此总有些人心不定，有的已公开扬言要走，王经理也听到过一些消息，说是有的人已在外面悄悄干上了。面对这样的状况，王经理心里万分着急，他知道，培养一个好的外销员不易，走掉一个外销员就会带走一批生意。他深知问题的严重性，也想了好多办法，希望留住人心，比如，搞些活动、加强沟通等，但在有些人身上收效很少。该怎么办呢？这是王经理一直在思考的问题。（案例来源：徐国良，王进主编．企业管理案例精选解析［M］．中国社会科学出版社，2009）

问题：

1. 本来1998年公司完成外销任务是不成问题的，为什么完不成任务？

2. 为什么公司有大量销售人员外流，该如何留住他们？

课 间 案 例

管理是一种控制性的游戏（节选自成君忆《水煮三国》）

陈登把嘴巴停了下来，很认真地说："活气？我以为，管理者的权威比活气更重要。中国的皇权显得那么神圣，可从另一个方面讲，这种权力也是很不讲理的。没有了权威，就没有了员工们遵守的职场规则，到那时活气又在哪里呢？都变成水蒸气散发了。"

刘备问："为什么权威这么重要呢？"

陈登说："因为管理是一种控制性的游戏，权威是一种控制性的力量。""管理是一种控制性的游戏？"刘备忽然意识到了什么，而那正是他所需要的。

陈登肯定地说："管理是一种控制性的游戏。我以前跟陶谦所说的正人用邪法就是一种控制性的游戏理论。"

刘备问："控制和权威是必要的吗？"

"当然。"陈登以一种毋庸置疑的语气回答说，"我国古代的圣人孟子把人分成了两类，一类人制定规则，另一类人遵守规则；制定规则的人劳心，遵守规则的人劳力。其又说过，治人者致人而不致于人，所谓致人的致就是控制的意思。作为劳心者，您应该有足够的控制力让那些员工学会遵守规则，即一方面要学会尊敬领导，就是您现在看到的服服帖帖；另一方面要积极勤奋地工作，就是您刚才所说的充满活气。"

刘备这才恍然大悟，感叹地说："孟子的这句名言，以前总是似懂非懂。听你这么一说，我总算抓住一根救命稻草了。"

"嗯？"陈登故意做出一种很搞笑的生气模样，半开玩笑地训斥道："这句名言可是管理学的纲领，就像铁链一样结实有力，怎么可以比作稻草呢？"

刘备不好意思地捂了捂嘴巴，说："失言了，失言了，陈登啊，你简直是一位了不起的管理学专家啊，就请你送佛送上西天，帮我拟订一份治人者如何致人的管理方案，如何？"

陈登说："我只是对管理哲学有些琢磨罢了，对管理学的操作实务并不是很了解。换句话说，我是只见森林不见树木，更不知道该怎么栽树了。"

刘备想了想，说："思想决定行为，我要的就是你的思想。至于管理实务，以后可以按照你的思路来设计。你就先帮我解释清楚,管理既然是一种控制性的游戏,那么,我应该用怎样的心态去理解游戏、参与游戏?"

陈登稍作沉吟,说:"刘总既然如此说,我倒是想起来了。前些日子,我就写过一篇随笔,题目是《论管理的游戏规则》,说的就是治人者如何致人的意思。也许对您有一些参考作用。"

第二天,刘备上班后的第一件事就是去企划部找陈登。陈登说:"怎么好劳您的大驾枉顾呢? 我昨夜已经把那篇稿子发到您的电子邮箱了。"

刘备说:"好! 我今天哪儿都不去,马上一睹为快!"

他一回到办公室,便立即打开计算机,找出了那篇陈登随笔。

论管理的游戏规则

1. 管理就是一场控制性的游戏,如果你足够聪明就会赢,否则就只能听天由命了。

2. 为了在游戏中尽可能地胜出,你应该首先设计好游戏的规则——一套完整的职场规则,包括职务权限、员工行为规范,以及"胡萝卜＋大棒"式的奖惩制度。

3. 在游戏面前,您只有两种选择:或者,你确信自己能够赢,于是你投入足够多的能量来赢得一切;或者,你不进行这个游戏。

4. 如果你只是希望而并非确信,那么,在这场游戏中你是否能赢的决定权就不在自己手中。一颗不安定的心会阻止你按决定行动,从而使决定是否获胜的大权旁落。

5. 因为每一个参与游戏的人都是你生活中的一部分,如果你能够控制自己,你就能战胜所有人。

6. 很多时候你可以发现,为了自己能赢,最好的办法是和别人联合起来共赢。奇怪的是,在一场共赢游戏中总有人会输。而如果你足够聪明,那个输的人就不是你。

7. 你是所有人的对手,你或者被利用或者被清除;所有人也都是你的对手,有些人必须要利用,有些人必须要清除。

8. 所有参与游戏的人都在捕捉别人的弱点,并设法加以利用。为此,你必须信念坚定,充满警觉。

9. 因为足够聪明而故意表现出某种弱点(例如装糊涂)是一种聪明的办法,这样就能让你的对手松懈下来。

10. 为了赢得一场控制性的游戏,你应该学会利用情感。你的情感能够打动别人,也能被对手利用。

11. 所谓做人其实就是如何跟对手打交道。你就是你自己最大的对手。

12. 在管理工作中,不要作茧自缚地受困于某种游戏规则。所有的规则都是为了顺利地赢得游戏,请善加利用这些规则。

刘备一边看,一边心中暗自寻思:"这陈登简直太可怕了,他可是把什么都说了。落笔如同挥刀,每一句都可见肉中白骨。有了这篇游戏规则论,我刘备待人处世便如庖丁解牛一般,游刃有余了。如此,何愁干不成一番大事!"

他这么想着,手不自觉地抓起了电话:"陈登,你只要一出手,必见真功夫啊!如果有空,中午一起吃饭吧?"

陈登说:"还一起吃饭哪,有什么事吗?"

刘备说:"我想升你做总经理助理。"

陈登问:"为什么?"

刘备说:"因为你的杰出才能啊。如果没有你陈登,我就不会那么顺利地通过竞选,成为公司的新任总经理。如果没有你陈登,我们就无法稳定军心,公司里很可能出现群起聒噪的局面。你不是说管理是一种控制性的游戏吗?为了公司的全体员工能够共同赢得这场游戏,我需要借助你的智慧和力量。"

陈登沉默了5秒钟,问:"您就不怕别人嫉妒我?咱们还得注意处理游戏中的情感问题呀!"

刘备说:"这点小麻烦,你动个小指头都能搞定。"

陈登说:"话不能这么说。在那篇随笔中,我忘了一句话——每个人都在管理自己的生活,所以人与人的关系是互动的,您也会受到别人某种形式的控制。"

刘备问:"你发现什么新情况啦?"

陈登说:"我听说昨天晚上办公室的糜主任到你二弟关羽家串门,托关二爷做媒,要把她的妹妹介绍给您认识。"

刘备吃了一惊:"你说糜竺?他怎么关心起我的终身大事来了?"

陈登说:"这有点像政治联姻,他想通过他的妹妹来控制您,以巩固他在公司里的地位。好在糜主任是个老实人,没有别的歹意,他的妹妹也很贤惠。您不能只顾事业,而不管自己的私人生活吧?"

刘备轻松地笑了起来:"看来,控制性的游戏在生活中也是无处不在啊!"

"是啊,"陈登在电话里感慨地说,"在人的社会生活中,爱是一种神奇的控制力。"(案例来源:徐国良,王进主编. 企业管理案例精选解析 [M]. 中国社会科学出版社,2009)

项目四 掌握控制的技术与方法

一、质量控制

(一)质量控制的内容

企业单位的质量控制包括产品质量控制和工作质量控制。企业的质量控制既包括对企业物质产品或服务产品的质量控制，也包括对企业各项工作质量的控制。产品质量控制应达到两个方面的要求，其一是产品应达到要求的质量标准，其二是以最低的成本生产出符合质量标准的产品。工作质量控制是指企业为了保证和提高产品质量，对经营管理与生产技术工作进行的水平控制。

(二)全面质量管理

全面质量管理是指企业内部的全体员工都参与到企业产品质量和工作质量过程中，把企业的经营管理理念、专业操作和开发技术、各种统计与会计手段方法等结合起来，在企业中普遍建立从研究开发、新产品设计、外购原材料、生产加工，到产品销售、售后服务等环节贯穿企业生产经营活动全过程的质量管理体系。

二、预算控制

(一)预算的概念

预算是指数字形式表示的计划，预算多数是指财务预算，即用财务数字表示的组织未来经济活动的成本费用和总收入、净收益等。我国的预算一般是指一个组织收入支出方面的计划。预算一般具有计划性、预测性、控制性等特点。

(二)预算的种类

预算的种类有很多，主要有刚性预算与弹性预算、收入预算与支出预算、总预算与部门预算等。

1.刚性预算与弹性预算

刚性预算是指在执行过程中没有变动余地或者变动余地很小的预算。弹性预算是指预算指标留有一定的调整余地，有关当事人可以在一定的范围内灵活执行预算确定的各项目标和要求。

2.收入预算与支出预算

收入预算是对组织活动未来货币收入进行的预算。支出预算是对组织活动未来支出进行的预算。支出预算是企业预算中最重要的预算。

3.总预算与部门预算

总预算是指以组织整体为对象，涉及到组织收入或者支出项目总额的预算。部门预算，是指各部门在保证总预算的前提下，根据本部门的实际情况安排的预算。总预算与部门预算不是简单的整体与部分的关系，二者相互支持、相互补充。

三、工程监理

工程设计是技术和经济上对拟建工程项目的实施进行全面的布置安排，它是工程组织实施的主要依据,是工程建设成败的关键之一。一项设计,除了自身的种种耗费外,还影响到整个工程造价、工期和质量。因此,设计阶段的监理就具有重要意义了,其目的在于预先控制。通过对设计过程的质量、进度和投资目标的有效控制,可以达到既符合建设规范又能满足业主对设计项目功能的要求,如期或提前完成设计任务。

(一)设计阶段监理控制的主要内容及方法

设计阶段监理控制的主要内容应有:工程设计招标文件的编制和发送;选择勘察设计单位;协助审查和评选投标的工程设计方案,审查工程设计实施文件;审查或参与审定设计概算和施工图预算。

设计阶段监理控制工作的一般程序和方法是:深入调查工程所在地及周围条件,了解业主意图,依据总目标编制设计阶段资金使用计划、进度计划,明确设计质量标准要求。在设计开展过程中,监理工程师通过与设计单位以技术磋商等方式充分贯彻业主的建设意图,对设计进行跟踪,除了对设计进行抽查外,在阶段设计中要进行中间审查、阶段审查,完成后还要进行全面审查。

(二)设计阶段的监理控制

1.设计质量控制

确定设计质量目标。设计质量总的目标是在经济性好的前提下使建筑造型、使用功能及设计标准满足业主的要求,令结构安全可靠。

控制设计质量的方法是在设计跟踪中定期审查设计文件。审查的周期长短视项目而异,一般以两周为宜。在审查中,若发现有不符合标准及要求的地方,要求设计单位予以修改,直至符合为止。

控制设备采购质量。设备采购要依据设计图纸充分调查市场,进行产品比较,了解生产厂家的质量,保证体系和生产流程,以确保所购设备的质量。

2.设计进度控制

编制设计阶段进度计划和各工种出图计划。监理工程师要和设计单位、业主协商,根据项目总进度的要求,以初步设计、技术设计、施工图设计、设备采购等主要工作为关键工作安排设计阶段的进度计划。

设计进度动态控制。方法是把每张图纸的设计分解成草图、制图、设计单位自身审核、监理工程师审核和完成五个步骤。在各个步骤实施过程中,监理工程师要定期收集实际完成时间并与计划进行比较,寻找发生偏差的原因,进而提出纠偏的措施。

采购进度控制。在施工图完成后,监理工程师要对设计单位编制的主要材料和设备清单进行审核并分析需要到货的时间要求,和业主一起确定哪些可以由业主采购、哪些需要委托施工单位采购或招标等,编制出详细合理的采购计划。

3. 设计投资控制

设计阶段投资控制的中心思想是预先控制，使设计在满足质量及功能要求的前提下不超过计划投资并尽可能节约投资。

控制设计变更监理工程师要慎重对待，认真分析设计变更对投资和进度带来的影响，并把分析结果提交给业主，由业主最后审定是否需要变更设计。

四、控制系统

（一）控制系统的定义

控制系统是向管理者提供有关组织战略和组织结构能否有效地发挥作用这一信息的正式的目标设定、监督、评估和反馈系统。当出现偏差时，有效的控制系统就会向管理者发出警告，并给他们留出对机会和威胁做出反应的时间。

（二）控制系统的特征

有效的控制系统应具有以下三个特征：

一是它应该足够灵活，以便管理者能对意料之外的事件及时做出反映；

二是它能够提供准确的信息，向管理者提供组织业绩的真实情况；

三是它能够向管理者提供及时的信息（具有时效性的信息）。

（三）控制系统的分类

1. 反馈控制系统

在我们的现实生活中，冰箱的温控系统是典型的反馈控制系统：当冰箱的温控系统察觉到冰箱内部的温度高于预先设定的温度标准时就会发出信号，制冷功能随即启动。随着制冷设备的持续作业，冰箱内部的温度开始下降，当温度开始低于预先设定的温控标准时，温控系统重新发出信号，制冷设备随即停止工作。

应用与管理领域的反馈控制系统，与冰箱的温控系统非常相似，如图 7-4-1 就是一个应用于管理领域的反馈控制系统的工作原理图。

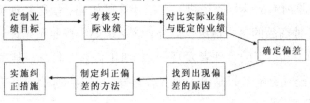

图 7-4-1 反馈控制系统

根据《现代汉语词典》的解释，"反馈"一词有两种解释："反馈"的第一层含义可解释为物理学术语，这里就不详细说明了；"反馈"的第二层含义是"返回"的意思。而在我看来，反馈控制系统中的"反馈"一词就应解释为"返回"的意思，即"返回控制系统"。那么，返回控制系统究竟返回了些什么呢？就我个人的观点来看，主要"返回"了四样东西——目前存在的偏差、出现偏差的原因、纠正偏差的方案以及纠正偏差的进程和效果。

说到这里，我认为有必要帮助同学们理一下思路：

◆每个组织都有其自身的目标；

◆为了实现目标，组织就要制定计划（未来的行动方案和蓝图）；

◆为了判断是否实现了计划，就要建立一个完整的"指标体系"；

◆既然是"指标体系"，说明其中所包含的指标是有层次的，彼此是相关联的；

◆如果指标体系中的每一个指标都能完成，那说明计划就实现了，进而推出组织目标得以实现。

"反馈控制系统"的作用就在于：及时发现指标体系中哪一或哪些指标的完成过程存在偏差，找到偏差出现的原因，指定纠正偏差的可行方案，并通过实施纠正措施来确保指标的完成。

反馈控制系统之所以被称为"反馈控制系统"是因为：只有在"偏差"出现以后它才能够发挥作用，正如前面所介绍的——反馈控制系统所"返回"的都是与"偏差"有关的东西。

2. 即时信息与即时控制系统

即时信息是指"与事件发生同步产生的信息"。正如我们所知道的，即时信息的采集是很困难的；但是随着计算机及网络技术的不断发展，即时信息的采集和分析已经成为可能——今天，几乎所有的航空公司都采用了计算机联网售票系统，这一系统的个重要作用就在于"使每一台联入该系统的终端计算机能够随时了解到每一航班的售票情况及剩余座位的数量"，这样就可以帮助客户即刻订票甚至购票，在节约客户时间的同时增加航空公司的收益。

即时控制系统就是基于对即时信息的采集、分析来实施控制的一种管理控制系统。值得大家注意的是，即时控制系统实际上也属于反馈控制系统，只是"即时控制系统"大幅度提高了业绩考核的及时性。试想，如果能够在第一时间考核业绩，那么就可能在第一时间发现偏差——伊藤洋华堂和一些大型百货公司所采用的商品零售管理系统已经基本上实现了这一设想，伊藤洋华堂通过将所有的终端收银机与主控计算机相连，使得经理可以坐在办公室里就可以轻松地了解到各种商品的销售情况。此外，该系统还会按照预先设计的指标自动对目前的销售信息进行简单分析，帮助管理者发现问题、纠正偏差。例如，某种圆珠笔如果红色的销量远远超过蓝色，经过分析如果是出于消费者喜好的原因，那么今后在进货量时会向红色倾斜，而减少蓝色圆珠笔的进货量。

下面请大家思考这样一个问题——如果能够实现即时信息的采集，是不是真的能够完全做到"即时控制"？至少从目前来看，还很难"完全"做到即时控制，从上面介绍的反馈控制工作原理图中可以发现，即使我们能够在第一时间考核业绩、对比实际业绩和既定指标甚至发现偏差，通常情况下我们也很难在短时间内找到导致偏差出现的原因，更不要说制定纠正偏差的方案以及实施纠正措施了。例如，通过采集仓储的即时信息，伊藤洋华堂能够快速地获得每种商品的库存数量，并发现它们的仓库中积压了某种服装，但是要想分析出导致积压的原因可能就不是一两天所能够解决的问题了，因为原因可能会很复杂（如消费者需求、进货数量、仓储管理不当、进货人员失职等），如果要进一步纠正偏差，可能还要等更长的时间。因而，在现实生活中"即时控制"是很难实现的，而真正意义上的即时控制系统在现实生活中也极为罕见；至于今后"即时控制系统"会不会大量应用于我们的现实生活，我也不敢断言——第一，信息是有"时间价值"的，获得信息越早支付的成本就越高；第二，在整个反馈系统中耗费时间最多的是"找出偏差出现的原因""指定纠正偏差的方案"以及"实施纠正措施"这三个环节；虽然及时衡量业绩是非常重要的，但是如果获得即时信息帮助企业所节省的几天时间，相对于其他环节所消耗的时间总和只是杯水车薪，那么确实值得思考一下"是否有必要付出高昂的成本去获得即时信息"。

3. 前馈控制系统

正如我们前面所介绍的，不论是"反馈控制系统"还是罕见的"即时控制系统"都只能在"偏差出现以后"才能够发挥作用，例如，经理通过阅读 10 月的会计报表来考察公司的财务指标时如果发现亏损，那么这个亏损便已经产生了。至于产生亏损的原因，可能是 9 月甚至 9 月以前的某些错误决策所造成的——换句话说，当反馈控制系统开始发挥作用时"羊已经被狼给叼走了"，此时我们所能做的就是"亡羊补牢"以确保"剩下的羊"今后能够平安无事。同学们可能会问了："我们能不能在狼吃羊之前，就把狼干掉呢?"——这种可能性是存在的，只要能够成功地预测"狼的行踪"并且采取及时、准确的行动来"打狼"，我们就可以有效预防"狼吃羊"这种"牧羊管理偏差"的出现。

前馈控制系统的工作原理与"预防狼吃羊系统"的工作原理非常相似，例如，我们可以通过对前十个月的销售业绩进行分析和评估，预测出按照现在的趋势可能会无法完成今年的销售指标，此时我们可以提前采取行动，例如，通过加大广告的投入力度等来避免"年底无法完成销售指标"这一偏差的出现。

如图 7-4-2 就是一个前馈控制系统的工作原理图：

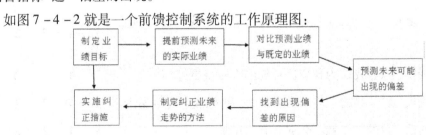

图 7-4-2 前馈控制系统

看了图7-4-2以后，同学们可能有一种"似曾相识"的感觉，实际上这个图与前面介绍的反馈控制系统的工作原理图非常相似，只是略有差别——有些学者认为"在某种意义上，前馈控制系统就是一个'反馈控制系统'"，我也支持这一观点，因为二者的工作原理如出一辙，都是通过纠正业绩上存在的偏差来确保实现组织目标的，只不过前馈控制系统是以"预测的偏差"作为控制依据，而反馈控制系统则是以"实际产生的偏差"作为控制依据。而反馈控制系统则是要等到年底的时候，有的同学可能会问了："采用前馈控制系统，狼被打死了；而采用反馈控制系统，一只羊被叼走了，二者怎么会一样呢？"——实际上，究竟采用什么样的系统，对于那只"被叼走的羊"（某一个指标的暂时实现与否）也许是有区别的，但是对于整个"羊圈"（组织目标的最终实现）可能差别并不很明显；此外，既然是预测，就不可能完全准确，因而风险是一定会存在的——如果错误地预测了狼的行踪，牧民和牧羊犬出击打狼不成，轻者白白浪费时间和精力，严重的还可能被狼趁机拖走更多的羊。

管理小测试：你愿意在多大程度上放弃控制？

提示：通过下列问题，你会对是否放弃足够的控制而又保持有效性的问题有一个明确的认识。

如果你没有工作经验，可根据你所知道的情况和你个人的信念来回答。对每一个问题指明你同意或不同意的程度，在相应的数字上面画圈。

选项	极其赞同				极其反对
1. 我会更多地授权，如果我授权的工作都能像我希望的那样完成	5	4	3	2	1
2. 我并不认为会有时间去合适地加以领导	5	4	3	2	1
3. 我仔细地检查下属的工作并不让他们察觉，这样在必要时，我可以在他们引起大的问题之前纠正他们的错误	5	4	3	2	1
4. 我将我所管理的全部工作都交给下属去完成，我自己一点也不参与，然后我检查结果	5	4	3	2	1
5. 如果我已经给出过明确的指令，但工作仍然没有做好时我感到沮丧	5	4	3	2	1
6. 我认为员工缺乏和我一样的责任心。所以，只要是我不参与的工作就不会干好	5	4	3	2	1
7. 我会更多地授权，除非我认为我会比现任的人做得更好	5	4	3	2	1
8. 我会更多地授权，除非我的下属非常有能力，否则我会受到指责	5	4	3	2	1
9. 如果我授权的话，我的工作就不会那么有意思啦	5	4	3	2	1

10. 当我委任一项任务时，我常常发现最终总是我自己从头干一遍所有的工作　　　　　　　　　　　　5　4　3　2　1

11. 我并不认为授权会提高多少工作效率　　　　　5　4　3　2　1

12. 当我委任一项任务时，我会清楚而又简明地具体说明应该如何完成这项任务　　　　　　　　　　　5　4　3　2　1

13. 由于下属缺乏必要的经验，我不能一厢情愿地授权　　5　4　3　2　1

14. 我发现当我授权时，我会失去控制　　　　　　5　4　3　2　1

15. 如果我不是一个完美主义者，我会更多地授权　　5　4　3　2　1

16. 我常常加班工作　　　　　　　　　　　　　　5　4　3　2　1

17. 我会将常规工作交给下属去做，而非常规工作则必须由我亲自做　　5　4　3　2　1

18. 我的上级希望我注意工作中的每一个细节　　　5　4　3　2　1

参考答案：

累加你的 18 项问题的全部得分，你的分数可以解释如下：

72～90 分 = 无效的授权

54～71 分 = 授权习惯需要大量改进

36～53 分 = 你还有改进的余地

18～35 分 = 优秀的授权

本模块重要概念：

控制　控制标准　预算控制

本模块小结：

在此之前，我们已经学习过了几种基本的管理职能。为了使组织的生产经营活动能按计划进行，就必须采取控制手段，采用多种控制形式和方法，以保证计划在实施过程中不偏离其方向，保证预期的各阶段目标能够顺利实现。在本章中，我们对管理的控制职能进行了分析，主要包括控制的定义、控制的分类及其优缺点、控制标准、控制实施的过程以及控制方法等。

练习与实训：

1. 控制的过程？

2. 控制有哪些类型？

3. 举例说明控制的技术与方法的实际应用。

4. 选取当地一家熟悉的企业，了解企业控制的技术与方法的运用，撰写企业如何运用控制的技术与方法的报告。

模块八

决策管理

学习目标

认识决策；了解决策的类型；掌握决策的方法。

导入案例

布里丹毛驴

法国哲学家布里丹养了一头小毛驴，每天向附近的农民买一堆草料来喂。

这天，送草的农民出于对哲学家的景仰，额外多送了一堆草料放到旁边。这下子，毛驴站在两堆数量、质量和与它的距离完全相等的干草之间犯了难。它虽然享有充分的选择自由，但由于两堆干草价值相等，客观上无法分辨优劣，于是它左看看、右瞅瞅，始终也无法分清楚究竟选择哪一堆好。

于是，这头可怜的毛驴就这样站在原地，一会儿考虑数量，一会儿考虑质量；一会儿分析颜色，一会儿分析新鲜度，犹犹豫豫、来来回回，在无所适从中活活地饿死了。

我们每个人的生活中也经常面临着种种抉择，在如何选择对人生的成败得失关系方面，人们都希望得到最佳的抉择，常常在抉择之前反复权衡利弊、再三仔细斟酌，甚至犹豫不决、举棋不定。但是，在很多情况下，机会稍纵即逝，并没有留下足够的时间让我们去反复思考，反而要求我们当机立断、迅速决策。如果我们犹豫不决，就会两手空空、一无所获。

有人把决策过程中这种犹豫不定、迟疑不决的现象称为"布里丹毛驴效应"。我们没有理由说驴比狼更愚蠢，如果说愚蠢，有时人比驴和狼都蠢。古人讲："用兵之害，犹豫最大；三军之灾，生于狐疑。"

对于主管人员来说，决策是最重要、最困难、最花费精力和最冒险的事情。国外有人曾做过调查，"每天花时间最多的是在哪些方面，每天做的重要事情是什么，在履行职责时感到最困难的是什么？"大多数主管人员的回答是决策。也正因为如此，决策活动引起了管理学家、心理学家、社会学家乃至数学家和计算机科学家们的极大关注，并且成为了一门独立研究领域——决策科学。

决策是管理工作的本质。管理的各项职能——计划、组织、领导和控制——都离不开决策。(资料来源:周三多编著.管理学原理 [M].南京大学出版社,2009)

项目一 认识决策

一、决策的含义

对于决策的定义,许多管理学家都进行过探讨。狭义的决策是指在几种行动方案中进行选择,即人们为了达到一定目标,在掌握充分的信息和对有关情况深刻分析的基础上,用科学的方法拟定并评估各种方案,并从中选出合理方案的过程。在《哈佛管理丛书》中,决策的定义是:"考虑策略(或办法)来解决目前或未来(问题)的智力活动。"这个定义突出了决策的目的和目标是为了解决问题,同时也说明决策是智力活动。

决策还有广义的含义。决策理论学派代表人物 H. A. 西蒙认为,决策是一个过程,可以划分为四个主要阶段,即(1)找出制定决策的理由;(2)找到可能的行动方案;(3)对诸行动方案进行评价和抉择;(4)对于付诸实施的方案进行评价。决策过程的前三个阶段,与人类解决问题的思维过程的基本步骤紧密联系,主要关心的是:问题是什么?备选方案是什么?哪个备选方案最好?显然,前三个阶段是决策过程的核心,然后经过执行过程中的评价阶段,又进入一轮新的决策循环,因此决策实际上是一个"决策—实施—再决策—再实施"的连续不断的循环过程,贯穿于全部管理活动的始终,即贯穿于计划、组织、领导和控制活动之中。由此可见,广义的决策实际上就是指管理的全过程了。

正确地理解决策的含义和决策过程中各阶段的基本要求,对于改进现实中的决策工作是有很大意义的。

二、决策的原则

决策遵循的是满意原则,而不是最优原则。对于决策者来说,要想使决策达到最优,必须满足以下条件:

1. 容易获得与决策有关的全部信息。

2. 真实了解全部信息的价值所在,并据此制定所有可能的方案。

3. 准确预期每个方案在未来的执行结果。

现实中上述这些条件往往得不到满足，具体来说：首先，组织内外存在的一切对组织的现在和未来都会直接或间接地产生某种程度的影响，但决策者很难收集到反映这一切情况的信息；其次，对于收集到的有限信息，决策者的利用能力也是有限的，从而决策者只能制定数量有限的方案；最后，任何方案都要在未来实施，而人们对未来的认识是不全面的，对未来的影响也是有限的，从而决策时所预测到的未来状况可能与实际的未来状况有出入。

正因为存在着不完整的信息和有限的理性，所以管理者在进行决策时应遵循满意原则而非最优原则。

三、决策的类型

(一) 例行问题和例外问题

尽管主管人员的主要任务是做决策，但大量管理实践表明，一位主管人员整天忙于做出各种各样的决策常常是一种管理不善的征兆。事实上，当问题已经发生，还没有着手解决前，应首先自问一下："是不是需要一项决策？"这里思考的出发点是正确判明问题的性质，即完全是属于例行问题还是例外问题。

例行问题是指那些重复出现的、日常的管理问题。处理例行问题的特点，从根本上说，不是要每次都做决策，而是要建立某些制度、规则或政策，使得当问题重复发生时不必再做决策，而只需要根据已有的制度和规则按照例行程序处理即可。管理者每天大量遇到的是例行问题，例如产品质量、设备故障、现金短缺、供货单位未按时履行合同等方面的问题。

只有那些偶然发生、新颖、性质完全清楚、结构上不甚分明的、具有重大影响的问题才属于例外问题，例如，组织结构变革问题；重大的投资问题；开发新产品或打入新市场的问题；长期存在的产品质量隐患问题；重要的人事任免问题；重大政策的制定问题等。这类问题为数不多，但却是真正要求主管人员倾注全部精力、逐项逐个认真研究并进行正确决策的问题。

处理例行问题和例外问题，无论是从决策的性质上还是从方法上来看，都是两种不同类型的决策。前者一般有先例可循，有政策和规则可依；而后者往往缺乏信息资料，无先例可循，无固定模式可以套用，最终解决问题可能需要创新。问题的种类不同，往往对应着不同的决策类型。

(二) 决策的类型

1. 长期决策与短期决策

长期决策是指有关组织今后发展方向的长远性、全局性的重大决策，又称为长期战略决策，如投资方向的选择、人力资源的开发和组织规模的确定等。短期决策是为实现长期战略目标而采取的短期策略手段，又称短期战术决策，如企业日常营销、物资储备以及生产中资源配置等问题的决策都属于短期决策。

2.战略决策、战术决策与业务决策

战略决策对组织最重要，通常包括组织目标、方针的确定，组织机构的调整，企业产品的更新换代，技术改造等。这些决策涉及到组织的方方面面，具有长期性和方向性特点。战术决策又称为管理决策，是在组织内贯彻的决策，属于战略决策执行过程中的具体决策。战术决策旨在实现组织中各环节的高度协调与资源的合理使用，如企业生产计划和销售计划的制定、设备的更新、新产品的定价以及资金的筹措都属于战术决策的范畴。业务决策又称为执行性决策，是日常工作中为提高生产效率、工作效率而作出的决策，涉及范围较窄，只对组织产生局部影响。属于业务决策范畴的主要有：工作任务的日常分配和检查、工作日程（生产进度）的安排和监督、岗位责任制的制定和执行、库存的控制以及材料的采购等。

3.集体决策与个人决策

从决策的主体看，可把决策分为集体决策与个人决策。集体决策是指多个人一起作出的决策，而个人决策则是指单个人作出的决策。相对于个人决策而言，集体决策有一些优点：能更大范围地汇总信息；能拟定更多的备选方案；能得到更多的认同；能更好地沟通；能作出更好的决策等。但集体决策也有一些的缺点，如花费较多的时间、产生"群体思维"以及责任不明等。

4.初始决策与追踪决策

从决策的起点看，可把决策分为初始决策和追踪决策。初始决策是零起点决策，它是在有关活动尚未进行从而环境未受到影响的情况下进行的。随着初始决策的实施，组织环境发生变化，在这种情况下所进行的决策就是追踪决策。因此，追踪决策是非零起点决策。

5.程序化决策与非程序化决策

前面提到例行问题和例外问题，西蒙从解决上述两类不同性质的问题出发，将决策分为程序化决策和非程序化决策。所谓程序化决策，是指决策可以程序化到呈现出重复和例行的状态，可以程序化到制定出一套处理这些决策的固定程序，以至于每当它出现时不需要再进行重复处理。与此相反，决策非程序化表现为决策的新颖、无结构，具有不寻常影响，处理这类问题没有灵丹妙药，因为这类问题在过去尚未发生过，是一种例外问题。程序化决策涉及的是例行问题，而非程序化决策涉及的则是例外问题。

6.确定型决策、风险型决策与不确定型决策

从环境因素的可控程度看，可把决策分为确定型决策、风险型决策和不确定型决策。确定型决策是指在稳定（可控）条件下进行的决策。在确定型决策中，决策者确切知道自然状态的发生，每个方案只有一个确定的结果，最终选择哪个方案取决于对各个方案结果的直接比较。风险型决策也称为随机决策，在这类决策中，自然状态不止一种，决策者不能知道哪种自然状态会发生，但能知道有多少种自然状态以及每种自然状态发生的概率。不确定型决策是指在不稳定条件下进行的决策。在不确定型决策中，决策者可能不知道有多少种自然状态，即便知道，也不能知晓每种自然状态发生的概率。

课堂小故事：

一只理想主义的猪

改革开放了，又加入世界贸易组织了，动物庄园一派繁荣景象，与西方资本主义国家的落寞萧条形成了明显对比。最近，在改革东风的吹拂下，动物庄园兴起了一轮房地产热，牛、猪、鸡、鸭都搞起了房地产，房地产峰会、明星对话论坛此起彼伏、好不热闹。

话说动物庄园里一只理想主义的猪和一只结果导向的猪，兄弟俩不甘人后，也搞起了房地产。他们各自组建了一个房地产公司，分别培养了一支理想主义和结果导向的职业经理人队伍。有一天，他们做了一个约定：比赛谁的企业做得大、赚的钱最多。

理想主义的猪做事一向追求完美。他想，企业做大，首先必须要有一套先进的企业管理制度。但动物庄园作为发展中国家，大部分优秀的庄园企业在他人眼中只算是"小企业"，没有这方面的经验。于是，他花一笔钱请来山姆家的麦卡管理咨询顾问，引进了一套先进的绩效管理体系，有了一个宏伟的百年战略规划。每年年终，他会根据绩效评估结果奖励那些做事规范、工作完美的理想主义的猪。

理想主义的猪雄心勃勃地设想，有了这些先进的管理模式，只要能够有效管理、合理评估每只理想主义的猪的工作，在一个完善的管理团队中，所有这些理想主义的猪各司其职，就可以推动企业方阵朝着既定的目标迈进。

结果导向的猪做事一向实际。他想，企业最终必须要靠业绩说话，而良好的业绩首先必须有良好的销售。于是，他也花一笔钱买了一套销售和客户管理软件，通过分析客户需求建造并且销售房子，又通过销售结果分析客户需求的变化。他也设立了一套激励制度，重奖当月为销售作出重大贡献的结果导向的猪。如果房子的销售总量高于上月，那么所有结果导向的猪都将即时受到分量不一的奖励。

一年过去了，双方比较比赛的结果，理想主义的猪不如结果导向的猪的一半。理想主义的猪大惑不解，花了这么多钱设立的管理体系怎么会不管用？

他花了相当多的时间到企业中去调查，发现所有理想主义的猪都在努力工作，早上唱着"早起的鸟儿有虫吃"去上班，晚上还自觉主动地加班，费了惊人的时间和精力将每一件事情都打磨完美。在管理体系之下，所有的工作都受到层级严密的控制，同时所有工作也都依从上级的安排和指令。但由于出现了一些投入巨大但产出不大、意义不大乃至错误的事情，不少理想主义的猪备受打击，产生了挫折和沮丧情绪。与此同时，在一个等级森严的体系中，人们花费大量的时间去跟其他部门进行沟通，部门之间充斥着一股相互抱怨的语气……

他又到结果导向的猪的企业中进行考察和交流，发现他们的企业制度虽然不尽完善，但个个目的明确、行动迅速、应变灵活，人员少于理想主义的猪，但开发的楼盘却比自己还多。产品不算最好，但销量很好……

这些都让理想主义的猪感到无比困惑：完美的制度竟然不如粗放的管理，无论如何都是一件不可思议的事情。

原因何在呢?(资料来源:周三多编著.管理学原理[M].南京大学出版社,2009)

分析:正确决策的制定要符合实际,切忌生搬硬套虽然已经成功的管理制度。

项目二 决策有哪些过程与行为

一、决策的过程

决策并非主观武断或盲目"拍板"。科学的决策,应当通过认真的研究、实事求是的分析,去粗取精、去伪存真,由此及彼、由表及里,把握住事物变化的规律,从而作出合理、可行的决断。因此,为了保证决策的正确与合理,决策应按照科学的程序进行,并且决策过程的每一个阶段都要有一定的基本要求。

(一)识别机会或诊断问题

决策者必须知道哪里需要行动,从而决策过程的第一步是识别机会或诊断问题。管理者通常会密切关注与其责任范围有关的各类信息,包括外部的信息和报告以及组织内的信息。实际状况和理想状况的偏差提醒管理者潜在机会或问题的存在。关键问题抓不准或者问题的要害抓不准,就解决不了问题,所作出的各种决策就不可能是合理有效的。同样的,对于机会的识别不准或者不及时,也不利于作出正确的决策。

(二)识别目标

目标体现的是组织想要获得的结果。决策者除了要明确组织面临的机会和问题外,还需要明确决策的目标。实践证明,失败的决策往往是由于决策目标不正确或不明确。犹豫不决,通常也是由于目标很模糊或设立得不合理。目标的衡量方法有很多种,如我们通常用货币单位来衡量利润或成本目标,用每人时的产出数量来衡量生产率目标,用次品率或废品率来衡量质量目标。

根据时间的长短,可把目标分为长期目标、中期目标和短期目标。长期目标通常用来指导组织的战略决策,中期目标通常用来指导组织的战术决策,短期目标通常用来指导组织的业务决策。无论时间长短,目标总是指导着随后的决策过程。

(三)拟定备选方案

一旦机会和问题被正确地识别出来,管理者就要提出达到目标和解决问题的各种方案来。这一步骤需要创造力和想象力，管理者必须要把其试图达到的目标牢记于心，并且要提出尽可能多的方案来。决策的基本含义是抉择。如果只有一种方案，无选择余地，也就无所谓决策了。国外有一条管理人员熟悉的格言：如果看来只有一种行事方法，那么这种方法很可能是错误的。要求拟定多个备选方案的过程，通常是一个创新的过程。所拟定的备选方案要具备以下条件：(1)能够实现预期目标；(2)各种影响因素都能定性与定量地分析；(3)不可控的因素也大体能估计出其发生的概率。

(四)评估备选方案

确定所拟定的各种方案的价值或恰当性，即确定最佳方案。为此，管理者起码要具备评价每种方案的价值或相对优势/劣势的能力。在评估的过程中，要使用预定的决策标准（如想要的质量）以及每种方案的预期成本、收益、不确定性和风险。最后对各种方案进行排序。

在方案选择方面，主要的困难往往是由于存在多个目标，且各个目标间可能存在冲突，"既要马儿跑得快，又要马儿不吃草"，这是不可能的。然而，现实中让马儿跑得更快、草吃得更少的事情不但比比皆是，而且正是人们实际追求的目标。为了解决目标决策的困难，通常的方法是根据目标的相对重要性排出先后顺序，然后通过加权求和的方式将其综合为一个目标；或者将一些次要目标看作决策的限制条件，使某个主要目标达到最大（或最小）来选择方案。多目标决策问题至今仍是一个非常活跃的研究领域。

(五)作出决定

在决策过程中，管理者通常要做出最后抉择，但作出决定仅是决策过程的一个步骤。尽管选择一个方案看起来简单——只需要考虑全部可行方案并从中挑选一个能最好解决问题的方案，但实际上做出选择是很难的。由于最好的决定通常建立在仔细判断的基础上，所以管理者要想做出一个好的决定来必须仔细考察全部事实，确定是否可以获取足够的信息以及最终选择最好的方案。

(六)选择实施方案

方案的实施是决策过程中至关重要的一步。在方案选定后，管理者就要制定实施方案的具体措施和步骤了。实施过程中通常要注意做好以下工作：(1)制定相应的具体措施，保证方案的正确实施；(2)确保与方案有关的各种指令能被所有有关人员充分接受和彻底理解；(3)应用目标管理方法把决策目标层层分解，落实到每一个执行单位和个人；(4)建立重要的工作报告制度，以便及时了解方案进展情况并进行调整。

(七)监督和评估

一个方案可能涉及较长的时间，在这段时间，形势可能会发生变化，而初步分析建立在对问题或机会的初步估计上，因此，管理者要不断对方案进行修改和完善，以适应变化的情况。同时，连续性活动因涉及到多阶段控制而需要定期分析。由于组织内部条件和外部环境的不断变化，管理者要通过不断修正方案来减少或消除不确定性，定义新的情况，建立新的分析程序。

二、决策的行为

迄今为止，我们一直把决策过程作为一种合理、合乎逻辑的过程来看待。但对于决策过程来说，还有其他因素起着重要的影响作用，这就是决策行为，包括个人的行为特性和群体在决策中的行为特性。

(一)个人因素

心理学的基本观点之一是强调个人在心理上的差异，决策作为人们的一种思维心理活动自然也不例外。这些差异体现在决策者感知问题的方式、处理情报资料从中获取信息的能力、乐于发掘各种方案的意愿和对决策风险的态度等方面。个人之间的差异决定最后选择的方案的特征，并将影响实施决策时的魄力和果断性。

影响决策过程的行为特性有很多，其中影响最大、起决定作用的主要有两个方面，即个人对问题的感知方式和个人的价值观。

1. 个人对问题的感知方式

所谓感知，即通过感觉而形成的知觉，它是对事物的各种不同属性、各个不同部分及其相互关系的综合反映，即对事物整体的反映。感知在确定决策问题、处理决策的情报资料、拟定决策的可行方案等方面起着重要的作用。心理学研究表明，影响人们对问题感知的主要因素是经验。感知不是感觉的简单总和，感知中包含的某些成分并非都来自当时的感觉，而是在过去经验的基础之上产生的。通常情况下，经验丰富的主管人员会有良好的直觉，这也提醒我们，在进行关键的非程序化决策时应重视经验和直觉。

2. 个人价值系统

个人价值系统是个人的思想、价值观、道德标准、行为准则等所构成的相对稳定的思维体系。具体讲，包括个人对成就、财富、权力、责任、竞争、冒险、创新等的欲望，以及对正确与错误、好与坏、真与伪、善与恶、美与丑、得与失，或其他类似的对立事物所持的观点。个人价值系统对决策过程特别是最后的方案抉择起着重要的影响和决定作用。

概括而言，个人价值系统对决策的影响作用主要表现在以下两个方面。第一，它影响决策者以某种特殊的心理准备状态来反映刺激物。例如，一个人往往以他正在感知的某种准备状态，或他情绪的某种状态，甚至某种先入为主的准备状态来反映感知对象。心理学称这种心理状态为定式或心向。第二，个人价值系统影响着决策者的判断，包括对问题的判断、对情报信息的判断和对方案的抉择。例如，在某企业的上层主管人员中，对国家紧缩信贷、压缩基建规模、控制经济过热等措施，有人认为会给企业发展造成困难，有人则认为这反而会给企业的发展带来机会。

一个成功的主管人员，必须具有合理、健康、积极、符合社会发展要求、良好的个人价值系统。

（二）群体因素

在正式组织里，一个人不作为群体成员而独立完成决策制定的全过程是非常罕见的。因此，决策不仅受到个体心理的影响，还受到群体心理的影响。这里的群体是指进行活动且相互制约的人群或人们的共同体。例如，企业中各级、各部门的领导班子、厂务委员会、生产班组等。

群体有自己特有的心理现象，例如舆论、内隐的规范（默契）、士气、情绪气氛、风尚、社会助长现象和从众现象等。个体心理是头脑的机能，是外部世界的主观映像；而群体心理则是普遍存在于各个群体成员头脑中，反映群体社会关系的共同心理状态与心理倾向。

群体心理对决策的影响，既有积极的方面，也有消极的方面。群体制定决策的一个最大优点，是群体可能比任何单个成员具有更广泛的知识和经验。这势必有利于确定问题和备选方案，并且能够更严格地分析所制定的方案。群体决策的最主要缺点是可能会产生"从众现象"。

从根本上说，群体参与决策的潜在效益能够发挥到什么程度以及最终的效果如何，取决于主管人员的领导水平。作为群体的领导人，应具有创造一种鼓励每个成员作出充分贡献环境的才能机会。一方面，主管人员必须引导群体的讨论，这样才能得到质量最高、符合规定目标的决策；另一方面，主管人员必须承担起作出最后抉择并坚持实施的责任，而不应滥用表决的方式，把责任推给大家。

课间案例

群策群力

美国通用电气总裁杰克·韦尔奇曾经在公司内部全面展开了一项名为"群策群力"的活动，就是发动全体员工动脑筋，想办法提建议，以此来改进工作效率的活动。这种活动有多种模式，最常见的模式被称为"市政会议"，即公司的执行部门从不同层次、不同岗位抽出几十人或上百人到宾馆参加为期三天的会议。第一天开始时，部门负责人向参加会议的职工简单介绍会议的目的、方法和程序，然后离开会议让与会职工分五六个小组讨论工作中存在的问题及解决方案。这种讨论要进行两天，第三天各小组向大会报告其讨论结果与建议，部门负责人当众回答问题，并且必须选择三种答复之一：其一是当场拍手同意，其二是否决，其三是需要进行了解情况但需要在双方认可的日期内答复。部门负责人在答复问题时，其上司也要出席会议，但不发表评论，只是来了解职工的意见和观察下属决策问题的能力。

在会场上，有意识地将职工的座位都排为背对他的上司，这使他在答复问题时无法与上司交换意见。这种"群策群力"讨论会的结果明显，不仅会带来显著的经济效益，而且还能让职工广泛参与管理，从而大大提高职工的工作热情。现在，"群策群力"讨论会已成为通用电气公司一种日常性的活动，随时都可以根据需要举行，参与的人员也从职工扩大到了顾客、用户和供应商。

启示：事实证明，群体凝聚力、群体领导者的行为与外部人员的隔离是关系到决策成功与否的关键因素。在凝聚力强的群体内部，通常讨论会较多，所以能够带来更多的信息，但是这种群体标准没有更多的反对意见。在群体内，如果领导公正和鼓励群体成员提出自己的意见，那么群体成员就会探索出更多解决问题的方法并进行更多的讨论。但是在重要的决策问题上，群体必须要避免附和性与极端化的危险，还要避免群体的过度自信，在任何情况下群体的领导如果希望群体决策更有效果，就应多寻求不同的意见并保留群体成员自己的意见。

课间案例

1. 不做决策为什么？

人们常说：不在其位，不谋其政。而如果占据了某个位子，就需要进行决策并对所做的决策承担责任，责、权、利是三位一体的。

G公司是一家中外合资企业，但是随着合资年限的延长，原来在企业管理上的优良传统逐渐消失，出现了许多问题，被一些企业内部员工嘲笑为"在管理上中国化了"。其中一个问题就是职能部门不愿意做决策。在G公司，运营部是与企业生产经营相关联的核心，承担着计划、组织、协调、控制、检查和考核等的统筹管理工作，也成为一些部门推脱责任的最佳选择。

例如：

品质部发现车间的钢板上有锈，有几种除锈方法，如何除锈本来是品质部职责范围内的事，但是却专门写了一个申请，请运营部做出如何除锈的决策。

技术部负责积压物资的改造，在性能上是否满足使用要求当然是由技术部来判断，但是他们把皮球踢给了运营部，认为自己无权力拍板。

采购部在钢管的定尺采购问题上与生产部起了争执，却非要请运营部给出正式的处理意见……

这些本来应该由各职能部门自己做决定并加以解决的问题，竟然不约而同地推给了运营部，要求运营部代为做出决策，而把自己部门放在执行的位置上，这到底是为什么？

原因其实很简单，大家心里也都非常清楚，就是做决策要承担一定的风险。如果做不好，很可能被考核部门记录、被总经理批评，因此，最好由其他部门来做决策，而自己可以不承担或者少承担失败的责任。在这种心理的作用下，作为公司生产核心的运营部自然成为了一个委托决策的最佳部门。

对于这些明显属于各职能部门责任范围的工作，运营部的员工们当然不愿意承担，而一些部门竟然以"我们已经通知你部门了，如果影响了生产我们不负责"来要挟，使之成为面对企业损失谁先沉不住气的比赛。作为企业生产核心的运营部的员工具有比较强烈的责任心，只好出头来解决。由于大多数工作不属于运营部的职责范围，如果进行处理有可能被认为越权，因此运营部被逼得创造出了"工作协调会"的决策方式，召集各有关部门开会，以会议决议的形式做出决策，从而既解决了代职能部门做决策的问题，又保证了生产基本顺利运行。

问题解决了，但是企业的管理成本却上升了，而且这种成本的增加是隐性的，很难用确定的金额来度量，反而被视为正常的运营成本，给企业造成了隐形的损失。日本丰田公司提出生产现场存在着"七种"浪费，目前已经得到企业界的重视，正在努力加以解决。但是我们认为，类似于上述现象的管理中的"浪费"更多、更严重，危害也更大，解决起来困难更多，而且还没有引起重视。而如果能够有效地消除管理工作中的部分隐性浪费，则可能使管理效率大幅度提升，使企业获得更大的效益。（案例来源：徐国良，王进主编. 企业管理案例精选解析［M］. 中国社会科学出版社，2009）

课间案例

2. 决策重要还是执行重要？

到底是决策重要还是执行重要？这是企业管理当中的一个经典话题。前滚石中国总经理薛中鼎举了一个生动具体的生活情景来阐述这一问题。女儿在美国伊利诺州读西北大学，暑假在纽约找到了一个工读的机会。她感到很兴奋并在曼哈顿安排好了与朋友同住。到了纽约，她才发现公司的地点(Syosset, Long Island)离她所喜欢的曼哈顿要转车三次，仅单程就要耽误两个小时。而且公司附近没有公寓出租，没有地铁，也没有公车。为了解决上班的交通问题，薛中鼎只好卖上老面子，拜托20多年不见的老友专车接送女儿。工读的内容，无非是送邮件、查资料、听老员工絮叨。女儿混了三天，终日为奔波所苦，工作又很无聊。于是女儿问他该怎么办，是否要苦撑完整个暑假，他是如何指导女儿的呢？这其实就是管理上的一个重要课题——"决策重要还是执行重要？"薛中鼎跟在美国受教育的女儿说了两句英文格言：第一句是"work smart and work hard"，中文意为要用巧力也要用苦力。但是要注意的是，巧力优先于苦力。第二句是"do the right things and do the things right"。中文意为"先选对了事情做，再把事情做对"。选对事情的重要性大于把事情做对，即决策的优先顺序是高于执行的。他跟女儿说，在很多情况下，一定要重视什么是最合适的选择。以工读来说，选择的公司是不是最适合她个人的特质与状况是最重要的。选择正确，以后的努力便很容易得到好的回报。而选择不正确，以后的努力往往都是枉然。比如，盖房子就要选择好地址与地段，选得不合适，再努力也未必会有好结果。因此，多花些时间与精力做正确的选择决策，从长远来看是绝对值得的。在薛中鼎的指导下，女儿快速做了决定，离开了那个地方，找了一个在曼哈顿广告公司工读的机会，为美国总统大选做一些相关的文宣设计。地点方便，她也能享受工作的乐趣。薛中鼎也可以不用麻烦多年不见的老友，继续为了女儿原先不太 smart 的决策而 work hard。（案例来源：徐国良，王进主编. 企业

管理案例精选解析［M］.中国社会科学出版社，2009)

项目三 决策有哪些方法

在决策中，为了保证管理决策的正确性，必须要利用科学的决策方法。科学的决策方法包括：集体决策方法、关于组织活动方向和内容的决策方法，以及在既定方向下从事某项活动的不同方案选择的方法。

一、集体决策方法

(一)头脑风暴法

头脑风暴法是比较常用的集体决策方法，通常是将对解决某一问题有兴趣的人集合在一起，使其在完全不受约束的条件下敞开思路、畅所欲言。该方法便于发表创造性意见，主要用于收集新设想。头脑风暴法的创始人英国心理学家奥斯本(A. F. Osborn)为该决策方法的实施提出了以下四项原则：

1.对别人的建议不做任何评价，将相互讨论限制在最低限度内。

2.建议越多越好，在这个阶段，参与者不要考虑自己建议的质量，想到什么就应该说出来。

3.鼓励每个人独立思考，广开思路，想法越新颖、越奇异越好。

4.可以补充和完善已有的建议以使它更具有说服力。

头脑风暴法的目的在于创造一种畅所欲言、自由思考的氛围，诱发创造性思维的共振和连锁反应，产生更多的创造性思维。这种方法的时间安排应在1~2小时，参加者以5~6人为宜。

(二)名义小组技术

在集体决策中，如对问题的形式不完全了解且意见分歧严重，则可采用名义小组技术。在这种技术下，小组的成员互不通气，也不再一起讨论、协商，从而小组只是名义上的。这种名义上的小组可以有效地激发个人的创造力和想象力。

在这种技术下，管理者先召集一些有知识的人，把要解决问题的关键内容告诉他们，并请他们独立思考，要求每个人尽可能地把自己的被选方案和意见写下来，然后再按次序让他们一个接一个地陈述自己的方案和意见。在此基础上，由小组成员对提出的全部被选方案进行投票。根据投票结果，赞成人数最多的被选方案即为所要的方案。当然，管理者最后仍有权决定是接受还是拒绝这一方案。

(三)德尔斐技术

德尔斐技术是兰德公司提出的,被用来听取有关专家对某一问题或机会的意见。如管理者面临一个有关用煤发电的重大技术问题时,运用这种技术的第一步是要设法取得有关专家的合作(专家包括大学教授、研究人员以及能源方面有经验的管理者)。然后把要解决的关键问题(如把煤变成电能的重大技术问题)分别告诉给专家做出估计。在此基础上,管理者收集并综合各位专家的意见,再把综合后的意见反馈给各位专家,让他们再次进行分析并发表意见。在此过程中,如遇到差别很大的意见,则要把提供这些意见的专家集中起来进行讨论并加以综合。如此反复多次,最终形成代表专家组意见的方案。

运用该技术的关键是:

1. 选择好专家,这主要取决于决策所涉及的问题或机会的性质。

2. 决定适当的专家人数,一般 10 ~ 50 人较好。

3. 拟订好意见征询表,因为它的质量直接关系到决策的有效性。

二、确定活动方向的分析方法

(一)经营单位组合分析法

经营单位组合分析法是由美国波士顿咨询公司首先提出来的,他们认为大部分公司都有两个以上的经营单位,每个经营单位都有相互区别的产品—市场片,公司应该为每个经营单位分别确定经营方向。他们将企业在市场上的相对竞争地位和业务增长情况作为考虑的两个重要因素,以此可将企业的经营分为四种:金牛经营单位、明星经营单位、幼童经营单位和瘦狗经营单位。不同经营单位的决策选择如图 8 - 3 - 1 所示。

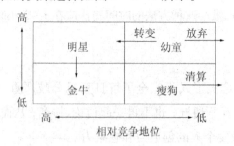

图 8 - 3 - 1 企业经营单位分类组合

1."金牛"经营单位的特点是市场占有率较高,而业务增长率较低。较高的市场占有率能够带来高额利润和高额现金,而较低的业务增长率只需要少量投资。这样,"金牛"经营单位就可以提供大量现金去满足整个公司的经营基础需要。

2."明星"经营单位的特点是市场占有率和业务增长率都较高,因而所需要和所产生的现金数量都很大。这种经营单位代表着最高利润增长率和最佳投资机会,因此,应该增加必要的投资,扩大生产规模,以维持其有利的市场地位。

3."幼童"经营单位的特点是业务增长率较高,而目前的市场占有率很低,这可能是企业刚刚开发有前途的经营领域。较高的增长速度需要大量投资,而较低的市场占有率只能提供少量的现金。因此,企业应投入必要的资金,以提高市场份额、扩大销售量,使它转成"明星"。如果企业认为这种新的领域不可能转变为"明星",则应及时采取放弃策略。

4."瘦狗"经营单位的特点是市场份额和业务增长率都比较低。由于市场份额和销售量都比较小甚至出现负增长,因此,这种经营单位只能带来较少的现金收入和利润,而维持生产能力和竞争地位所需的资金甚至可能超过它们所提供的现金收入,从而可能成为资金的陷阱。企业对这种不景气的经营单位应缩小规模或放弃经营。

在运用经营单位组合分析法确定经营方向时应采取以下五个工作步骤:

1.把公司分成不同的经营单位;

2.计算每一单位的市场占有率和业务增长率;

3.根据在企业中占有资产的多少来衡量各经营单位的相对规模;

4.绘制公司的整体经营组合图;

5.根据每一单位在图中的位置,确定应选择经营的方向。

经营单位组合分析法是以"企业的目标是追求增长和利润"这一基本假设为前提的。拥有多个经营单位的企业具有这样的优势:它可以将当前获利较高而潜在增长率不高的经营单位所创造的利润,投向那些增长率高、潜在利润也高的经营单位,从而使资金在企业内部得到最有效的利用。

(二)政策指导矩阵

政策指导矩阵法是由荷兰壳牌公司创立的。这种方法用矩阵的形式,根据市场前景和相对竞争地位来确立企业不同经营单位的现状和特征。市场前景由盈利能力、市场增长率、市场质量和法规限制等因素决定,分为吸引力强、中等和无吸引力三种;相对竞争能力受到企业在市场上的地位、生产能力、产品研究和开发等因素的影响,分为强、中、弱三种。由此可见,可将企业的经营单位分成九种不同的类型,如图 8-3-2 所示。

图 8-3-2 政策指导矩阵

处于区域 1 和区域 4 的经营单位竞争能力较强，也有足够理想的市场前景，都应优先发展，保证这些经营单位所需的一切资源，以维持它们有利的市场地位。

处于区域 2 的经营单位，虽然市场前景很好，但企业未能充分利用这种发展机会，同时该经营单位已有一定的经营基础，但还不够充分。因此，企业应努力通过分配更多的资源以加强其竞争能力。

处于区域 3 的经营单位要求企业投入大量的资源，才能提高企业在该领域的竞争能力，但考虑到企业的资金情况，其可以采取两种不同的决策方式，一是选择少数最有前途的业务，增加投入、加速发展；二是放弃该业务领域。

处于区域 5 的经营单位，一般在市场上有 2~4 个强有力的竞争对手，因此，没有一个公司处于领先地位。可采取的对策是分配足够多的资源，使之能够随着市场的发展而发展。

对于区域 6 和区域 8 的经营单位，由于市场吸引力不大，且竞争能力较弱，或虽有一定的竞争实力，但市场吸引力很小，因此，应缓慢地从这些经营领域中退出，以收回尽可能多的资金，投入到盈利更大的经营部门。

对于区域 7 的经营单位，企业可以利用自己较强的竞争实力去充分开发有限的市场，为其他快速发展的部门提供资金来源，但该部门本身不能继续发展。

对于区域 9 的经营单位，因其市场前景暗淡，企业本身实力又较小，所以应尽快放弃该业务单位，并将其资金转移到更有利的经营部门。

三、选择活动方案的评价方法

根据决策方案在未来实施的经济效果的确定程度，可将评价方法分为确定型、风险型和非确定型三类。

（一）确定型评价方法

确定型评价方法是用来评价人们对未来的认识比较充分，能够比较准确地估计方案所涉及各个因素的未来情况，从而可以比较有把握地计算各方案在未来的经济效果，并据此作出选择的方法。该类方法主要有盈亏平衡分析法、内部投资回收率法、价值分析法。这里主要介绍盈亏平衡分析法。

盈亏平衡分析法也称为量本利分析法，它是通过分析成本、销售收入和销售数量三者的关系，掌握盈亏变化的规律，指导企业选择能够以最小的投入获得最大产出的经营方案。

企业的利润是销售收入扣除生产成本以后的剩余，其中销售收入是产品销售数量及其销售价格的函数，生产成本包括固定成本和变动成本。图 8-3-3 描述了企业利润、生产成本和销售收入之间的关系。

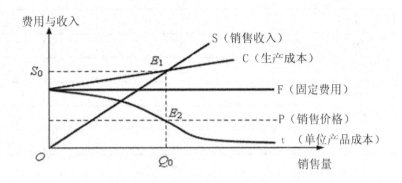

图 8 - 3 - 3　盈亏平衡分析

企业获得利润的前提是生产过程中的各种消耗能够得到补偿，即销售收入至少要等于生产成本。为此，企业必须确定保本点产量和保本点的收入。计算过程如下（假设企业生产的产品全部售出，即产品产量等于产品的销售量）：

销售收入 ＝ 产量×单价

生产成本 ＝ 固定成本 ＋ 变动成本

盈亏平衡点产量 ＝ 固定成本/（单价 － 单位成本） ＝ 固定成本/单位产品贡献值

上述公式表明，当单位产品贡献值为正数时在销售量达到一定水平时，全部销售收入将和全部成本相抵；而全部固定成本等于单位产品销售单价与单位可变成本之差乘以盈亏平衡点产量。

（二）风险型决策方法

风险型决策方法主要用于人们对未来有一定程度认识但又不能肯定的情况。这时，实施方案在未来可能会出现几种不同的情况，我们把它称为自然状态。每种自然状态均有出现的可能，人们目前无法确知，但可以根据以前的资料来推断它们出现的概率。在这些条件下，人们计算的各方案在未来的经济效果，只能是考虑到各自然状态出现的概率的期望收益，与未来的实际收益会有一定差异，所以据此而制定的决策方案具有一定风险。

风险型决策方法主要有两种：决策收益表法、决策树法。

1. 决策收益表法

决策收益表法是一种以决策收益为基础的，在表中进行计算并确定决策方案的方法。我们通过以下例题来掌握这种方法的具体运用。

例 9 - 1 某企业生产的是季节性产品，销售期为 90 天，产品每台售价 1.8 万元，成本 1.5 万元，利润 0.3 万元。但是，如果每天增加一台存货，则会损失 0.1 万元。预测的销售量及相应发生的概率如表 8 - 4 - 1 所示，问企业应怎样安排日产量计划才能获得最大的利润？

表8-3-1   预测的销售量及发生概率

日销售量(台)	完成该销售量的天数	相应概率
200	20	0.1
220	35	0.4
240	25	0.3
270	10	0.2
合计	90	1.0

根据预测的销售量,企业的生产计划的可行方案为日产200台、220台、240台、270台。

关于收益值的计算方法,我们以日产220台为例:

当日销售量为200台时,收益值 $= 0.3 \times 200 - 0.1 \times 20 = 58$(万元)

当日销售量为220台时,收益值 $= 0.3 \times 220 = 66$(万元)

当日销售量为240台和270台时,收益值 $= 0.3 \times 220 = 66$(万元)

预计利润 $= 58 \times 0.1 + 66 \times 0.4 + 66 \times 0.3 + 66 \times 0.2 = 65.2$(万元)

依此方法,可以计算出日产200台、240台、270台的各个收益值,并计算出各产量的预计利润,把这些数据填入决策收益表中,如表8-4-2所示。

表8-3-2   决策收益值   单位:万元

日销售量:台 / 概率 / 方案(日产量:台)	200	220	240	270	预计利润
	0.1	0.4	0.3	0.2	
200	60	60	60	60	60
220	58	66	66	66	65.2
240	56	64	72	72	67.2
270	53	61	69	81	66.6

从表8-4-2中可知,当日产240台时,预计利润最大为67.2万元。所以,决策的最优方案为日产240台。

2.决策树法

决策树法是一种用树形图来描述各方案在未来收益的情况,并通过计算、比较来选择方案的方法。决策树由四个要素组成:

(1)决策点,表示决策的结果;

(2)方案枝,表示决策时可采取的方案;

（3）收益点，表示各自然状态所能获得的收益值；

（4）概率枝，表示各种自然状态。

决策树的典型结构如图 8 - 3 - 4 所示。

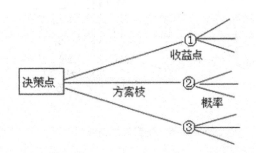

图 8 - 3 - 4　决策树的典型结构

用决策树的方法比较和评价不同方案的经济效果，需要进行以下几个步骤的工作：

第一步，根据可替换方案的数目和对未来市场状况的了解，绘出决策树图形；

第二步，计算各方案的期望值；

第三步，考虑到各方案所需的投资，比较不同方案的期望收益值；

第四步，剪去期望收益值较小的方案分枝，将保留下来的方案作为被选中的方案。

如果是多阶段或多级决策，则需要重复第二、三、四步工作。

例 4 - 2 某企业准备扩大生产规模，有三个方案：新建一条生产线，需要投资 120 万元；扩建原生产线，需要投资 80 万元；收购现存生产线，需要投资 40 万元。

三个方案在不同自然状态下的年收益值如表 8 - 3 - 3 所示.

表 8 - 3 - 3　　　　　　　　　　　　　三个方案收益值

自然状态和概率	市场需求的收益值（万元）		
	高需求	中等需求	低需求
收益值 可行方案	0.3	0.2	0.5
新建生产线	200	80	0
扩建生产线	120	60	5
收购生产线	100	30	10

根据已知条件绘制决策树，并把各概率枝上的收益值相加，填入相应的收益点上，如图 8 - 4 - 5 所示。

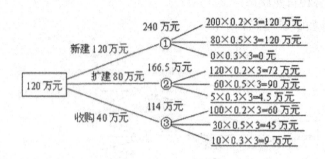

图 8 - 3 - 5　研究技术路线

比较三个方案中的三年净收益值：

新建生产线：240 - 120 = 120（万元）

扩建生产线：166.5 80 = 86.5（万元）

收购生产线：114 - 40 = 74（万元）

从计算出的值可知，如果以最大净收益值作为评价标准，应选择新建生产线的方案，其余两个方案枝应剪去。

（三）非确定型决策方法

非确定型决策方法是用来解决人们只知道未来可能出现的多种自然状态，但不知道其出现的概率的决策问题。在这样的情况下比较不同方案的经济效果，就只能根据决策者的主观判断，从而进行决策。因此，最终的决策结果与决策者对待风险的态度和所采取的决策准则有直接关系。决策者可采取的决策准则有：乐观准则、悲观准则、折中准则、后悔准则。下面举例说明各种决策准则在实际中的具体运用。

例 4 - 3　某商业企业准备扩大经营范围，有四种方案可供选择：(1)在本地开设超市业务；(2)在本地城乡接合地区新开商厦；(3)在外省市甲地开设超市业务；(4)到外省市甲地新开商厦。这四个方案，在不同的市场需求情况下，三年内的净收益值如表 8 - 3 - 4 所示。

表 8 - 3 - 4　　　　　　　　　　扩大经营的净收益表　　　　　　　　　　单位：万元

自然状态 可行方案	高需求	中等需求	低需求
本地经营超市	380	200	10
本地新开商厦	500	220	- 15
甲地经营超市	360	180	5
甲地新开商店	410	190	0

1. 乐观准则

乐观准则，或称为大中取大准则。采用这种决策准则的人，对未来充满信心，认为未来会出现最好的自然状态。所以，不论采用哪种方案都可能取得该方案的最好结果。在进行决策时，从每个方案中选择一个最大值，在这些最大值中再选择最大值，把这个最大值对应的方案作为决策的依据，如表8-3-5所示。

表8-3-5　　　　　　　　　　　大中取大标准的决策表　　　　　　　　　单位:万元

自然状态 可行方案	高需求	中等需求	低需求	最小收益值
本地经营超市	380	200	10	10
本地新开商厦	500	220	-15	-15
甲地经营超市	360	180	5	5
甲地新开商店	410	190	0	0

按照乐观准则选择的方案是在本地新建商厦，其三年内的净收益为500万元。

2. 悲观准则

悲观准则，也称为小中取大准则。决策者对未来比较悲观，认为未来会出现最差的自然状态。因此，企业不论采取哪种方案，均只能取得该方案的最小收益值。所以，决策时从每个方案中选择一个最小的收益值，然后再从这些最小的收益值中选取最大值，把这个最大值对应的方案作为最佳方案，如表8-3-6所示。

表8-3-6　　　　　　　　　　　小中取大标准的决策表　　　　　　　　　单位:万元

自然状态 可行方案	高需求	中等需求	低需求	最大收益值
本地经营超市	380	200	10	380
本地新开商厦	500	220	-15	500
甲地经营超市	360	180	5	360
甲地新开商店	410	190	0	410

按照悲观准则，应选择在本地经营超市的方案，其三年内的净收益为10万元。

3. 折中准则

这种方法是在决策中，既不乐观，也不悲观，而是认为自然状态出现最好和最差的可能性都存在。因此，可以根据决策者的判断，给最好自然状态以一个乐观系数，给最差自然状态一个悲观系数，两者之和为1。然后，用各方案在最好自然状态下的收益值与乐观系数相乘所得的积,加上各方案在最差自然状态下的收益值与悲观系数的乘积,就可得出各方案的期望收益值,比较各方案的期望收益值作出选择。

在上例中,假设乐观系数 = 0.7,则四个方案的乐观期望值为:

本地经营超市:$380 \times 0.7 + 10 \times (1 - 0.7) = 269$(万元)

甲地经营超市:$360 \times 0.7 + 5 \times (1 - 0.7) = 253.5$(万元)

本地新开商厦:$500 \times 0.7 + (-15) \times (1 - 0.7) = 345.5$(万元)

甲地新开商店:$410 \times 0.7 + 0 \times (1 - 0.7) = 287$(万元)

通过计算可知,本地新开商厦的乐观期望值为345.5万元,高于其他方案。

4. 后悔值准则

后悔值准则,也称为最小最大后悔原则。决策者在选择方案并组织实施时,如果遇到的自然状态表明采用另外的方案会取得更好的收益,企业就会遭到机会损失,决策者将为此感到后悔。采用后悔值准则就是力求使后悔值尽量小的原则。决策时先计算出各方案在各种自然状态下的后悔值,它是用方案在某种自然状态下的收益值与该自然状态下的最大收益值相比较的差,然后找出每一种方案的最大后悔值,并据此对不同方案进行比较,选择最大后悔值中最小的方案作为实施方案。对上例计算如8-3-7所示。

表8-3-7　　　　　　　　　　最大最小后悔值标准的决策表　　　　　　　　单位:万元

自然状态 可行方案	高需求	中等需求	低需求	最小收益值
本地经营超市	500 - 380 = 120	220 - 200 = 20	10 - 10 = 0	120
本地新开商厦	500 - 500 = 0	220 - 220 = 0	10 - (-15) = 25	25
甲地经营超市	500 - 360 = 140	220 - 180 = 40	10 - 5 = 5	140
甲地新开商店	500 - 410 = 90	220 - 190 = 30	10 - 0 = 10	90

按照最大最小后悔值的标准,应选取在本地新开商厦作为决策的依据,因为在最大后悔值列中它的后悔值最小。

本模块重要概念:

决策　决策原则　决策过程　决策方法

本模块小结:

通过学习掌握决策理论和方法,了解决策前沿理论及发展动向;通过案例讨论分析,掌握理论和方法的应用,培养学生分析和解决问题的能力。通过学习掌握计划与目标管理理论,并通过案例分析提高学生分析和解决问题的能力。

练习与实训:

1. 决策前沿理论及发展动向?

2. 在企业管理中,决策理论与实践是如何结合的?

3. 举例说明决策管理理论的实际应用。

4. 选取当地一家熟悉的企业,了解企业的管理决策的运用,撰写企业如何运用决策管理思想的报告。

第三篇

创新篇

模块九

管理沟通

学习目标

认识协调;学会怎样协调冲突;掌握沟通实务。

导入案例

惠普的"沟通文化"

在惠普(中国)公司有这样一种现象,企业办公桌的数量永远比员工的数量要低,企业鼓励员工带着便携式电脑在办公室以外的其他地方,比如家中办公。而且,由于办公桌总是比员工人数少,所以办公桌总是处于公用的状态,并非归个人独自专用。所以,实际上员工的办公地点并非固定,员工总是处于流动性的办公状态之中。即便企业的管理者也是遵循这一规则,在公司并没有专用的办公区间。

惠普的这种做法显然是基于其强大的内部网络基础,或者说,正是由于内部网的支撑,惠普才真正实现了其梦寐以求的无纸化办公。

我们发现,这种规则的实行,除了对惠普直接产生高效、节能的功用之外,对惠普的企业文化建设也产生了新的推动。比如,惠普提倡成员与成员之间的坦诚相见,提倡"沟通"。那么,由于员工的办公地点并非固定,因此他办公桌的邻居也是不固定的,今天他的邻居是 A 部门的,明天也许就是 B 部门的,这种状态使得成员之间的沟通变得十分有意义。换言之,成员之间面对面的沟通不再局限于本部门,即便是与公司管理层的沟通也不再是困难的事情。

再如,惠普提倡企业内部成员的平等性,要求成员之间平等相处,杜绝明显的等级概念,同时惠普还要求成员与社会其他成员之间也能够做到平等相处。总之,惠普希望"平等"的观念能够深入人心。也许惠普曾为此考虑设计过很复杂很详尽的制度体系,但是当"办公桌的规则"出现以后,"平等"这一企业文化理念的推广就不成为问题了。当企业的一名普通成员坐在办公桌前,想到就在昨天坐在这里办公的还是公司的一名高

·195·

层管理人员的时候，他对"平等"的领悟就已经相当深刻了。

一句话，由于网络的强力支撑，惠普形成了自己独具特色、实实在在的网络文化。

网络加速企业文化革新

不难看出，所谓企业网络文化实际上是相对于传统的企业文化而言的，它是企业网络化生存所赋予的企业文化新的内涵。

今天看来，信息技术特别是企业内部网络对企业传统经营管理模式所形成的冲击已经相当明显。它的出现加速了企业经营方式和管理方式的变革。企业创建企业的广域网络和内部网络，企业在各项业务活动中都充分利用信息技术，这一切都大大优化了企业内部成员与成员、部门与部门以及成员与部门之间传统的沟通方式，也在很大程度上更改了企业的业务运作模式、管理方式和组织方式。

自然，企业的网络化生存也大大改变了企业成员的思维方式和行为模式。而这正是企业网络文化形成的根本所在。

以企业的沟通机制建设为例。

对很多企业来说，在拼凑网络的当初，也许并未想清楚它在沟通领域的强大作用，而只是将其作为自己网络化生存的一个重要步骤而不得不提上议事日程。但是很快，人们就发现了它的巨大魅力，这种魅力在于它为企业提供了前所未有的强大交流能力。良好的沟通和交流一直是企业所刻意追求的，企业中的人也一直在探索企业内部沟通渠道的种种可能，但沟通不畅这一长期困扰经营者的问题直到企业网络的建成才真正出现转机。

前面谈到了惠普的"沟通文化"，应该说是企业网络化生存所引起的企业沟通体系的一种较高体现。一方面，企业成员可以在任何地方通过网络进行非现场交流；另一方面，企业成员之间也因为邻座的随机组合而大大提高了面对面交流的范围。这种沟通体系也许一般企业还难以做到，但是对于遵循网络化生存规则的企业来说，通过网络进行非现场交流却是十分自然的事情。几乎就在一瞬间，很多企业的成员都喜欢上了内部网络。先前通过纸质进行信息沟通和交流的方式开始变得令人难以忍受。大家开始习惯于在网络上进行任何信息的交流，包括企业的、生活的、甚至是绝对个人的。

网络将大家紧紧地联系到了一起。对于企业来说，即便这个成员身处十分偏远的地区，但只要有网络，他就能同其他成员一样享有企业的任何资源和信息。甚至是开会这样比较复杂的事情，在网络的支撑下，实现在线观摩也并非难事。网络真正加深了企业成员对于企业的归属感。

当然，还有同客户的交流，一般企业都渴望在自己提供服务的整个过程之中都能同客户保持充分的交流，那么企业在打造"客户服务中心"的时候，如果能设计网络平台，所谓的"客户生态圈文化"就有了基本的实现途径。企业的网络文化自然不只是"沟通"这么简单，还有比如"高效""科学""民主"等很多内涵。虽然这些理念在传统的企业文化中也得到过提倡，但只有在一个网络化的企业里，这些倡导才显得切实可行。

网络的出现改变了企业成员的思维方式和行为模式，也加速了企业文化的革新。一个真正实现了网络化生存的企业，它的企业文化是打上了深深的网络烙印的。

我们提出要关注企业的网络文化，事实上除了要关注企业的思维方式和行为模式的转变，以及上述这些理念和内涵之外，还有另外一些东西也值得关注，比如，网络信息的泛滥、网络文明，以及网络对个体心理的负面影响等。这些问题如果关注不够，或许就会产生与企业主流文化相悖的亚文化。亚文化的出现会干扰整个企业经营管理活动，相信这是任何一个企业都不愿意看到的。

无论如何，这一切都是企业网络文化的内涵，或者我们还不能说这就是网络文化内涵的全部——谁知道明天网络又会给我们带来怎样的影响呢？（资料来源：周三多编著. 管理学原理［M］. 南京大学出版社，2009）

项目一 —— 认 识 协 调

一、协调的含义与作用

（一）协调的含义

协调就是正确处理组织内外各种关系，为组织的正常运转创造良好的条件和环境，促进组织目标的实现。

任何有组织的工作过程，都需要有协调的组织，都离不开协调的功能。协调的核心是使围绕一个共同目标的有关部门和人员能够和谐协调地进行工作，在各自的岗位上朝着一个目标使劲出力。仿佛指挥乐队演奏一样，使众多的不同乐器按照统一指挥和乐章互相协调地配合，演奏出动听的乐章，而不是各自为政、互相干扰、发出噪声。

美国现代管理学者迪克·卡尔森明确指出："协调的功能在于使一个组织中所有单位的活动同步化、和谐化，以便达到共同的最终成果。"协调的目的就在于消除"内耗"、消除矛盾，把各方面的力量组成一个和谐统一的合力，以求得最佳管理效果，实现共同的目标。

（二）协调的作用

（1）使个人目标与组织目标一致，促进组织目标的实现。若个人目标与组织目标相一致，人们的行为就会趋向统一，组织目标就容易得到实现。管理者可以通过协调工作，使个人目标与组织目标相辅相成，从而促进组织目标的实现。

（2）解决冲突，促进协作。人与人之间、人与组织之间、组织与组织之间的矛盾冲突是不可避免的，并且这种矛盾和冲突如果积累下去就会由缓和变激烈、由一般形式发展到极端形式。如果这样下去，轻则干扰组织目标的实现，重则会使组织崩溃、瓦解。所以，管理者必须要通过协调，很好地处理和利用冲突，发挥冲突的积极作用，并使部门之间、人与人之间能够相互协作与配合。

（3）提高组织效率。协调使组织各部门、各成员都能对自己在完成组织总目标中所需承担的角色、职责以及应提供的配合有明确的认识，组织内所有力量都集中到实现组织目标的轨道上来，各个环节紧密衔接，各项活动和谐地进行，而各自为政、相互扯皮、不顾组织整体利益的现象则会大大减少，从而极大地提高组织的效率。

二、协调的原则

（1）目标一致原则。协调的目的是使组织成员充分理解组织的目标和任务，并使个人目标与组织目标相一致，从而促进组织总目标的实现，所以管理者的协调工作必须围绕组织总目标进行。

（2）效率原则。协调的目的不是掩盖、抹杀问题，也不是"和稀泥"，而是通过发现问题、解决问题，使部门之间、个体与个体之间更好地分工、合作，使每个人都能满腔热忱、信心十足地去工作，从而提高组织效率。

（3）责任明确原则。明确责任就是规定各部门、各岗位在完成组织总目标方面所应承担的工作任务和职责范围外。除了要明确自己的职责范围，还要明确互相协作的责任，提倡互相支援、积极配合，反对各自为政、相互扯皮的恶劣作风。

（4）加强沟通原则。沟通是协调的杠杆，组织内部以及组织与外部环境之间的信息沟通越有效，彼此间的理解、支持就越容易建立，发生误会、摩擦、扯皮的可能性就越小，而组织的协调性就越强；反之，沟通效果越差，组织协调性也将越低。

三、协调的内容

（一）组织内部关系的协调

包括对各生产要素的协调、对企业与股东关系的协调、对组织内部人际关系的协调等。

1.垂直方向——处理好上下级关系

（1）协调一般内容

* 组织授权不合理，上下权责不清；

* 下级不尊重上级职权，有越权行事、不服从行为；

* 上级擅自干涉和干扰下级工作；

* 上下级缺乏有效的沟通和理解；

* 上级的不当指挥；

* 上下级个人因素造成的问题（工作思路、习惯、作风等）。

（2）协调的一般方法

* 组织协调，理顺组织关系，合理分工授权，明确上下权责范围；

* 加强信息交流，广泛开展各种形式的交流、访谈、座谈；

* 企业形成良好的工作氛围和团结一致的合作愿望；

* 提高上下级的素质；

* 上级的指挥要减少失误；

* 建立明确的管理制度和责任制度。

2. 水平方向——部门之间、岗位之间、生产经营的各个环节之间，是企业协调最大量的工作，也是一个难点，因为上下级之间的矛盾往往可以通过行政手段解决，上级手中的权力可以起很大的作用，而同级之间的问题要复杂得多。

（1）协调内容（问题和矛盾所在）

* 机构不健全，职能上存在漏洞——例如"三不管"，往往会引起推踢和争抢；

* 分工不明、职责不清，好事争抢、难事推脱；

* 机构臃肿，职位、职能重叠、人浮于事；

* 任务苦乐不均；

* 奖惩不明；

* 部门利益冲突；

* 本位主义；

* 侵犯同级职权；

* 个人因素；

* 缺乏信息沟通、各行其是；

* 供、产、销各环节的标准、期量，工序之间的衔接不平衡。

（2）协调方法

* 组织调整

——队伍精干、精兵简政

——健全机构、明确权责

* 制度协调——健全各项管理制度、落实责任制度；

* 科学计划——资源调整、任务分配、期量衔接等；

＊加强教育，提高素质；

＊加强信息沟通；

＊营造团结一致、相互协作的工作氛围。

（二）组织与外部环境的协调

包括企业与消费者关系的协调、企业与政府关系的协调、企业与新闻界关系的协调、企业与社区关系的协调。

1. 垂直方向——企业与上级（主管部门）及下属单位之间

（1）协调一般内容：

＊政策和规划上的不一致；

＊政企没有真正分开；

＊行政命令、人事制度、干部任免等；

＊信息沟通不畅；

＊利益冲突；

＊领导个人因素（作风、工作方式、工作关系）等引起的问题。

（2）协调的一般方法——关键在上级，但下级也应主动配合、协调和沟通；

＊切实做到政企分开是解决这一问题的根本措施；

＊重点是要规范政府及企业主管部门的职能，真正落实企业经营自主权；

＊健全宏观调控和法令条例，避免直接冲突；

＊沟通信息，增进理解；

＊改善上下级领导的工作方式、工作作风。

2. 水平方向——企业与用户、协作单位、竞争对手、公众等对象的关系

（1）协调的一般内容

＊与用户在产品、服务方面发生纠纷；

＊经济往来、协作中的经济纠纷（最常见的是经济合同、债务等）；

＊同行之间由于竞争产生摩擦；

＊企业在经营过程中触犯社会利益或公众利益。

（2）协调的一般方法

＊企业首先应规范自身行为（包括产品、服务质量保证、守法经营等）；

＊利用法律武器解决；

＊通过上级主管部门协调；

＊充分协商、沟通信息、增进理解、互谅互让；

＊加强企业公共关系活动。

四、协调工作的形式多种多样，主要有以下几种：

1. 会议协调

为了保证企业内外各不相同的部门之间，在技术力量、财政力量、贸易力量等方面达到平衡，保证企业的统一领导和力量的集中，使各部门在统一目标下自觉合作，必须经常开好各类协调会议，这也是发挥集体力量、鼓舞士气的一种重要方法。

会议的类型有以下几种：

（1）信息交流会议。

这是一种典型的专业人员的会议，通过交流各个不同部门的工作状况和业务信息，使大家减少会后在工作之间可能发生的问题。

（2）表明态度会议。

这是一种商讨、决定问题的会议。与会者对上级决定的政策、方案、规划和下达的任务表明态度、感觉和意见，对以往类似问题执行中的经验、教训提出意见，这种会议对于沟通上下级之间感情、密切关系可以起到重要作用。

（3）解决问题会议。

这是会同有关人员共同讨论解决某项专题的会议。目的是使与会人员能够统一思想，共同协商解决问题。

（4）培训会议。

旨在传达指令并增进了解、从事训练，并对即将执行的政策、计划、方案、程序进行解释。这是动员发动和统一行动的会议。

2. 现场协调

现场协调是一种快速有效的协调方式。把有关人员带到问题的现场，请当事人自己讲述产生问题的原因和解决问题的办法，同时允许有关部门提出要求。使当事人有一种"压力感"，感到自己部门确实没有做好工作。使其他部门也愿意"帮一把"，或出些点子，这样有利于统一认识，使问题尽快解决。对于一些"扯皮太久"、群众意见较大的问题，则可以采取现场协调方式来解决。

3. 机制协调

机制协调就是通过调整组织机构、完善职责分工等办法来进行协调。对待那些处于部门与部门之间、单位与单位之间的"接合部"的问题，以及诸如由于分工不清、职责不明所造成的问题，应当采取结构协调的措施。"接合部"的问题可以分为两种，一种是"协同型"问题，这是一种"三不管"的问题，就是有关各部门都有责任，又都无全部责任，需要有关部门通过分工和协作关系的明确共同努力完成。另一种是"传递型"问题，它需要协调的是上下工序和管理业务流程中的业务衔接问题。可以通过把问题划给联系最密切的部门去解决，并相应扩大其职权范围。

项目二 ——怎样协调冲突

一、冲突的含义

冲突可以理解为两个或两个以上的行为主体因在特定问题上目标不一致，看法不相同或意见分歧而产生的相互矛盾、排斥、对抗的一种态势。

在组织内，倘若员工同时拥有两个或两个以上互不兼容的目标、彼此相互排斥的目标时，即会产生冲突。换言之，倘若你达成第一个目标，就可能无法同时达成第二个目标。例如，你不可能希望既获得高待遇，工作又轻松。如果个人不能称心如意，就会遭受挫折；而与此同时又不能获得解决对策时，则会在一个人的内心之间，产生冲突。冲突的存在与否决定于人员的知觉。人员必须知觉到冲突的存在，否则冲突也就不存在了。当然，对冲突情境的知觉并不是冲突存在的唯一条件。冲突的产生是由对立性、资源的不足、阻碍等原因造成的。

二、冲突的二重性

在传统意义上，冲突对组织是不利的，必须加以克服。从 20 世纪 40 年代开始，人们对冲突的认识有所变化，即组织中的冲突是不可避免的，所以应该接纳它。此外，还发现冲突有时能给组织带来好处。直到今天，这种观点发展成为冲突的二重性理论。

（一）好处

1. 人的才智与能力，可能随着冲突与竞争而进步。当人遭遇冲突时，可能要比平常无冲突的情况更能激发革新的行为。不论是产生冲突的原因还是冲突的双方，总希望赢对方，因此他们会比平常运用更多的创造力。

2. 冲突能够满足某些心理上的需要。有时，由于环境中的某些原因，往往会使人表现出某些攻击性的冲动。在组织中，具有这种攻击性冲动的人可能会在工作程序辩论中得到一些满足，消除某些可能产生的人身攻击。

3. 冲突能够导致革新与改变。例如，美国某些州实施公平就业政策，要求少数民族团体成员参与管理时发生过某些冲突;后来,随着那些少数民族团体就业机会的不断增加,冲突逐渐消失了。

4.有些工作实在令人厌烦,因此,对于单位之间小的争吵,行为学者认为,可以避免引发更大冲突危机的发生,并且可以使工作人员获得喘息的机会。

5.冲突将会提供诊断与分析问题的有价值信息。例如,企业中的品管与制造部门可以说经常发生冲突;究其原因,可能是制造部门使用粗劣的制造方法,或品管部门不切实际的质量评估。但无论如何,两个部门都需要互相协调。

6.一般组织往往企图运用有效解决与预防冲突的方法,以免小冲突未发现而引发大冲突,结果变得无法收拾,招致更大的不良后果。

7.据行为科学家的研究指出,冲突的结果将会导致重新建立团结的气氛,就是所谓的"不打不相识"。

8.有时,某些骚乱或冲突事件并不能视作犯罪行为,而是一种流氓行为的变相发泄方法。例如,在球场上,一些青年人毁坏栏杆、座椅,甚至制造打斗、争吵的场面。所以,流氓行为可以解释为青少年试图打破一些被约束得过紧的道德规范。

(二)不利的

1.冲突会导致只知追求私利而牺牲组织整体的目标,例如,现代欧美社会中所流行的大部分示威运动都属此种类型。

2.个人之间的长期冲突将会陷入身心疲惫,产生心理压力,甚至可能导致精神疾病。

3.当人们遭遇及处理冲突时,将会使宝贵的时间与精力用错方向。

4.冲突的不幸结果,将会造成组织资源的浪费。例如,在资本主义社会中的劳资冲突所引发的怠工或罢工。

5.发生冲突的双方,可能会采取不正当手段,比如,篡改数据还是歪曲真实,其目的是打击对方。无论是在个人或组织单位,倘若品质管理部门与制造部门使用此种不正当的竞争方式,将对组织产生相当大的破坏力。

三、冲突的分类

1.按照冲突对组织的作用,可以把冲突划分为建设性冲突和破坏性冲突;

2.按照冲突表现出来的状态,可以把冲突划分为战斗、竞争和辩论;

3.按照冲突双方主体的不同,可以把冲突划分为人与人之间的冲突、部门与部门之间的冲突、个体与组织之间的冲突和组织与外部环境之间的冲突。

四、协调组织冲突的对策

(一)解决组织冲突的对策有以下几种策略

1.逃避策略。这是解决冲突最简单的一种方法，即让冲突双方暂时从冲突中退出或抑制冲突。当冲突微不足道时，或当冲突双方情绪非常激动时，可以采取让双方暂时回避的方法来解决冲突。

2.竞争策略。即管理者利用职权强行解决冲突。当你需要对一件事情做出迅速的处理时，或当你的处理方式其他人赞成与否无关紧要时，可以采取强制的办法。在强制解决时，往往会以牺牲某一方的利益为代价。

3.妥协策略。即通过要求冲突各方都做出一定的让步，使问题得到解决。当冲突各方势均力敌时，或当希望就某一问题尽快取得解决办法时，可以采取这种处理方法。

4.顺应策略。当其中一方靠自己的能力不能完成目标时，冲突双方可能会进行合作并做出一定让步，为完成更高的目标而统一起来。

5.合作策略。将冲突各方召集到一起，让他们进行开诚布公的讨论，搞清楚分歧在哪里，并商量有效的解决办法。这种方法可以使双方的利益都能得到满足，因此，从结果来说是最好的选择。

以"坚持自我利益的程度"高低为纵轴，以"合作程度"高低为横轴，结果发展出五个处理冲突的策略，如图9-2-1所示。

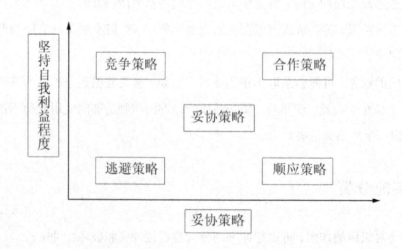

图9-2-1 冲突处理策略

(二)解决冲突的策略与适用状况

解决冲突的策略与使用状况,如表9－2－1所示:

管理策略	适　用　的　状　况
竞争策略	1. 涉及生命的行为(例如,伤亡事件)。2. 在发生危机时,所必须采取的不受欢迎的行动(例如戒严)。3. 当你知道组织的福利制度不健全时。4. 与不采用竞争方式的人对抗时。
合作策略	1. 当双方所关心的层面都很值得去执行时。2. 目的在于学习新事物时。3. 在从别人不同见解中整合自己的见识。4. 借着整合相关的舆论来做决定时。5. 在相关的部门里工作。
逃避策略	1. 当危机微不足道,或者是有更严重的危机产生时。2. 当你感到你根本没有办法发挥所长时。3. 当隐藏的破坏性远大于其所带来的利益时。4. 必须使民众保持冷静时。5. 当获得情报比立即决议更重要时。6. 当其他成员企图有效率地解决冲突时。7. 当危机有离题的表象或者是有预感时。
顺应策略	1. 当你自觉有错,并以良好的态度去学习、去聆听、去展现理性时。2. 当危机对别人而言,比你更重要时(应成全他人)。3. 为将来建立社会声望。4. 当迷惘或者不知所措时。5. 当特别强调合群时。6. 从失败中学习应对之道。
妥协策略	1. 当目标非常重要,不必要再争执或固执己见时。2. 当能力相当的对手在争取互斥的目标时。3. 为临时解决复杂的危机时。4. 在紧迫的时间段,必须马上奏效时。5. 当实行合作或竞争的方式都无法解决冲突时。

(三)组织冲突的发生过程

可以分为四个阶段:潜在对立阶段、认知与个人涉入阶段、行为发生阶段、结果阶段。

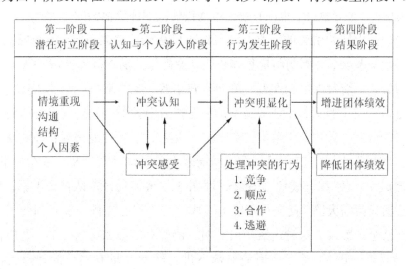

图9－2－2　冲突处理过程

课 间 案 例

沟通与协调内部关系

一个集团内部的成员在完成总任务的过程中会出现不协调的问题。不协调的问题可以由许多性质不同的原因引起，对这类问题应区分事情的不同性质，根据实际情况慎重处理。

有些不协调是属于竞争的性质。例如，当刘备在徐州公开反曹后，曹操派刘岱、王忠前去攻打徐州，关羽、张飞都欲前去迎敌，遂发生争执。当刘备伐吴前，关羽的儿子关兴和张飞的儿子张苞争当先锋，两人当着刘备的面射箭比武，未决上下，遂准备刀枪相争，后被刘备制止。当刘备取桂阳时，孔明让赵云领兵前去，张飞不服，定要去取，两人发生争执，孔明只好让他们抓阄，最后抓着的前去，这才解决了问题。

当刘备攻益州时，魏延、黄忠为攻打两个敌军营寨也发生相互间的竞争。这类竞争由争功、好胜引起，由于竞争方向与集团大目标相一致，因而适当地提倡对本集团是有好处的。对于这类竞争，应注意以下三点：第一，要把竞争控制在一定范围内。要知道，水平悬殊的人一般不产生竞争，竞争的人都是水平相差无几者。如果听任竞争过分激烈，就会造成对本集团力量的消耗。第二，对那些与大目标、总任务有联系的竞争才给予提倡，而对那些与大目标无关的竞争应给予制止，不让这类竞争发生。例如，关羽在荆州听到刘备招降了马超，又听人们评价马超武艺高强，就要入川与马超比武，这种竞争与本集团的目标无关，是一种不健康的竞争，孔明给予了及时制止。第三，在正常的竞争之后，如果没有特殊情况，领导人一般不要评价竞争者的优劣。凡竞争，部分地或主要地都由好胜之心引起，领导人肯定了一方面的优胜，势必会刺伤另一方面的争胜心，挫伤后者的积极性，不利于以后的工作。黄忠和魏延夺了两个营寨回来后，只是由于作战中魏延曾违反号令，又曾被黄忠相救，刘备才肯定了黄忠的头功，即便是这样，也没有超出本战役的范围评价他们的优劣。

有些不协调是由嫉妒引起的。曹操的大将曹仁在樊城被关羽围困，情况甚是危急，操急派于禁领兵前去救援，并派勇将庞德作先锋，庞德与关羽在阵前大战一天未分胜负。第二天他施拖刀计，一箭射中关羽左臂，关羽回归本营，庞德乘机回马抢刀相赶。这时，于禁在本营急令军士鸣金收兵，原来却是于禁见庞德射中关羽，怕他成了大功而灭自己的威风。庞德回来问收兵的原因，于禁借"魏王戒旨"搪塞之，又劝庞德说："紧行无好步，当缓图之。"（第七十四回）后来，庞德提出乘关羽箭疮发作不能动武之机，率军一举杀入其寨，于禁又怕庞德成功，以"魏王戒旨"相推托不肯出兵，最后反让军队依山下寨，令庞德屯兵于谷口，自己领兵截断大路，使庞德不能进兵成功。于禁的安排为关羽创造了水决相淹的条件，导致自己全军覆没。这种由嫉妒引起的不协调对本集团有害无利，是应该坚决消除的。对待这类问题，领导人除了平时应对部下进行经常而卓有实效的理想、目标教育外，还应该在选派主将时注意挑选那些忠诚无私、胸襟坦荡的将领，要注意把能力高强的人安排在能力低下的人之上。

有些不协调纯由个人利益引起，而这种不协调常会达到分裂的程度。在钟会、邓艾伐蜀时，两人各怀鬼胎，邓艾攻入成都后，违逆司马昭的命令，滞军蜀都，又拒绝送刘禅入魏。钟会借司马昭之令，让监军卫收捕邓艾送洛阳，自己又收编了邓艾的全部军马，最后威逼众将反叛魏国。众将联合谋杀钟会后，邓艾部下急去追救邓艾。卫瓘觉得，邓艾一旦被救，必然要找自己报仇，准备派人赶上斩杀之。邓艾手下护军田续挺身而出，对卫瓘说："昔邓艾取江油之时，欲杀续，得众官告免，今日当报此恨！"（第一百十九回）征得其允许后，遂领五百兵赶到绵竹，乘邓艾无准备时一刀斩之。在这里，各种势力互相倾轧，矛盾复杂，但多是由个人利害所引起。司马昭把握的原则，一是利用钟会与邓艾的矛盾来"以毒攻毒"；二是大军进驻长安，以防钟会兵变，将这股祸水限制在一定范围内；三是掌握了大的局面后，具体细节任其自然发展。其实，司马昭对钟会的反叛及其结局事先也有一个基本的估计，他在钟会刚出兵伐蜀时就对邵悌分析说："蜀既破，则蜀人心胆已裂，败军之将，不可以言勇；亡国之大夫，不可以图存。会即有异志，蜀人安能助之乎？至若魏人得胜思归，必不从会而反。"（第一百十六回）司马昭对因个人利益而发生的叛逆行为持坚决平定的态度，只不过想在灭蜀之前利用一下他们的力量罢了。若对这类分裂和不协调的活动不坚决消除，会给本集团带来重大危害。

项目三　沟通实务

在管理的领导职能中，如何使领导者和组织成员同心协力实现组织目标，并不是简单地贯彻领导方式和激励的基本内容。事实上，管理的领导职能，除了在行为的作用方向上有着领导者和被领导者两方面外，要真正发挥这种管理职能还取决于作为组织成员的各方对组织目标及其实施方式的理解，并在多大的程度上达成一致。这关系到管理的绩效。沟通和管理绩效的密切相关引出了组织的沟通问题；从根本上说，沟通是关于如何使领导方或和激励行为保持一致的问题。

由于个体和组织间的差异，决定着沟通不仅范围广，而且极为复杂。要使组织目标顺利实现，必须建立起行之有效的机制，以便解决沟通不足而引发的管理冲突。

一、沟通的含义

沟通是指可理解的信息或思想在两个或两个以上人群中传递或交换的过程，目的是激励或影响人的行为。从很大程度上讲，组织的整个管理者工作都和沟通有关。在组织内部，有员工之间的交流、员工与工作团队之间的交流、工作团队之间的交流；在组织外部，有组织与客户之间的交流、组织之间的交流。

进入 20 世纪 90 年代以后，随着信息手段的现代化和经济活动的全球化，企业已经不太可能采取一般性的纵向整合方式扩大企业的边界了，企业的盈利区间开始向企业之间的关系领域移动，即企业间的关系及其基础上的网络形式正在与企业纯粹的市场交易关系共存。这样一来，虽然可能增大企业与其他组织之间的协调成本，但同时因信息的传递和共事，又会降低企业的交易成本或因市场组织复杂化而产生信息搜寻成本。

二、沟通的作用

一般来说，沟通在管理中具有以下几方面重要意义。首先，沟通是协调各个体、各要素，使企业成为一个整体的凝聚剂；其次，沟通是领导者激励下属，实现领导职能的基本途径；最后，沟通是企业与外部环境之间建立联系的桥梁。企业客观的社会存在使企业不得不和外部环境进行有效的沟通。

三、沟通的过程

从表面上看，沟通就是传递信息的过程。但实际上，管理学意义上的沟通是一个复杂的过程。这种复杂过程可以用图 9 - 3 - 1 简要反映出来。

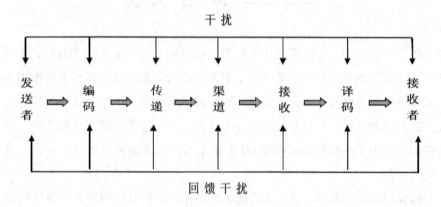

图 9 - 3 - 1　沟通发生过程示意

在这个过程中，至少存在着一个发送者和一个接受者，即信息发出方和信息接受方。其中沟通的载体成为沟通渠道，编码和解码分别是沟通双方对信息进行信号加工的形式。信息在两者之间的传递是通过以下几个方面进行的。

1. 发送者需要向接受者传送信息或者需要接受者提供信息。这里所说的信息包括的范围很广,诸如想法、观点、资料等。

2.发送者将这些信息译成接受者能够理解的一系列符号。为了有效地进行沟通,这些符号必须能够符合适当的媒体功能。例如,如果媒体是书面报告,则符号的形式应选择文字、图表或者照片。

3.将上述符号传递给接受者。由于选择符号的种类不同,传递的方式也不同。传递的方式可以是书面的,也可以是口头的,甚至还可以通过形体动作来表示。

4.接受者接受这些符号。接受者根据这些符号传递的方式,选择相对应的接受方式。

5.接受者将这些符号译为具有特定含义的信息。由于发送者翻译和传递能力的差异,以及接受者接受和翻译水平的不同,信息的内容和含义经常会被曲解。

6.接受者理解信息的内容。

7.发送者通过反馈来了解他想传递的信息是否被对方准确无误地接受,反馈构成了信息的双向沟通。

四、沟通的类型

(一)按沟通层面的广义和狭义划分

1.个人内部沟通

2.人际沟通

3.小团体沟通

4.公众沟通

5.组织沟通

6.大众沟通

(二)按沟通所使用的工具划分

1.语言沟通:语言沟通的信息,包括语言、文字(书面)表面所代表的意义,及其引申的含义两种。一个人所表达的语言、文字即使相同,但是针对不同的时间、不同的场合、不同的对象,所隐含的其他意义往往不同。

2.非语言沟通:如肢体动作、手势、说话声调、速度、脸部的表情、身体特征、触摸行为、说话的空间距离、穿着打扮、香水、口红、眼镜、假睫毛、身上配件、沟通环境中的家具、建筑格调、室内设计装潢、灯光、及音乐等。

测试一下你的非语言交际能力如何?

按照下列标准，给每个句子打分：1 从不；2 有时；3 通常如此；4 总是如此。

问题	得分
我在听人说话的时候保持不动，不摇晃身体，不摆动自己的脚，或者表现出不安	
我直视对方	
我关心的是讲话者在说什么，而不是担心我如何看待这个问题或者自己的感受如何	
欣赏时我很容易笑和显示出活泼的表情	
当我听时，我能完全控制自己的身体	
我以点头鼓励讲话者	

总分说明：

得分大于 15 分，说明你的非语言技巧非常好。

得分 10～13 分，说明你处于中间范围，应该有一定的改进。

得分低于 10 分，那么请认真学习聆听的技巧吧。

（三）按沟通的正式性划分

1. 正式沟通：指组织对内或对外所进行的公文往来，正式会议的召开、公司的布告、刊登广告等。

2. 非正式沟通：指员工私下间的交谈、传播谣言、机关人员之间非正式的接触、日常社交、私人往来、个人友谊、非正式的宴会、聚餐、郊游等。

（四）按信息的传递方向划分

1. 下行沟通：管理者对部属，或上级单位对下级单位所进行的沟通，如布告、工作任务分配宣达。

2. 平行沟通：指员工对员工间，或部门对部门间的沟通；如员工纠纷的协调、公司召开产销协调会。

3. 上行沟通：指员工对上司，或下级部门对上级部门所做的沟通，如员工工作日志、工作绩效报表、月报表、员工提案报告。

（五）按沟通的渠道划分

分为书面沟通、口头沟通、电子媒介沟通三种，如表 9 - 3 - 1 所示。

表 9 - 3 - 1　　　　　　　　　　各种沟通方式的对比

沟通方式	举例	优点	缺点
口头	交谈、讲座、讨论会、电话	快速传递、快速反馈、信息量很大	传递中途经过层次越多信息失真越严重、核实越困难
书面	报告、备忘录、信件、文件、内部期刊、布告	持久、有形，可以核实	效率低、缺乏反馈
电子媒介	传真、闭路电视、计算机网络、电子邮件(e - Mail)	快速传递、信息容量大，一个信息可同时传递给多人、廉价	单向传递，电子邮件可以交流，但看不到表情

（六）按沟通者与接收者的互动关系划分

分为单向沟通和双向沟通，如表 9 - 3 - 2 所示。

表 9 - 3 - 2　　　　　　　　单向沟通与双向沟通特性的比较

特性	单 向 沟 通	双 向 沟 通
1.传递速度	快	慢
2.内容的正确性	劣	优
3.传播情况	安静	嘈杂
4.回馈	少	多
5.沟通者的心理压力	小	大
6.接收者的心理感觉	缺乏信心	较有信心
7.沟通前的准备充分性	准备较充分，并且较有计划	无从准备，需靠临场随机应变

五、沟通中的障碍

在沟通的过程中，由于存在着外界干扰以及其他种种原因，信息往往会丢失或被曲解，使得信息的传递不能发挥正常作用。因此，组织的沟通存在有效沟通的问题。所谓有效沟通，简单地说就是传递和交流信息的可靠性及准确性高，它表明组织对内外噪声的抵抗能力，因而和组织的智能是连在一起的。沟通的有效性越明显，说明组织智能越高。影响有效沟通的障碍包括以下因素。

（一）个人因素

个人因素主要包括两大类，一类是有选择地接受，另一类是沟通技巧的差异。所谓有选择地接受，是指人们拒绝或片面地接受与他们的期望不一致的信息。研究表明，人们往往听或看他们感情上能够接纳的东西，或他们想听或想看的东西，甚至只愿意接受中听的，拒绝不中听的。

除了人们的接受能力有所差异外，许多人运用沟通的技巧也很不相同，有的人擅长口头表达，有的人擅长文字描述。所有这些问题都妨碍有效的沟通。

（二）人际因素

人际因素主要包括沟通双方的相互信任、信息来源的可靠度和发送者与接受者之间的相似程度。沟通是发送者与接受者之间"给"与"受"的过程。信息传递不是单方面，而是双方面的事情，因此，沟通双方的诚意和相互信任至关重要。上下级间的猜疑只会增加抵触情绪，减少坦率交谈的机会，也就不可能进行有效的沟通。

信息来源的可靠性由以下四个因素所决定：诚实、能力、热情、客观。有时，信息来源可能并不同时具有这四个因素，但只要信息接受者认为具有即可。可以说，信息来源的可靠性实际上是由接受者的主观因素所决定的。就个人来说，员工对上级是否满意很大程度上取决于他对上级可靠性的评价。就团体而言，可靠性较大的工作单位或部门比较能公开、准确和经常地进行沟通，它们的工作成就也相应地较为出色。

沟通的准确性与沟通双方间的相似性有着直接关系。沟通双方特征的相似性影响了沟通的难易程度和坦率性。沟通一方如果认为对方与自己很接近，那么他将比较容易接受对方的意见，并且会达成共识。而相反，如果沟通一方视对方为异己，那么信息的传递将很难进行下去。

（三）结构因素

结构因素包括地位差别、信息传递链、团体规模和空间约束四个方面。

研究表明，地位的高低对沟通的方向和频率有着很大影响。地位悬殊越大，信息趋向于从地位高的流向地位低的。事实清楚地表明，地位是沟通中的一个重要障碍。

一般来说，信息通过的等级越多，到达目的地的时间也越长，信息失真则越大。这种信息连续地从一个等级到另一个等级时所发生的变化，称为信息链传递现象。当工作团体规模较大时，人与人之间的沟通也相应变得较为困难。这可能部分地由于沟通渠道的增长大大超过人数的增长。企业中的工作常常要求员工只能在某一特定地点进行操作。这种空间约束的影响往往在员工单独于某位置工作或在数台机器之间往返运动时表现得尤为突出。空间约束不利于员工之间的交流，限制了他们的有效沟通。一般来说，两人之间的距离越短，他们交往的频率也越高。

（四）技术因素

技术因素主要包括语言、非语言暗示、媒介的有效性和信息过量。

大多数沟通的准确性依赖于沟通者赋予字和词的含义。由于语言只是个符号系统，本身没有任何意思，它仅仅是我们描述和表达个人观点的符号或标签。每个人表述的内容常常是由他独特的经历、个人需要、社会背景等所决定的。因此，语言和文字极少对发送者与接受者双方都具有相同的含义，更不用说许许多多不同的接受者了。语言的不准确性还不仅仅表现在对符号的不同理解上，而且它还能激发各种各样的感情，这些感情可能又会进一步歪曲信息的含义。同样的字词对不同的团体来说，会导致完全不同的感情和不同的含义。

管理人员十分关心各种不同沟通工具的效率。一般来说，书面沟通和口头沟通各有所长。书面沟通常常用于传递篇幅较长、内容详细的信息。其优点是：为读者提供以适合自己的速度、用自己的方式阅读材料的机会，易于远距离传递，易于储存并在做决策时提取信息，因为经过多人审阅后比较准确。

口头沟通适合于需要翻译或精心编制才能使拥有不同观念和语言才能的人理解的信息。其优点是：快速传递信息，并且希望立即得到反馈；可传递敏感的或秘密的信息；可传递不适合用书面媒介的信息；适合于传递感情和非语言暗示的信息。

总之，选择哪种沟通工具，在很大程度上取决于信息的种类和目的，还与外界环境及沟通双方有关。

我们生活在一个信息爆炸的年代，企业主管人员面临着"信息过量"的问题。例如，管理人员只能利用他们所获得信息的 1/100 到 1/1000 进行决策，信息过量不仅使主管人员没有时间去处理，而且也使他们难于向同事提供有效、必要的信息，沟通也随之变得困难重重。

六、有效沟通的实现

从上述的沟通障碍情况来看，只要采取适当的行动方式将这些沟通障碍有效消除，就能实现管理的有效沟通。因而，无论是对组织中的沟通还是组织间的沟通，有效沟通的实现取决于对沟通技能的开发和改进。克服沟通中的障碍一般有以下准则。

（1）明了沟通的重要性，正确对待沟通。管理人员十分重视计划、组织、领导和控制，对沟通常有疏忽，认为信息的上传下达有组织系统就可以了，对非正式沟通中的"小道消息"常常采取压制的态度，这表明企业管理层没有从根本上对沟通给予足够的重视，如表 9 - 3 - 3 所示。

表 9 - 3 - 3   "听"的艺术

可取	不可取
表现出兴趣	争辩
全神贯注	打断
该沉默时必须沉默	从事与谈话无关的活动

续表

"听"的艺术

选择安静的地方	过快地或提前做出判断
留出适当的时间用于辩论	草率地给出结论
注意非语言暗示	让别人的情绪直接影响你
当你没有听清楚时，请以疑问的方式重复一遍	
当你发觉遗漏时，直截了当地问	

（2）培养"听"的艺术。对管理人员来说，"听"不是件容易的事。要较好地"听"，也就是要积极倾听。

（3）创造一个相互信任、有利于沟通的小环境。企业经理人员不仅要获得下属的信任，而且还要得到上级和同事的信任。他们必须明白，信任不是人为或从天上掉下来的，而是诚心诚意争取来的。

（4）缩短信息传递链，拓宽沟通渠道，保证信息的畅通无阻和完整性。如减少组织机构重叠，在利用正式沟通的同时，开辟高层管理人员至基层管理人员的非正式沟通渠道，以便于信息的传递。

（5）建立特别委员会，定期加强上下级的沟通。特别委员会由管理人员和第一线的工人组成，定期相互讨论各种问题。

（6）非管理工作组。当企业发生重大问题、引起上下关注时，管理人员可以授命组成非管理工作组。该工作组由一部分管理人员和一部分职工自愿参加，利用一定的时间，调查企业的问题，并向最高主管部门汇报。最高管理层也要定期公布他们的报告，就某些重大问题或"热点"问题在全企业范围内进行沟通。

（7）加强平行沟通，促进横向交流。通常，企业内部的沟通以与命令链相符的垂直沟通居多，部门间、车间之间、工作小组间的横向交流较少，而平行沟通却能加强横向的合作。这一方式对组织间的沟通尤为奏效。

七、组织的沟通

（一）人际沟通

在组织中，人际沟通构成了组织沟通最普遍的形式。从一般意义上讲，组织中的人际沟通是指组织中的个体成员如何将个体目标和组织目标相联系的过程。每个企业都由数人、数十人、数百人甚至成千上万人组成，企业每天的活动也由许许多多的具体工作所构成。由于个体的地位、利益和能力的不同，他们对企业目标的理解、所感受的信息也不同，这就使得个体的目标有可能偏离企业总的目标,甚至完全背道而驰。那么该如何保证上下一心,不折不扣地完成企业的总目标呢?这就需要相互交流意见,统一思想认识,自觉地协调个体的工作活动,以保证组织目标的实现。因而,人际沟通在组织中是最基本的协调工作,认识不到这一点,就不可能完全实现企业的目标。

另外,人际沟通也是由人的自利行为的客观性和多样性所决定的。管理学中的人性理论以及各种类别的激励理论,都是以协调人在组织中的行为为出发点的。

人际沟通对组织的重要意义,还在于组织中人的管理。自 20 世纪 90 年代以后,随着企业经营得外部环境发生巨大变化,已经由传统的把人当作成本中心的观念向当作资源中心的观念转变。由员工的成本观到资源观,凸显了企业的经营和发展是产业结构调整的结果,但更主要的是表明企业正在由传统的经营实体向以资源为基础的、以知识获取和管理为中心的新型企业组织发展。企业员工日益成为企业经营流程中专有知识的载体,成为产生企业竞争力的核心源。

(二)团队沟通

团队沟通是指组织中以工作团队为基础单位对象进行的信息交流和传递的方式。工作团队随着组织内外部环境的变化而变化,在企业管理,尤其是西方企业管理中,其重要性已越来越明显。团队是两个或两个以上相互作用和协作以便完成组织预定的某项特别目标的单位。团队的概念包含三个要素:第一,需要两个或两个以上的人员,团队的规模可大可小,但一般规模都低于 15 人。第二,团队人员有规律地相互接触,彼此间不打交道的人不能组成一个团队。第三,团队人员共享绩效目标。团队有时在组织中又被称为"群体","团队"和"群体"这两个词汇经常相互替换。团队概念意味着一种崇高的使命感和竞争感。

重视组织中的团队工作,是指重视团队沟通的需要。团队成员工作在一起,以便完成任务,团队的沟通结构既影响团队绩效又影响员工的满意度。对团队沟通的研究集中在两个方面:团队沟通集权的程度和团队任务的性质。这两个方面又是由企业组织中沟通网络的复杂性所决定的。在集权的网络中,团队成员必须通过一个人解决问题和做决策来进行沟通。在分权网络中,个人可以随意地和其他团队成员进行沟通,团队成员平等地处理信息直到达成一致。

集权沟通网络对简单问题能够较快解决,分权沟通则显得迟缓些,因为信息与个体中间要等到有人最终获得信息并解决问题时才会传递。但对于复杂问题而言,分权沟通网络的解决速度就较快。由于所有必需的信息并不局限在一个人那里,所以通过广泛的沟通产生的信息汇总就为决策提供了更多的产出。同样,解决问题的精度和问题的难度是连在一起的。

团队沟通对组织的意义在于,在高度竞争的全球环境中,组织应用群体或团队解决复杂问题。当团队活动复杂而且难度较大时,所有成员都应该在一种分权的结构中共享信息,以便解决问题。团队需要在各个方向上自由沟通,应该鼓励团队成员彼此间讨论问题,员工的大量时间应该投放于信息加工上。但是，执行常规任务的团队沟通可以是集权式的，在处理信息上的时间不宜太多。

八、组织间沟通

组织间沟通简单地说就是组织之间如何加强有利于实现各自组织目标的信息交流和传递的过程。组织间沟通的目的，是通过协调共同的资源投入活动，实现有利于合作各方的共同利益。

同一般的组织中的人际沟通和工作团队沟通不同的是，组织间沟通日益成为管理学中沟通的重要一环，这主要是企业战略管理中战略和企业边界扩张范式分别转型的结果。

关于企业的经营战略问题，总的来看，有两种思想。一种是从产业组织角度入手。这种思想主要是分析企业所处的产业结构位置，将企业的产业定位和竞争绩效联系起来。根据这种分析，企业的潜在赢利能力取决于企业分析和比较想进入的产业市场的五种作用力，它们最终形成了对企业是否进入该产业的吸引力。企业要将这种吸引力蕴含的超额利润变成现实，需要采取通用的三种竞争战略，以获取在低成本和差别性方面的一般性竞争优势，这类优势就是企业的市场力量所在。所以，企业的经营战略就是用竞争定位进行产业市场分析。显然，这种思想的核心特征是企业分析的外在性，即对企业的市场力量分析主要从企业的环境角度出发。这种企业经营战略观念的代表人物是美国哈佛大学商学院的麦克·波特教授。另外一种观念则认为，企业的战略首先起始于企业对内部资源的整合，企业的市场力量是企业资源禀赋，尤其是核心资源在企业内部配置的结果。企业拥有的资源和产业中其他企业的不同，决定着企业在产业中具有强大的获取异质资源的租金。企业的资源由有形资源、无形资源和能力组成。其中，能力是资源整合的结果，一般认为有能力和竞争能力两种。企业主要通过核心竞争能力，获得从经营生产环节到核心产品、到企业组织结构、到最终市场上的超过竞争对手的力量或竞争优势。可以说，战略在这种框架中是潜在的能力和竞争能力的产物。这种思想突出地表现在企业资源基础论、20世纪90年代普拉哈拉德和哈梅尔的核心竞争能力论与当代的企业知识基础论中。

企业组织的战略管理简略地说就是如何扩展企业组织的边界问题，即组织和市场发生相互作用和替代的区间。在一个相对狭小的市场区域中，如果竞争的驱动力不是十分强大，那么企业组织的内部开发活动足以扩展企业的边界。但随着竞争力量的强大，以及生产要素流动的便利性和壁垒，单一的企业内部开发活动不足以支撑企业占领市场的需要。为了在速度上把握先机，世界范围内的企业经营从20世纪60年代起，用资本在资本市场上部分获取或全部买下资产的形式，以并购扩大企业的边界。无论是并购的对象还是自身的经营方向关系如何，总的来说，并购是一种一体化战略行为，或者说以市场内部化的方式降低企业经营管理的交易成本。一体化使企业的市场力量得到加强，资产的互补性和控制权也完全在企业组织内部实现。但自

20世纪90年代以来，企业边界的扩张形式却因通信和计算机技术的飞速发展而发生质的变化。对企业资产规模的衡量正在由物质资本存量悄然向无形资本或知识资本流量方向变化。这方面的典型案例是美国三大汽车公司和美国微软公司积累财富的速度的差异性。

这种在总的形态上以突出无形资本的投入来实现资本积累的经济，现在一般称为知识经济（2011年起的提法是"新经济"或"网络经济"）。知识经济对企业的启示主要在于，企业本身应是由有形资源和无形资源组成的集合体。在主要由资源决定企业边界和绩效的观念中，企业与其说是某种固定资产的载体和表现形式，不如说是某种经营知识体系的载体。由于知识的隐性和显性特征，企业要试图控制伴随竞争环境的变化而增加的各种知识是相当困难的。因此，要进行有效的竞争，企业走向合作，选择合作的竞争战略是大势所趋。

合作竞争战略的形式之一是战略联盟。这种合作形式是一种具有清楚明确的"积聚性理念"的多边合作伙伴关系。它以松散的组织方式为特征，在自愿加盟的基础上，以共同的方式拓展未来的竞争空间，实现"双赢"或"全赢"的市场目的。管理学家们称，21世纪的企业竞争将主要是企业联盟以及联盟基础上企业网络的竞争。战略联盟的稳定性虽然远强于产业组织中的卡特尔组织形式，但战略联盟的成功与否的确从一定程度上取决于战略联盟存在过程中的沟通效果。由于这种战略既跨越了资产的约束又跨越了地域的限制，因此，其一旦运作起来，其优势是多方面的。西方大多数跨国公司在世界各地广泛实施这种合作战略。管理这种战略，通常是要建立特别的联络委员会，这一机构一般是向各联盟企业的最高层管理负责的。它的主要职责是协调联盟的运行并且监督合作伙伴共同领域中的新动向，加强组织间的沟通，以使联盟切实为各成员企业创造价值。

组织间沟通的重要基础，一般不是建立在市场交易关系基础上的契约关系，而是建立相互信任的互惠关系。如果沟通的主要目标是有关践约和履约的问题，那么组织间的关系就会走向纯粹的市场交易关系，进而失去组织间沟通的本来意义。在经济活动全球化和技术进步日益加快的背景中，组织间的沟通对企业尤其对互联网领域的企业正起着越来越重要的作用。

附加知识:有效沟通的基本步骤

【问题互动】

请列举出你向上级汇报工作情况的几个步骤，对照有效沟通的六步骤，查找你缺少了哪些步骤，为什么，你认为这些步骤是如何影响沟通效果的？

步骤一:事先准备

在工作中，我们需要提前准备这样一些内容:

1.设立沟通的目标

这非常重要，我们在与别人沟通之前心里一定要有一个目标，明确自己希望通过这次沟通达到什么目的。毫无目的的交流叫作聊天，而不是沟通。

2.制订计划

有了目标就要有计划，即先说什么、后说什么。如果情况允许，列一个表格，把要达到的目的、沟通的主题、方式以及时间地点对象等列举出来。机会总是等待那些有准备的人的。

3.预测可能遇到的争端和异议

首先要有充分的心理准备，其次还要根据具体情况对其可能性进行详细的预测。

4.对情况进行 SWOT 分析

运用著名的 SWOT 分析，明确双方的优势劣势，设立一个合理的目标——大家都能接受的目标。

S——strength 优势	W——weakness 劣势
O——opportunity 机会	T——threat 威胁

在事先准备的过程中，要注意的一点就是准备目标。当双方都有一个目标时，才容易通过沟通达成协议，因此，在与别人沟通面谈时首先要说：我这次与你沟通的目的是……

步骤二：确认需求

确认需求的三步骤

◆积极聆听

◆有效提问

◆及时确认

第一步：积极聆听。要用心和脑去听，要设身处地地去听，目的是了解对方的意思。

第二步：有效提问。通过提问更明确地了解对方的需求和目的。

第三步：及时确认。当你没听清楚或者没有理解时，要及时沟通，一定要完全理解对方所要表达的意思，做到有效沟通。

我们在沟通过程中，首先要确认对方的需求是什么。如果不明白这一点就无法最终达成共同的协议。要了解对方的需求，就必须通过提问来达到。沟通过程中有三种行为：说、听、问。提问是非常重要的行为，可以控制我们沟通的方向，控制谈话的方向。

要掌握提问的技巧，必须明确地区分问题的两种类型。

问题的两种类型

●开放式问题

●封闭式问题

【问题互动】

你认为开放式问题和封闭式问题的区别是什么？请列举出你工作过程中的开放式问题和封闭式问题。

举个简单的例子说明二者的不同之处：

封闭式问题:会议结束了吗? 我们只能回答结束了或者没有。

开放式问题:会议是如何结束的? 对方可能会告诉你许多信息,如会议是几点到几点、达成了什么协议等。

两种类型问题的优劣比较:

封闭式问题:可以节省时间、控制谈话的气氛。评论:不利于收集信息。

开放式问题:收集信息全面、谈话气氛轻松。评论:浪费时间,容易偏离主题。

几个不利于收集信息的提问:

少问为什么。尽量少问为什么,可以用其他的话来代替,如你能不能说得更详细些? 这样对方的感受会更好一些。

少问带引导性的问题。如难道你认为这样不对吗? 这样的问题会给对方留下不好的印象,也不利于收集信息。

多重问题。就是一口气问了很多问题,对方不知道该如何下手,这也同样不利于收集信息。

积极聆听技巧

请判断下面的情况是不是积极聆听的:

当别人在讲话时,你在想自己的事情;

一边听一边与自己的观点对比,进行评论;

我们聆听的目的是为了理解而不是评论。当你处于这样的情况的时候,就不可能听到准确的信息。

那么积极的聆听技巧有哪些呢?

◆倾听回应。当你在听别人说话的时候,一定要有一些回应的动作。如"好,我也是这样认为的""不错!"在听的过程中适当地点头或者其他的一些表示你理解的肢体语言,也是一种积极的聆听,也会给对方非常好的鼓励。

◆提示问题。就是当你没有听清楚的时候,要及时提问。

◆重复内容。就是在听完一段话的时候,要简单地重复一下内容。其实,这不是简单地重复,而是表示你认真听了,还可以向对方确认你所接收到的信息是否准确。

◆归纳总结。在听的过程中,要善于将对方的话进行归纳总结,更好地理解对方的意图。

◆表达感受。要养成一个好的习惯,要及时地给对方以回应,表达感受,比如"非常好,我也是这样认为的。"这是一个非常重要的聆听技巧。

步骤三:阐述观点

在表达观点的时候有一个非常重要的原则,那就是 FAB 原则。F 就是 Feature,即属性;A 就是 Advantage 优势;B 就是 Benefit 利益。

在阐述观点的时候,按照这样的顺序来说,对方更容易懂、容易接受。

【问题互动】

利用 FAB 原则，向客户介绍你公司的产品

Feature	Advantage	Benefit	最终效果

步骤四：处理异议

在沟通中遇到异议时，可以采取一种借力打力的方法。这种方法不是要强行说服对方，而是用对方的观点去说服对方。

在沟通中遇到异议时，首先要了解对方的某些观点，然后找出其中对你有利的一点，再顺着这个观点发挥下去，最终说服对方。

◎ 案例

在保险业，如果客户说："我收入少，没有钱买保险。"业务员却说："正因为你收入少才需要买保险啊，以便从中获得更多的保障"。

客户说："我这身材穿什么都不好看。"销售人员说："就是因为这样，你才需要设计，来修饰你身材不好的地方。"

【问题互动】

面对客户的拒绝借口，你该如何应对？

客户的拒绝借口	你的应对
我要考虑考虑	
我们的预算已经用完了	
我要和老板商量	
现在生意不景气	
你的价格太高了	
我不在意品质	
我还要和别家比较比较	

步骤五:达成协议

一定要注意:是否完成了沟通,取决于最后是否达成了协议。在达成协议的时候,要做到以下几个方面:

◆感谢

◆赞美

◆庆祝

——要发现别人的支持,表示感谢

——对别人做出的结果表示感谢

——愿与合作伙伴、同事分享成功

——积极转达外部的反馈意见

——对合作者的杰出工作给以回报

步骤六:共同实施

在实际工作中,任何沟通的结果仅仅意味着一个工作的开始,而不是结束。

【问题互动】

检查沟通过程是否按照计划及为什么不能按计划进行。

沟通计划表	
沟通的目的	
参与沟通者	
地点	
开场白重点	

◎ 案例

电信局与 107 位教授的投诉

2000 年 3 月 23 日,×市电信局账户中心来了几个人,他们是某电视台新闻评论部记者李某、当地某快报的记者范某,以及两名电话用户。他们到达账户中心后,向工作人员递上了一份由该中心打印、主叫号码不详的长话清单。在该清单上,不足 1 分钟的电话有 9 个,其中通话时长为 2 秒和 4 秒各 1 张。他们认为用户不可能在如此短的时间内进行通话,觉得电信局多收了电话费,要求账户中心作出解释。

账务中心业务科长了接待他们并作了解释,答复的内容主要有:电信局交换机只有接到对方局的应答信号后才开始计费,这些话单肯定是电话接通后才收费的;造成超短时话单的原因有多种,如对方线路上有未知的终端设备(如传真机、录音电话、服务器等),或是对方电话办理了转移呼叫等业务,或是由于对方手滑,电话刚拿起来就掉了等。

记者李先生等对上述解释不能接受,表示当天要弄个明白,并要求账务中心提供相应的资费文件。账务中心与该电信局市场经营部联系后，请他们到市场部作进一步咨询。于是，以上人员又来到了市场部。

在市场部，李先生等重复提问有关超短时话费问题，向对方出示了清单。同时还说，现在A大学107位教授正就此事联名投诉（未出示联名投诉书），要求对"不明不白"多付的钱要有个说法。市场部当时的答复与账户中心基本一致，这些到访人员对市场部的答复仍不满意。

3月27日，该市的快报和市电视台等一些地方新闻媒体相继发出了题为"长话未接却收费，百名教授不理解""与教授一模一样，众百姓纷说长话收费"等新闻。在新闻中，电信局得知记者们已经采访过教授们："百位教授的代表人之一M教授举着电信局账务中心打印的长话明细单说，我们有许多打通了没人接听的电话，被电信局收了费……""这页单子上将近一半是超短时电话，谁会在3分钟之内连打4个只讲几秒钟的长话呢""投诉的100多位教授都有类似情况，偶尔出现一两次还说得过去，如此频繁就不好解释了"。但是，A大学的107位教授并没有向×市电信局提出投诉。

新闻发出后，引起了南方周末、中央电视台等多家媒体的关注，4月2日，中央电视台记者到A大学进行采访；次日，央视记者会同×市电视台记者李、快报记者等到×市电信局对超短时话单事宜做跟踪采访。×市电信局S副局长接受了采访。

随后，中央电视台（新闻调查）、人民日报华东版、南方周末、×市地方报纸等媒体作了大量报道。南方周末还刊出了有107位教授联合签名的投诉书；另有一些报纸的文章中出现怀疑或暗示"在超短时话费上的收费是不是故意操作行为"。至此，×市电信局的压力越来越大。（案例来源：徐国良，王进主编.企业管理案例精选解析［M］.中国社会科学出版社，2009）

案例分析：

1.你如何评价107位教授的投诉，其合理性是什么？

2.如果你是电信局的有关负责人，面对这样的问题应采取哪种措施？各个措施的目标是什么？

3.试提出这次沟通的思维定位方式。

人际沟通技能测试与练习

一、概念测试

完成以下对错测试，在对的答案上画圈。正确答案在测试的后面。在给你的答案打分后，不要忘记重新检查并理解你做错的题目。

对或错 1.充分的沟通通常比有效的沟通更好。

对或错 2.沟通比其他管理行为耗时更多。

对或错 3.人们在巩固正在逐渐形成行为的基础上培养与他人沟通的方式。

对或错 4.反馈是信息接收者感知信息和理解其含义。

对或错 5.军队的上校在与普通公众说话时应该避免使用军队中的行话。

对或错 6.萨利只向她的主管汇报销售的成功业绩而没有提到不足之处，她筛选了信息。

对或错 7. 积极的倾听包括感觉、参与和反应。

对或错 8. 为了避免让信息传达者产生疑惑，你不应该提问。

对或错 9. 在美国，直接的眼神接触是真诚、感兴趣、坦诚和自信的标志。

对或错 10. 用你自己的观点去理解一个外国人表述的意思。

答案：1. 错；2. 对；3. 对；4. 错；5. 对；6. 对；7. 对；8. 错；9. 对；10. 错。

二、行为考评表

以下技能对于有效的沟通十分重要。当你评估自己的沟通技能及其他人的沟通技能时会使用它们。

有效的沟通者

. 避免沟通的障碍

. 传达清晰、可以理解的信息

. 积极地倾听他人的言语

. 使用非语言信号

. 给予适当的反馈

. 适应其他沟通者的不同沟通类型

. 征求有意义的反馈

三、分组练习

了解自己：用橡皮圈来联系

目的：练习使用非语言的沟通技能来传达你的信息并了解其他人。

准备：找一个有空间、可以自由走动的屋子。

指导：如果可能，班级成员应站起来挪开家具，使教室中有地方走动。然后，老师为将要表演的学生宣读以下非语言活动的指导说明。在练习的最后，先由双人小组扮演者听取汇报，然后由全班同学听取汇报。

活动一：全班同学起立并且无声地转一圈，用非语言的方式向他人问好。在你向每个人问好后（大约 2 分钟），用非语言方式挑选一位伙伴进行活动二。任何时候都不允许互相说话。

活动二：站在离你的伙伴 2 尺远的地方。把你们的手伸到前面时，几乎能触摸到伙伴的手。假装你们的手被橡皮圈缠着而且假装你的伙伴就是镜子中的你（你们的动作一致）。当你们的双手"接触"到伙伴的双手时，用创造性的方式不出声地移动你们的双手。（3 分钟）

活动三：保持以上状态。现在假设你的双脚同样被橡皮圈缠着，离你伙伴的双脚有 2 寸远。再次用非语言的方式同时移动你们的双手和双脚。有创造性地看看你们是否可以在屋子中转一圈，遇见其他的双人组合等。（3 分钟）

活动四：与你的同伴一起用非语言的沟通方式选择另一个双人组合。坐在一起将你们通过活动一、活动二、活动三从同伴那里学到的心得体会分享给另外的双人组合。循环反复直到所有的小组都完成了讨论（10分钟），然后在你的小组中讨论以下问题：

听取汇报

在练习的最后，先是双人小组听取汇报，然后是全班同学听取该练习的汇报。汇报的目的是分析你自己以及你的同伴在非语言练习过程中学到的东西。以下的问题会帮助你进行讨论。（10分钟）

1. 在此练习中，你和你的同伴使用什么样的非语言沟通方式？

2. 你如何感受在这个封闭的人际空间中与你的同伴相互沟通，为什么？与其他伙伴有什么不同吗？

3. 你们用非语言的方式影响对方的主要方法是什么？如谁邀请谁作为他或她的同伴，如何通过非语言的方式开始活动？你们如何用非语言的方式来决定挑选另一对双人组合？

4. 在非语言练习中你还了解到自己以及你的同伴或其他人的一些其他什么事情？如你们在无声转圈的过程中感觉如何，为什么？其他双人组合是如何尊重你们的私人空间的，你对此的感受是什么？

时间：25分钟做练习，10分钟听取汇报。

本模块重要概念：

协调 冲突 沟通 沟通的类型 沟通的障碍

本模块小结：

沟通协调能力从来没有像现在这样成为个人成功的必要条件！一个人成功的因素75%靠沟通，25%靠天才和能力。对企业内部而言，人们越来越强调建立学习型的企业，越来越强调团队合作精神，因此，有效的企业内部沟通交流是成功的关键；对企业外部而言，为了实现企业之间的强强联合与优势互补，人们需要掌握谈判与合作等沟通技巧；对企业自身而言，为了更好地在现有政策条件下实现企业的发展并服务于社会，也需要处理好企业与政府、企业与公众、企业与媒体等各方面的关系。这些都离不开熟练掌握和应用沟通协调的原理及技巧。对个人而言，建立良好的沟通协调意识，逐渐养成在任何沟通场合下都能够有意识地运用管理沟通的理论和技巧进行有效沟通的习惯，达到事半功倍的效果，显然也是十分重要的。学习沟通的技巧，将使您在工作、生活中游刃有余。本章从协调、冲突的概念着手对协调理论、协调方法、协调原则和协调内容进行了详细介绍。同时，也对在协调中的冲突问题详细进行了介绍。最后对沟通的定义、沟通的内容、沟通的有效性等进行了详尽介绍。

练习与实训：

1. 对沟通有效性进行分析？

2. 在企业管理中，协调方法与实践是如何结合的？

3. 选取当地一家熟悉的企业，了解企的管理沟通方面的运用，撰写企业如何运用管理沟通的报告。

模块十

管理激励

学习目标

认识管理激励；掌握企业管理激励理论；熟知管理激励的具体运用。

导入案例

DELL 公司的"太太式培训"

DELL 公司培训销售人员采取的是"太太式培训"的方式。所谓"太太式培训"就是把销售经理比喻为销售新人的"太太"，销售经理像太太一样不断地在新人耳边唠叨、鼓励，力图让新人形成长期的良好销售习惯，从而让销售培训最终发挥作用。培训由培训经理和销售经理一起完成。销售新人不仅要向直接经理汇报，还要向培训经理汇报。培训经理承担技能培训和跟踪、考核职能(每周给销售新人排名，用 e–mail 把排名情况通知他们)。销售经理承担教练和管理职能，通过新人的最终执行，达到提高业绩的目的。先是为期三周的集中培训，由专家讲解销售的过程和技巧，邀请有经验的销售人员来分享经验。然后每周末召开会议，销售经理与培训经理都参加，检查新人上周进度，讨论分享工作心得、分析新的销售机会、制定下周的销售计划。销售经理与培训经理、新人们一起讨论新人的成长、下一步的走向。最终，"太太"在工作中能够自觉指导新人运用销售技巧，及时鼓励新人、有效管理新人。

"太太式培训"的效果非常惊人，用数字可以说明：DELL 销售代表每季度的平均销售额是 80 万美元，没有"太太式培训"的时候，新人第一季度平均销售为 20 万美元。而经过这样的培训，新人在第一季度的平均业绩已达到 56 万美元，远远高于以前销售新人 20 万美元的销售额。

让员工了解公司内部的信息也是使员工获得知识的重要途径。特别是让员工知道公司是如何赚钱的信息能产生很大的激励作用。《商业周刊》的一份调查报告显示，有 59% 的员工认为，激励他们最好的方法就是直接说出他们的工作是如何帮公司赚钱的，77% 的经理也是这样认为。具体如何操作？部门经理先找出公司最看重的关于业绩的那些重要数字，向员工解释公司的现金流、收入和利润之间的区别，以及如何阅读利润表和资产负债表，让员工能把自己的工作与部门和公司的最终盈利水平联系起来。（资料来源：周三多编著.管理学原理[M].南京大学出版社，2011）

项目一——认识激励

一、对人性的认识

对组织中人的不同假设，将直接影响到主管人员的管理行为。道格拉斯·麦格雷戈（Douglas M. Mc Gregor，1906—1964），美国著名行为科学家，在他的代表作《企业的人性方面》（1957）中提出了著名的 X 理论 – Y 理论；美国的心理学家和行为科学家谢恩（E）归纳分类了人性的四种假设，即经济人、社会人、自我实现人和复杂人的假设。在此基础上，我们结合西方其他一些行为学家关于人性的论述进行归纳，大致可以分为以下四种人性假设：

（一）"经济人"（rational – economic man）的假设

"经济人"又称为"理性—经济人"，也称为实利人。这种理论认为人的一切行为都是为了最大限度地满足自己的利益，工作的动机是为了获取经济报酬。

麦格雷戈提出的 X 理论就是对经济人假设的概括。其基本观点如下：

1. 多数人天生是懒惰的，他们总是尽可能地逃避工作；

2. 多数人没有雄心大志，不愿意负任何责任，而心甘情愿地接受别人的指导；

3. 多数人的个人目标与组织目标是相矛盾的，因此，必须用强制、惩罚的方法才能迫使他们为了达到组织的目标而工作；

4. 多数人干工作都是为了满足基本的生理需要和安全需要，只有金钱和地位才能鼓励他们努力工作；

5. 人大致可以分为两类，多数人是有类似上述设想的人；另一类是能够自己鼓励自己，能够克服感情冲动的人，这些人才能负起管理的责任来。

基于以上的人性假设，X 理论认为应采取的管理措施有：

1. 管理工作的重点是在提高生产率、完成生产任务方面。而对于人的感情和道义上的责任，则不是管理者应考虑的问题。管理就是计划、组织、经营、指挥、监督和控制等；

2. 管理工作是少数人的事，工人只能听从管理者的指挥而无权参与管理；

3. 制定具体、严密的规章规范、技术规程要求员工执行，严格制定定额，实行计件工资制，以金钱报酬换取员工的服从；同时，对消极怠工者采取严厉的惩罚措施，即采取"胡萝卜加大棒"的管理方式。

（二）"社会人"的假设

"社会人"的理论基础是人际关系学说，这是梅奥教授在霍桑实验中得出的实验总结。社会人的基本假设就是：从根本上说，人是由社会需求而引起工作动机的，并且通过与同事的关系获得认同感：

1. 工业革命与工作合理化的结果，使工作本身失去了意义，因此只能从工作的社会关系中去寻求意义；

2. 员工对同事们的社会影响力要比管理者所给予的经济诱因及控制更为重视；

3. 员工的工作效率随着上司能满足他们社会需求的程度而改变。

在管理措施上，"社会人"的假设重视以下几方面：

1. 管理人员不应只注意完成生产任务，而应把注意重点放在关心人、满足人的需要上；

2. 管理人员不能只注意指挥、计划、监督、控制和组织等，而应更重视员工之间的关系，培养并形成员工的归属感和整体感；

3. 实行奖励时，提倡集体的奖励制度，培养集体精神。

（三）自我实现人的假设

自我实现人是马斯洛提出来的。所谓自我实现，是指人都需要发挥自己的潜力，表现自己的才能，只有人的潜力充分发挥出来，人的才能充分表现出来，人才会感到最大的满足。麦格雷戈总结借用了这个名词，总结并归纳了马斯洛与其他类似的观点，提出了 Y 理论：

1. 工作对人而言可能是种享受，也可能是种惩罚，因此，人并非天生一定就不喜欢工作，而是要看环境而定。

2. 没有人喜欢外来控制和惩罚，人们希望实行自我管理和自我控制。

3. 人在解决组织难题的时候，大都充满活力、想象力和创造性。

4. 在适当的条件下，一般人不仅不逃避责任，反而会谋求重任。

5. 人和组织的目标在适当的机会会融合为一，有自我实现需求的人往往以达到组织目标作为自己致力于实现目标的最大报酬。

因此，Y 理论条件下管理人员应采取的管理方式是：

1. 创造使人发挥才能的工作环境，使员工在为实现组织的目标贡献力量时能实现自己的个人目标。

2. 管理者的角色是辅助者、帮助者、训练者。

3. 激励方式：给员工更多的信任、更多的职责和自主权，实行员工的自我控制、自我管理，使其参与决策、分享权力。

（四）复杂人的假设

约翰·莫尔斯和杰伊·洛希在1970年发表的《超Y理论》对上述三种假设的总结，提出了复杂人的假设。上述三种假设虽说各有一定的合理性，但是不能适用于一切人。因为人是复杂的，不仅因人而异，而且一个人本身在不同的年龄、地点、时期也会有不同的表现。人的需求随着各种变化而改变，人与人之间的关系也会改变。复杂人的假设认为：

1. 人的需要是多种多样的，而且这些需要随着人的发展和生活条件的变化而发生改变。每个人的需要都各不相同，需要的层次也因人而异；

2. 人在同一时间内有各种需求和动机，它们会发生相互作用并结合成为统一的整体，形成错综复杂的动机模式；

3. 人在组织中的工作和生活条件是不断变化的，因而会产生新的需要和动机；

4. 一个人在不同的组织或同一个组织的不同部门工作，会产生不同的需要；

5. 由于人的需要不同、能力各异，对不同的管理方式会有不同的反应，因此没有适合于任何组织、任何时间、任何个人的统一的管理方式。

二、激励概述

（一）需要、动机与行为（行为由动机产生，动机建立在需要的基础上）

1. 需要

（1）定义：在一定的生活条件下，生命有机体对客观事物的需求。

一切生命有机体为了维持自己的生存和发展，对外界环境必然会产生各种需求。植物需要阳光、水、二氧化碳来进行光合作用，动物需要食物、水来维持生命。植物和动物如此，人也如此。《吕氏春秋》中说，若一个人"耳不乐声，目不乐色，口不甘味，与死无择"。

（2）形成需要的条件

●不足之感：人们感到缺乏什么。

●求足之感：对缺乏的东西有一种得到的渴望。

需求产生→满足→新需求产生→再满足。人的需要带有现实的社会性，即除了由生存的天然特性所产生的需要之外，更多的是由所处的社会环境所引发的需要。

2. 动机

在吸收一个人入党时，组织上总要对他的入党动机作一番审查，看他为什么要入党、其入党动机是否端正。当公安机关侦破每个案件时，都要研究犯罪动机；在人际交往中，我们都会不自觉地对别人的言行考虑一下出于什么动机。由此可见，动机对于我们来说并不陌生，那么到底什么是动机呢？

（1）定义：动机就是推动人们的原动力，产生于需求，是行为的直接原因。

（2）影响动机的心理因素。

一般来说，人的生理需求容易得到满足，饿了吃饭、渴了喝水、困了睡觉。然而，心理需求要得到满足则要复杂得多。以下几种心理因素对个体动机的影响最大。

①兴趣、爱好、性格。如果同时有好几个目标都可以满足个体的某种需求，那么个体在选择目标时往往会根据自己的兴趣、爱好及性格特点来选择。如人饿了，若有好多种食物可供选择的话，人们会根据自己的喜好去选择，有人爱好米饭，有人爱好吃面，有人爱好吃馒头。在买衣服的时候，性格活泼开朗、外向的人必然会选择比较时髦、前卫、颜色图案较鲜亮的。而性格内向、不善交际、保守的女孩子则肯定会选择一些较传统、较正统的服装，而肯定不会选那些吊带小背心、露背装、乞丐装。

②价值观。价值观是人们用来区分好坏的标准并指导行为的心理趋向系统。

由于价值观不同，有的人追求权力、地位，有的人追求金钱美女，有的人看重工作成就，有的人追求享受，有的人讲究奉献。

③抱负水平。抱负水平是指将自己的工作达到某种标准的心理要求。

3.行为。行为是人的主观对客观作出的可以观察的反应，如行动、运动、表情、工作，但不包括纯意识的思想反应过程。

（二）激励的概念

1.激励的含义

激励就是管理者运用各种管理手段，刺激被管理者的需要，激发其动机，引导并促进被管理者产生有利于管理目标行为的过程。可以从以下三个方面来理解激励这一概念。

（1）激励是一个过程。人的行为都是在某种动机的推动下完成的。对人行为的激励，实质上就是通过利用能满足人需要的诱因条件，激发行为动机，从而推动人采取相应的行为，以实现目标，然后再根据人们新的需要设置诱因，如此循环往复。

（2）激励过程受内外因素的制约。各种管理措施，应与被激励者的需要、理想、价值观和责任感等内在的因素相吻合，才能产生较强的影响力，从而激发与强化工作动机，否则便不会产生激励作用。

（3）激励具有时效性。每一种激励手段的作用都有一定的时间限度，超过时限就会失效。因此，激励不能一劳永逸，需要持续进行。

2.激励的特点

激励作为一种领导的手段，最显著特点是内在驱动性和自觉自愿性。由于激励是起源于人的需要，是被管理者追求个人需要满足的过程，因此，这种实现组织目标的过程不带有强制性，而完全是靠被管理者内在动机驱使、自觉自愿的过程。

激励在组织管理中具有十分重要的作用，有利于激发和调动职工的积极性；有利于满足职工在物质、精神、尊重、社交等多方面的需要;有助于将职工的个人目标与组织目标统一起来。

(三)激励的过程和模式

激励过程就是一个由需要开始到需要得到满足为止的连锁反应。当人产生需要而未得到满足时,会产生一种紧张不安的心理状态。在遇到能够满足需要的目标时,这种紧张不安的心理就会转化为动机,并在动机的驱动下向目标努力。而当目标达到后,需要得到满足,紧张不安的心理状态就会消除。随后,又会产生新的需求,引起新的动机和行为,这就是激励过程。由此可见,激励实质上是以未满足的需要为基础,利用各种目标激发产生动机,驱使和诱导行为,促使实现目标,提高需要满足程度的连续心理和行为过程,整个过程如图 10 - 1 - 1 所示。

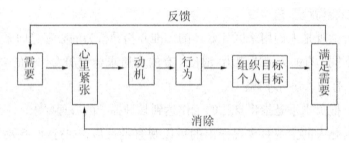

图 10 - 1 - 1　激励模式

(四)激励的原则

在管理活动中,激励必须因时、因地、因人、因事而异,但这并不等于说激励就没有一定的规律可循了。

1. 了解人、理解人、尊重人

激励的根本目的是要调动人的积极性。与其他管理职能相比,激励是做人的工作的艺术。激励得当,人们的工作热情高涨;反之,人们的情绪低落,组织目标就难以实现。做好人的工作,前提必须是理解人、尊重人。

人的行为具有多变性、多样性、创造性,但又会遵循一定的规律。管理者必须要认识到这种规律。首先,一个人的工作态度好、热情高,或者恰恰相反,工作积极性不高、效率低,都有一定的原因。了解人就是要认识人,抓住这种原因。其次,做好激励工作还应该站在当事人的立场上考虑问题,由此才能找到解决问题最有效的方法。最后,激励还必须尊重人。无论是正激励的表扬,还是负激励的批评,都必须考虑受激励者所处的情境,采取合适的方式,只有真正地尊重他人,激励才会为人们所接受,奖励不被人们看成是恩赐的、批评不被当作是打击。

2. 时效原则

时效原则是指奖励必须及时,不能拖延,一旦事过境迁激励就会失去作用。把握好激励的时效是一门艺术,但并非记住了这一原则就能做好。一般来说,正激励多在行为一发生时就给予表扬，以示支持。对错误的行为，应及时制止，不让其延续下去。

3. 功过分开，一视同仁

我国传统上有一种将功抵过的主张，这是不符合现代管理要求的。奖励与惩罚应该分明。这不仅指对该奖的人给予奖赏、对该罚的人进行惩罚，还包含对同一个人的功过应该严格区分、分别处理，不能将功抵过，扯平完事。

4. 以奖为主，以罚为辅

奖励和惩罚都属于激励，其最终目的是一样的——调动人的积极性，消除组织中存在的消极因素。可根据实际情况的不同在偏重赏或偏重罚之间适当地做出选择。但在制订激励制度时，应该采取以奖为主、罚为辅的原则。因为完成组织目标，最终还是要调动人的积极性和创造性，要激励员工努力工作。这一点惩罚是做不到的。

5. 物质奖励与精神奖励结合的原则

6. 实事求是，奖惩分明

（五）常用的激励方法

1. 精神激励法

（1）目标激励。目标激励就是通过树立起工作目标来调动员工的积极性。在大多数情况下，人们都希望工作具有挑战性，能在工作中充分发挥自己的能力，从而体会自我价值的实现感和成就感。在管理工作中，如果每一位员工都能树立起一个具有号召力的目标，则有助于人们提高其工作的积极性。

（2）情感激励。古人云："感人心者，莫先乎于情"。激励工作必须要注重情感投资，关心员工，动之以情，从而打动员工。

通用电器的情感管理：

①公司各层领导都实行"门户开放"政策，欢迎本厂员工随时可以进入他们的办公室反映情况，对于员工的来信来访能负责妥善处理。

②从上到下直呼其名，无尊卑之分，相互尊重、彼此信赖，人与人之间关系融洽、亲切。公司像一个和睦、奋进的大家庭。

③公司总裁亲自到医院探望一位销售员生病住院的妻子。这位销售员知道这件事后感激不已，每天工作达16小时，以此来报答总裁的关怀。

（3）榜样激励。榜样的力量是无穷的，发挥榜样的激励作用，能够促中间带落后，推动各项工作的开展。榜样激励首先要求领导人以身作则。现代企业制度下的企业领导者在企业中居于独特的地位。既是企业的经营者又是企业的所有者，是企业的中坚力量。他们的行为对于整个企业行为起到了重要作用，其一举一动往往是影响员工积极性的重要因素。一个廉洁奉公、积极向上的领导者，会给员工留下值得信赖的良好形象。榜样激励还要求树立好先进典型。在具有优秀企业文化的企业中，最受人敬重的是那些集中体现了企业价值观的企业模范人物。这些模范人物使企业的价值观"人格化",他们是企业员工学习的榜样,他们的行为常常被企业员工作为仿效的行为规范。

(4)行为激励。这种用企业领导者在某些方面的有意行动来激发下级的激励方法就是行为激励法。

(5)考评激励。考评是指各级组织对所属成员的工作及各方面的表现进行考核和评定。通过考核和评比,及时指出员工的成绩、不足及下一阶段努力的方向,从而激发员工的积极性、主动性和创造性。

(6)尊重激励。尊重激励法就是通过尊重下级的意见、需要及尊重有功之臣的做法来使职工感到自己对于组织的重要性,并促使他们向先进者学习的一种激励方法。

(7)危机激励。当企业所面临的环境或对手的力量危及到自身的生存时,就可以用"不死即生"的方法来激励员工,这就是危机激励法。

具体做法是:其一,必须将目前的危机状况告诉全体员工,目的在于使员工有大难临头的危机感。其二,必须有不战即亡的表示,断绝员工的其他念头。其三,激发员工的情绪,使大家无所畏惧,同时也便于大家能齐心协力,爆发出平时没有的力量。其四,寻找危机突破口,将力量集中于此,让大家卯足干劲,一举爆发出来,定能突破难关。尽管危机激励法特殊不常用,但使员工有危机意识,不满企业在本地、本行业中的现有地位却是十分必要的。此外,还有参与激励、表扬激励和荣誉激励等都是常用的激励方法。

2. 物质激励法

(1)晋升工资。就是提高员工工资水平。工资与奖金的主要区别就在于工资具有稳定性和长期性。因此,晋升工资的激励方法一般用于一贯表现好、长期以来工作成绩突出的员工。

(2)颁发奖金。奖金是针对某一件值得奖励的事情给予的奖赏。它的灵活性大,不是一种例行收入。

(3)其他物资奖励。除了货币性的奖励外,常见的还有住房、汽车、带薪休假等。1994年7月,美国联合航空公司实行了员工持股计划,员工的工资虽然削减了15%,但是却拥有了公司55%的股票和董事会12个席位中的3个。短短18个月以后,联航公司便超越所有竞争对手,从排名第二的美洲航空公司和第三的德尔塔航空公司手中抢走了大量市场份额,而且每名工人的营业额都提高了10%,使得联航公司的股票上涨了一倍多。

项目二 激 励 理 论

自20世纪二三十年代以来,国外许多管理学家、心理学家和社会学家从不同的角度对怎样激励人的问题进行了研究,并提出了相应的激励理论。通常我们把这些激励理论分为三大类:内容型激励理论,过程型激励理论和行为改造型激励理论。

一、内容型激励理论

需要和动机是推动人们行为的原因。内容型激励理论是着重研究需要的内容和结构及其如何推动人们行为的理论。其中有代表性的理论有:需要层次理论、双因素理论等。

1. 需要层次理论

这一理论是由美国社会心理学家亚伯拉罕·马斯洛提出来的,因而也称为马斯洛需要层次理论。

(1)需要层次理论的主要内容。需要层次理论的理论要点有以下几个方面:

第一,人是有需要的,并且是有层次性的。

第二,每个人都有五个层次的需要,由低到高依次是生理的需要、安全的需要、社交的需要、尊重的需要、自我实现的需要。如图10-2-1所示。

生理的需要指人类生存最基本的需要,如食物、水、住房、医药等。这是动力最强大的需要,如果这些需要得不到满足,人类就无法生存,也就谈不上其他需要了。

安全的需要是指不受身体危害,以及不受失业、财产、食物或居住损害的恐惧的需要,包括劳动安全、职业安全、生活稳定、劳动保险、老有所养、免于灾难、未来保障等。

社交的需要包括友谊、爱情、归属、信任与接纳的需要。人们一般都愿意与他人进行社会交往,想和同事们保持良好的关系,希望给予和得到友爱,希望成为某个团体的成员等。这一层次的需要若得不到满足,可能会影响到人精神上的健康。

尊重的需要包括自尊和受到别人尊重两个方面,前者是对地位、成就、权威、面向世界的自信心、独立和自由的渴望,后者来自别人的尊重、赏识、注意或欣赏等名誉和声望的渴望。这一层次的需要一旦得以满足,必然信心倍增,否则就会产生自卑感。

自我实现的需要是需要层次中最高层次的需要,指个人成长与发展,发挥自身潜能、实现理想的需要。也就是说,人们希望完成与自己能力相称的工作,使自己的潜能能够充分发挥。

图10-2-1 需要层次论

第三,人类基本的需要必先得到满足,然后才会进一步追求较高层次需要的满足;一个层次的需要相对满足了，其已不再是激励因素，就会提出更高层次的需要。

（2）在管理实践中的应用。正确认识被管理者需要的层次性。片面看待下属的需要是不正确的，应进行科学分析并区别对待。要结合本组织的特点，同被管理者的各层次需要联系起来，经过科学分析，找出被管理者的需要及其差别，然后有针对性地满足被管理者的需要，才能取得良好的激励效果，如表 10 - 2 - 1 所示。

表 10 - 2 - 1　　　　　　　　　　需要层次在企业中的应用

需要层次	激励因素（追求的目标）	应用
生理需要	工资和奖金、各种福利和工作环境	较高的薪金、舒适的工作环境、合理的工作时间、住房和福利设施、医疗保险等
安全需要	职业保障、意外事故的防止	雇佣保证、退休养老金制度、意外保险制度、安全生产制度、危险工种营养福利制度
社交需要	友谊、团体的接纳、组织的认同	建立和谐的工作团队、建立协商和对话制度、互助金制度、联谊小组、教育培养制度
尊重需要	名誉和地位、权力和责任	人事考核制度、职衔、表彰制度、责任制度、授权
自我实现需要	能发挥个人特长的环境、具有挑战性的工作	决策参与制度、提案制度、破格晋升制度、目标管理、工作自主权

2. 双因素理论

双因素理论是美国心理学家赫茨伯格于 1959 年提出来的，全名叫"激励、保健因素理论"。

通过在匹兹堡地区 11 个工商业机构对 200 多位工程师、会计师的调查征询，赫茨伯格发现，受访人员举出的不满的项目大都同他们的工作环境有关，而感到满意的因素则一般都与工作本身有关。据此，他提出了双因素理论。

（1）双因素理论的基本内容。传统理论认为，满意的对立面是不满意，而根据双因素理论，满意的对立面是没有满意、不满意的对立面是没有不满意。因此，影响职工工作积极性的因素可分为两类：保健因素和激励因素。

所谓保健因素，就是那些得不到就会造成职工不满的因素，这类因素的改善能够解除职工的不满，但不能使职工感到满意并激发起职工的积极性。它们主要是指公司政策、行为管理和监督方式、工作条件、人际关系、地位、安全和生活条件等。一般与工作环境和工作条件有关。

所谓激励因素，是指那些得到就会使职工感到满意的因素，唯有这类因素的改善才能让职工感到满意，给职工以较高的激励，调动其积极性，提高劳动生产效率。它们主要是指工作富有成就感、工作成绩能得到认可、工作本身具有挑战性、负有较大的责任、在职业上能得到发展等。一般与工作内容和工作本身有关。如表 10 - 2 - 2 所示。

表 10 - 2 - 2　　　　　　　　　　保健因素与激励因素

保健因素	激励因素
金钱	工作本身
监督	赏识
地位	进步
安全	成长的可能性
工作环境	责任
政策与行动	成就
人际关系	

（2）在管理实践中的应用。善于区分管理实践中存在的两类因素，对于保健因素（例如工作条件、福利等）要给予基本的满足，以消除下级的不满；要学会正确识别与挑选激励因素，善于抓住激励因素，进行有针对性的激励。例如，调整工作的分工、加强宣传工作、增加工作的挑战性、提升工作丰富化等来增加员工对工作的兴趣，千方百计使员工满意自己的工作，从而收到有效激励的效果。

但是，在不同的国家、不同地区、不同时期、不同阶层、不同组织甚至是每一个人，最敏感的激励因素是各不相同的，有时差别还很大。因此，必须在分析上述因素的基础上灵活地加以确定。例如，工资在发达国家的一些企业中不是激励因素，但在我们国家的许多企业员工中仍是一个非常重要的激励因素。

二、过程型激励理论

过程型激励理论是着重研究人们选择其所要进行行为的过程。即研究人们的行为是怎样产生的，是怎样向着一定方向发展的，如何能使这个行为保持下去，以及怎样结束行为的发展过程。它主要包括弗鲁姆的期望理论和亚当斯的公平理论。

1. 期望理论

弗鲁姆认为，人们采取某项行动的动力或激励力取决于其对行动结果的价值评价和预期达成该结果可能性的估计。换言之，激励力的大小取决于该行动所能达成目标并能导致某种结果的全部预期价值乘以他认为达成该目标并得到某种结果的期望概率。用公式可以表示为：

$$M = V \times E$$

其中：M——激励力量，是直接推动或使人们采取某一行动的内驱力。这是指调动一个人的积极性，激发出人的潜力的强度。

V——目标效价，指达成目标后对于满足个人需要其价值的大小，它反映个人对某一成果或奖酬的重视与渴望程度。

E——期望值，这是指根据以往的经验进行的主观判断，达成目标并能导致某种结果的概率，是个人对某一行为导致特定成果的可能性或概率的估计与判断。

显然，只有当人们对某一行动成果的效价和期望值同时处于较高水平时，才有可能产生强大的激励力。

弗鲁姆的期望理论辩证地提出了在进行激励时要处理好三方面的关系，这些也是调动人们工作积极性的三个条件。

(1)努力与绩效的关系。人们总是希望通过一定的努力能达到预期的目标，如果个人主观认为达到目标的概率很高，就会有信心，并激发出很强的工作力量。而反之，如果他认为目标太高，通过努力也不会有很好的绩效时，就失去了内在的动力，导致工作消极。

(2)绩效与奖励的关系。人总是希望取得成绩后能够得到奖励，当然这个奖励也是综合的，既包括物质上的，也包括精神上的。如果他认为取得绩效后能得到合理的奖励，就可能产生工作热情，否则就可能没有积极性。

(3)奖励与满足个人需要的关系。人总是希望自己所获得的奖励能满足自己某方面的需要。然而，由于人们在年龄、性别、资历、社会地位和经济条件等方面都存在着差异，他们对各种需要得到满足的程度就不同。因此，对于不同的人，采用同一种奖励办法能满足的需要程度不同，能激发出的工作动力也就不同。

对期望理论的应用主要体现在激励方面，这启示管理者不要泛泛地采用一般的激励措施，而应当采用多数组织成员认为效价最大的激励措施，而且在设置某一激励目标时应尽可能加大其效价的综合值，加大组织期望行为与非期望行为之间的效价差值。在激励的过程中，还要适当控制期望概率和实际概率，加强期望心理的疏导。期望概率过大，容易产生挫折；期望概率过小，又会减少激励力量。而实际概率应使大多数人受益，最好实际概率大于平均的个人期望概率，并与效价相适应。

2. 公平理论

公平理论又称为社会比较理论，它是美国行为科学家亚当斯(J. S. Adams)提出来的一种激励理论。该理论侧重于研究工资报酬分配的合理性、公平性及其对职工工作积极性的影响。

公平理论的基本观点是：当一个人做出了成绩并取得了报酬以后，他不仅关心自己所得报酬的绝对量，而且也关心自己所得报酬的相对量。因此，他要进行种种比较来确定自己所获报酬是否合理，比较的结果将直接影响到其今后工作的积极性。

(1)横向比较。即他要将自己获得的"报酬"(包括金钱、工作安排以及获得的赏识等)与自己的"投入"(包括教育程度、所作努力、用于工作的时间、精力和其他无形损耗等)的比值与组织内其他人作社会比较，只有相等时他才认为公平，如下式所示：

$$OP/Ip = OC/IC$$

其中，OP 表示自己对所获报酬的感觉，OC 表示自己对他人所获报酬的感觉，Ip 表示自己对个人所作投入的感觉，IC 表示自己对他人所作投入的感觉。

但是,在现实中还可能出现以下两种情况:

第一,前者小于后者,他可能要求增加自己的收入或减少自己今后的努力程度,以便使左方增大,趋于相等;第二种办法是他可能要求组织减少比较对象的收入或让其今后增大努力程度以便使右方减少趋于相等。此外,他还可能另外找人作为比较对象以便达到心理上的平衡。

第二,前者大于后者,他可能会在开始时积极主动地多做些工作。但是,久而久之他会重新估计自己的技术和工作情况,终于觉得他确实应当得到那么高的待遇,于是产量便又会回到过去的水平。

(2)纵向比较。即把自己目前投入的努力与目前所获得报偿的比值,同自己过去投入的努力与过去所获报偿的比值进行比较,只有相等时他才认为公平。用公式表示:

$$OP/IP = OH/IH$$

其中,OH 表示自己对过去所获报酬的感觉,IH 表示自己对个人过去投入的感觉。当出现这种情况时,人不会因此产生不公平的感觉,但也不会感觉自己多拿了报偿从而主动多做些工作。当上式为不等式时,人也会有不公平的感觉,这可能导致工作积极性下降。调查和实验的结果表明,不公平感的产生绝大多数是由于经过比较认为自己目前的报酬过低而产生的,但在少数情况下也会由于经过比较认为自己的报酬过高而产生。

我们看到,公平理论提出的基本观点是客观存在的。公平理论要求我们:首先,影响激励效果的不仅有报酬的绝对值,还有报酬的相对值。其次,激励时应力求公平,使等式在客观上成立,尽管有主观判断的误差,也不致造成严重的不公平感。最后,在激励过程中应注意对被激励者公平心理的引导,使其树立正确的公平观:一是要认识到绝对的公平是不存在的;二是不要盲目攀比;三是不要按酬付劳,按酬付劳是在公平问题上造成恶性循环的主要杀手。例如,为了避免职工产生不公平的感觉,企业往往会采取各种手段,在企业中造成一种公平合理的气氛,使职工产生一种主观上的公平感。如有的企业采用保密工资的办法,使职工相互不了解彼此的收支情况,以免职工相互比较而产生不公平感。

三、行为改造型激励理论

行为改造型激励理论主要研究如何改造和修正人的行为。主要有:斯金纳的"强化理论"、凯利的"归因论"等。下面介绍一下"强化理论"。

美国的心理学家和行为科学家斯金纳认为人或动物为了达到某种目的,会采取一定的行为作用于环境。当这种行为的后果对他有利时,这种行为就会在以后重复出现;而不利时,这种行为就减弱或消失。人们可以用这种正强化或负强化的办法来影响行为的后果,从而修正其行为,这就是强化理论,也称为操作条件反射理论。

所谓强化,从其最基本的形式来讲,是指对一种行为的肯定或否定的后果(报酬或惩罚),它至少在一定程度上会决定这种行为在今后是否会重复发生。根据强化的性质和目的可把强化分为正强化与负强化。在管理上，正强化就是鼓励那些组织上需要的行为，从而加强这种行为；负强化就是限制那些与组织不相容的行为，从而削弱这种行为。正强化的方法包括奖金、对成绩的认可、表扬、改善工作条件和人际关系、提升、安排担任挑战性的工作、给予学习和成长的机会等；负强化的方法包括批评、处分、降级等，有时不给予奖励或少给奖励也是一种负强化。

在管理实践中，当应用强化理论时，应注意以下问题：

（1）要依照强化对象的不同采用不同的强化措施。人们的年龄、性别、职业、学历、经历不同，需要就不同，强化方式也应不一样。如有的人更重视物质奖励，有的人更重视精神奖励，就应区分情况，采用不同的强化措施。

（2）及时反馈。一个人在实施了某种行为以后，如果没有及时反馈，领导者没有注意到这种行为，这种行为重复发生的可能性就会减小以至于消失。所以，必须要利用及时反馈作为一种强化手段。

（3）在运用强化手段时，应以正强化为主；同时，必要时也要对坏的行为给以惩罚，做到奖惩结合。

项目三 激励实务

一、物质激励

物质激励即通过物质刺激的手段，鼓励组织成员工作。它的主要表现形式有正激励，如发放工资、奖金、津贴、福利等。负激励，如罚款等。

物质激励应注意以下几方面：

第一，物质激励应与相应的制度结合起来。制度是目标实现的保障。因此，物质激励效应的实现也需要依靠相应的制度来保障。例如，物质奖惩标准在事前就应制定好并公诸于众且形成制度稳定下来，而不能靠事后的"一种冲动"，想起来则奖一下，想不起来就作罢，那样是达不到激励的目的的。

第二，物质激励必须公平、公正，但应注意防止"平均主义"。美国心理学家亚当斯的公平理论告诉管理者必须对所有职工一视同仁，按统一标准奖罚，不偏不倚，否则将会产生负面效应。此外，必须反对"平均主义"。平均分配奖励等于无效激励。

第三，企业要通过物质奖励，调动职工积极性，应把奖金与工薪分开发放。如果把奖金与工薪一起发，容易使员工把工作应得的和额外奖励混为一谈，职工不一定会有受奖的喜悦。

二、工作激励

它包括以下几个方面的内容：

1. 工作分配要尽量考虑到职工的特长和爱好，使人尽其才

每个人都有自己的特长和爱好，都希望在组织中最大限度地发挥自己的聪明才智，而组织任务的完成往往也需要具有不同专业特长、不同能力的人来承担。领导者应根据工作的要求和职工个人的特长，把工作与人的能力有机地结合起来，这不仅能使组织的任务很好地完成，同时还可满足职工自我实现的需要，从而极大地激发职工的工作积极性。日本松下电器公司的创始人，世界著名企业家松下幸之助曾说过："从长远来看，一个企业应兼有各种性格特长的人才好。"他把管理者分为三种类型：较有头脑、善于处理问题的"文人型"；性格豪放、做事光明磊落、富有进取精神的"武士型"；工作敢打敢拼、脚踏实地的"运动员型"。他认为在企业总体录用上，以上三种类型的人应各占1/3。

领导者在分配工作时不仅要考虑到职工的特长，还要在条件允许的情况下把分配工作与职工的兴趣尽量结合起来。心理学认为，兴趣是最好的老师，当一个人对某项工作真正感兴趣，爱上了这项工作时，他就会全身心地投入到工作中，就会克服一切困难，千方百计地去做好这项工作。

2. 要使工作具有挑战性，充分发挥职工的潜能

关于人性理论研究的Y理论认为，人是愿意承担工作，并愿意迎接工作的挑战的。每经过一次挑战，人们就会获得一次提高，获得一次成就感的满足。因此，领导者在分配工作时，要使工作的要求和目标富有一定的挑战性，这样能够激发职工奋发向上的精神。但怎样才能使工作的分配具有挑战性呢？我们认为，应使工作对能力的要求略高于职工的实际能力，或者说使职工的实际能力略低于工作的要求。

职工的工作能力只能是略低于工作的要求，而不能是远低于或高于工作的要求，其原因是：如果职工的工作能力远低于工作的要求，一方面，会造成工作任务无法完成，给组织带来损失；另一方面，职工由于工作能力差，不论其怎样努力都无法完成工作任务，他就会对自己失去信心，就会灰心丧气，不愿做新的尝试，甚至会一蹶不振。如果职工的工作能力高于工作的要求，虽然工作任务能保证完成，但职工会感到自己的潜能没有得到发挥。随着时间的推移，他可能对工作越来越不感兴趣，对组织越来越不满意，最终也会影响工作质量和工作积极性。

3. 要让职工参与管理，提高职工的主人翁意识

领导者要让职工在不同程度上参与组织决策及各级管理工作的研究和讨论中。我国是社会主义国家，职工是国家的主人，领导者要把职工摆在主人的地位上，尊重他们、信任他们，让职工在不同层次和不同深度上参与决策，虚心采纳他们的正确意见和建议。通过参与管理，能够进一步满足职工的尊重和自我实现的需要，形成职工对企业的归属感和认同感，从

而焕发出强烈的工作积极性。

在我国，职工参与班组民主管理，职工通过职工代表大会、企业管理委员会中的代表参与企业重大决策，这些是我国职工参与企业决策和企业管理的主要渠道。而在国外，企业则普遍采用"奖励职工合理化建议"制度。

三、关怀激励

企业领导对于下级的关怀，哪怕是微不足道却是出自真诚的关心，对于下级都是无穷的激励。

关怀激励法就是通过对职工进行关怀、爱护来激发其积极性和创造性的激励方法，它属于情感激励的内容。关怀激励法被管理学家称为"爱的经济学"，即无须投入资本，只要注入关心、爱护等情感因素，就能获得产出。

关怀激励法的具体措施

了解是关怀的前提，作为一名领导者，对下属员工要做到"八个了解"即员工的姓名、籍贯、出身、家庭、经历、特长、个性、表现；此外，还要对一些情况胸中有数，即工作情况有数、身体情况有数、学习情况有数、住房情况有数、家庭状况有数、兴趣特长有数、社会关系有数。

领导者关心支持下属的工作，是关怀激励的一个重要方面。支持下属的工作，就要尊重他们，注意保护他们的积极性。领导者要经常与下属谈心，了解他们的要求，帮助他们克服种种困难，并为他们的工作创造有利的条件。下属在领导者的支持下，就会干劲倍增，更有勇气和信心克服困难，顺利完成工作任务。

四、培训激励

从组织行为学上讲，激励指通过刺激激发人的动机，增强人的内在动力，促使个体有效地达到目标的心理过程，即通常所说的调动人的积极性。从培训这个范畴上讲，激励则是通过刺激激发受训者的学习冲动和学习欲望而采取行为的一种手段。

企业培训是培养和训练员工的学习活动。学习是一种刺激与反应之间的联合，个人与环境所形成的场地力量支配学习行为，动机的变化表示对学习的满意程度。员工的学习行为可以通过对其后果的控制和操作而加以影响和改变。这种控制和操作的方式就是培训激励。

(一)培训激励的意义

培训激励是职工教育管理的重点。它对于调动员工的学习积极性主动性，促进员工知识技能水平的提高具有十分重要的作用。

1.激励有利于提高培训效果

培训效果取决于能力和动机激发程度两个因素。在能力一定的情况下，动机激发程度越高，培训效果就越显著。在具备了基本的学习能力的基础上，决定员工培训效果的关键因素是"愿不愿学"，学习态度影响学习效果。激励能够使员工产生积极性并利用这种激将法调控自己的学习行为，主动参与学习过程，最终达到培训的预期效果。

2.激励有利于培训的持续开展

如果说员工是企业培训的资源，那么员工的学习欲望则是企业培训资源的催化剂。激励能够点燃员工的学习欲望，使员工对学习充满热情。企业渴求知识、想学技能的人多了，培训就会有生机和活力。倘若员工没了学习的欲望，不想或不愿参加培训，企业培训不就成了无米之炊。

3.激励有利于培育员工终身学习的理念

成功的激励能够不断引起员工的学习欲望，促使员工不停顿地追求知识，不断地学习，以适应职业发展、知识技术更新和社会进步的需要，最终形成终身学习的理念。

4.激励有利于构建学习型企业

有效的激励能够充分激发员工潜在的学习和适应能力，不断发现并排除学习的阻力，为员工持续学习与发展提供强有力的结构性支持，创造一种持续学习和进步的氛围，使企业培训从个人学习向企业学习发展。

（二）培训激励方式的选择及运用

得当的激励方式会产生良好的激励效果。根据培训的环境、对象正确选择激励方式，把握培训控制与激励的平衡点是非常重要的。在现代企业环境中，培训激励方式可分为：

1.目标激励

目标激励就是通过一定的目标作为诱因刺激人们的需要，激发人们实现目标的欲望。企业应对员工设置职业发展目标，由低级到高级，逐级而上。职业发展目标要详细标明每一个职位的学历、技能知识、工作经历及待遇。并因人制宜地制订相应的培训发展计划，告诉每一个员工要达到职业发展的某一个阶段性目标，你还需要接受哪些教育和训练。当员工清楚地知道自己努力的方向并在抵达目标之后有多少回报在等待自己的时候，就会积极主动地学习，不断为自己"充电"，为达到目标"加速运动"。

2.经济激励

在市场经济条件下，企业对激励方式选择倾向于经济激励。我们做过问卷调查，在精神激励和物质激励间，大多数企业员工更愿意选择实惠经济的经济激励。这是由于他们的经济基础还比较弱，生活尚不富裕，增加收入仍是他们的主导需要。需要同人的行为活动紧密相连，是人的行为的基本动力。需要越强烈、越迫切，由它所引起的行动就越有力、越迅速。因此，将岗位技能工资、升等增资、奖学金、培训补贴等经济激励方式用于企业培训是很奏效的。

3. 发展激励

随着科技的发展，企业知识型的员工日益增加。对于注重个性的自由发挥和实现自己人生价值的新一代员工来说，单纯的经济激励未必见效，他们更看重的是企业能否给自己提供发展的机会。发展需要培训，培训促进发展，培训与发展的互动作用就是激励。升等升职，给研究课题、给科研项目，轮岗交流，阶梯式的培训设计都能使工作富有挑战性，使员工个人发展空间具有延展性。以此激发员工的培训积极性，将会达到意想不到的效果。

4. 消极强化

在劳动力市场供大于求、劳动力素质普遍受到重视的环境下，考试上岗、竞聘上岗已经成为企业择人用人的主要形式，消极强化在此有其独特的效力。得当的消极强化手段不仅能使行为主体本人吸收教训而改变自己的行为，而且消极强化产生的警示作用同样可以成为培训的动力。对于由于自身原因没有完成培训计划或培训效果达不到目标要求、综合素质不符合岗位任职资格要求的员工，企业可以采取降职降级、转岗待岗、下岗等消极强化措施，促使他们重视培训、努力学习。

五、企业文化激励

1. 树立"以人为本"的管理理念，变管"事"为管"人"，应该体现"理解员工、满足员工需要"的激励指导思想。

2. 在企业内建立公平、公开、透明的竞争机制树立激励意识。根据组织需要，决定组织中应该设置哪些工作（岗位），再对每项工作（岗位）所要求的素质、知识、技能等进行详细描述，并得出工作（岗位）描述和任职说明。以此作为标准在所有符合条件的人员中优选，给予更多的人以竞争权利和机会。

3. 形成尊重科学、尊重知识、尊重人才的文化环境。企业应该努力形成以知识分子为主导信奉科学的文化氛围，关注知识型人才的特殊文化需求，突出知识群体的地位和作用，增强知识群体对企业整体素质的引导力。企业要摒弃"官本位"思想，优先做好专业技术人才的管理与开发。

4. 建立全面多维的人际沟通渠道。在部门内采取管理沟通、书面工作评价、意见反馈等形式，让职工自己对个人的工作进行评价，再由组织在综合对比的基础上对每个职工的工作进行书面评价和优缺点分析，帮助职工改进工作，统一职工与直接上级对工作的认识。对职工提出的意见，要认真研究后将处理结果反馈给职工，对提出好建议和意见的职工应给予适当奖励。增强职工的参与感，形成职工对企业的归属感、认同感。

5. 建立精神激励与物质激励相统一的激励系统。企业中不同知识层次、不同年龄、不同收入水平、不同家庭背景的职工会有不同的物质需求和精神需求。企业管理者必须把组织所拥有的各种激励资源合理地分配给合适的人，才能获得最大的激励效果。

管理启示：

丰田汽车公司，采取合理化建议奖（包括物质奖和荣誉奖）的办法鼓励职工提建议，不管这些建议是否被采纳均会受到奖励和尊重。如果建议被采纳，并取得经济效益，将会受到重奖。结果该公司职工仅 1983 年就提出 165 万条建设性建议，平均每人 31 条，为公司创造了 900 亿日元的利润，相当于该公司全年利润的 18% 。

本模块重要概念：

激励　激励理论

本模块小结：

激励的重要性不仅在于能使员工安心和积极地工作，它还在这种短期作用之外发挥使员工认同和接受本企业的目标、价值观，对企业产生强烈归属感的长期作用。然而，激励是一种复杂而多因的现象，它涉及到动机，而同样的行为可取决于不同的动机，而同一种动机又可引发不同的行为。比如，看书累了休息一会儿，有的人可能会睡一觉，有的可能会听音乐，有的可能会打球……正因为激励的复杂和研究的困难，至今还没有一个较完整的激励理论和模型，在这里，我们要探讨的也是激励的基本原理和主要实践方法。

练习与实训：

1. 什么是动机？试述其产生过程。

2. 请举出 2 ~ 3 个激励方法在企业的实际运用案例。

3. 谈谈你对需要层次的看法。

4. 你认为企业在实践中应该如何运用双因素理论。

5. 请你谈谈企业针对高层管理者、技术人员、流水线上工人应该如何激励。

6. 你最欣赏哪个企业的激励政策（方法），为什么？

7. 选取当地一家熟悉的企业，了解企业的管理激励，撰写企业应该如何进行有效性管理激励的报告。

模块十一

管理创新

学习目标

认识变革与创新;掌握企业怎样进行变革、创新;理解管理变革与组织创新。

导入案例

不变革,则灭亡

1993 年 4 月之前,吉奥公司一直在生产聚氯乙烯(PVC),这是个赔钱的买卖——1991 年公司销售额为 12 亿美元,亏损 1.35 亿美元。威廉·派新特(Willion Patient)受命担任新独立的吉奥公司的最高首脑,他的任务是要使公司起死回生。在担任公司首脑的头 12 个月里,派新特进行了彻底的变革,并收到了惊人的效果。派新特对吉奥公司实施了彻底的变革方案:他裁减了 1/3 以上的员工,为留下来的员工设立了具有奖励作用的利润分成和股票奖励计划;他从人力资源和采购等职能部门中拨出 2700 万美元,并使用外部供应商从事许多工作,而这些工作以前是由吉奥公司内部来完成的;派新特还取消了大多数经理的私人办公室,以使他们和工人更接近;他关闭了 8 家工厂中的 3 家,降低了 25% 的 PVC 生产能力;他对存留的工厂进行了重组,给了员工更大的自主权。

其结果是:现在 5 家工厂的产量超过原来 8 家工厂的产量。派新特还重新设计生产线,取消了销售缓慢的产品,并大大削减了生产中所用材料的数量。到 1994 年 4 月,吉奥公司销售额达 10 亿美元,利润 3180 万美元,与上一年销售 9.06 亿美元、亏损 2700 万美元的局面形成了鲜明对比。也就是说,在销售额增长不足 1 亿美元的情况下,派新特的变革方案带来了 5800 万美元的利润。

劳斯莱斯汽车公司创立于 1906 年,它的汽车一直是身份的象征。但是,1998 年 6 月,劳斯莱斯汽车公司却被德国大众以 13 亿马克收购。劳斯莱斯汽车公司之所以沦落到被收购的地步,与该公司故步自封、缺乏创新和开拓精神有着很大关系。在世界汽车工业差不多年年都有新车型的情况下,劳斯莱斯却保持 18 年不变。

正反两个实例说明,如果企业因循守旧、拒绝变革、不搞创新,迟早会被时代淘汰。事实上，随着科技进步、信息技术的发展、市场竞争的激烈以及人类文明程度的提高，社会环境变化迅速，各类组织机构规模日益扩大，其活动也越来越复杂。为了适应环境的变化，为了组织的生存与发展，为了更有效地利用资源、最大限度地实现组织目标，组织必须不断地进行变革与创新。变革与创新已经成为当今社会各种组织发展战略的重要组成部分。（资料来源：周三多编著. 管理学原理［M］. 南京大学出版社，2009）

项目一 认识变革与创新

一、变革与创新的含义

变革（change）就是改变以往的思维习惯，建立一种新的理念与价值观，并将之融入思想与行为，最终达到改变组织行为方式与结果的目的。即组织管理人员对组织原有状态进行改变，以适应外部环境变化，更好地实现组织目标的活动。这种变革包括组织的各个方面，如组织行为、组织结构、组织制度、组织成员和组织文化等。变革的类型多种多样，从变革的性质可以分为被迫变革、预见变革和创造变革。被迫变革就是在明显落后于别人时的被动变革、被迫学习。这种变革形态的主要问题是向谁学习；预见变革，就是社会有什么动向，我们能够预先感觉出来，做到先知先觉，并及时主动变革；变革的最高类型是创造变革，也就是领导产业发展，制定行业规格，在行业里充当"领头羊"。从内容上可以分为狭义和广义两类，狭义的企业变革就是流程再造、流程管理（BPR），它是企业变革的一个部分，而企业变革又是3C（竞争 competition、顾客 customer、变革 change）中的一环；而广义的变革泛指为了提高企业的竞争力和企业的客户意识而做的一切改变。

创新（innovation）的意义从它的拉丁文词根就可以看出来，"nova"在拉丁语就是"新"的意思。创新通常被认为是某项新事物或者新方法的序曲。熊彼特在《经济发展理论》（1912年）中认为，创新是生产手段的新组合，并指出这种创新包括五种情况，即采用一种新产品，采用一种新的生产方法，开辟一个新的市场，取得一个新的原料供应来源，实现一种工业的新组织。麻省理工学院（MIT）的埃德罗伯茨教授（Ed Roberts）曾经下过这样的定义：创新就是"发明＋利用"。芮明杰（1994 年）在《超越一流的智慧——现代企业管理的创新》中提出了管理创新的概念，认为管理创新不是组织创新的辐射，把管理创新界定为"创造一种新的更有效的资源整合范式"，这种范式既可以是新的有效整合资源以达到组织目标和责任的全过程管理，也可以是新的具体资源整合及目标制定等方面的细节管理。管理创新包含五种情况：提出一种新发展思路并加以有效实施，创设一个新的组织机构并使之有效运转，提出一个新的管理方式、方法，设计一个新的管理模式，进行一项制度的创新。

"创新"这个名词对管理专业的学生来说并不陌生。当它在管理学或经济学的教科书中出现的时候，通常与设备的更新、新产品的研发或技术、工艺的改进联系在一起。无疑，这些技术方面的革新是创新的重要内容，但却不是全部内容。我们认为，创新首先是一种思想、理念及在这种思想和管理理念指导下的管理实践，是一种原则以及在这种原则指导下的具体活动，是管理的基本职能。从某种意义上说，创新是管理的灵魂。我们认为，创新是独创的、有价值的产品、流程、服务的认识的体现、整合与综合。

二、创新的类型

(一) 从创新的规模以及创新对管理系统的影响程度来看，可分为局部创新和整体创新

局部创新是指在系统性质和目标不变的前提下，系统活动的某些内容、某些要素的性质或其相互组合的方式，系统的社会贡献的形式或方式等发生变动；整体创新则往往改变系统的目标和使命，涉及系统的目标和运行方式，影响系统的社会贡献的性质。

(二) 从创新发生的时期来看，可分为系统初期的创新和运行中的创新

系统的组建本身就是社会的一项创新活动。系统的创建者在一张白纸上绘制系统的目标、结构、运行规划等蓝图，这本身就要求有创新的思想和意识，创造一个全然不同于现有社会(经济组织)的新系统，寻找最满意的方案，取得最优秀的要素，并以最合理的方式加以组合，使系统进行活动。但是"创业难，守业更难"，在动荡的环境中"守业"必然要求积极地以攻为守，要求不断地创新。创新活动更大量地存在于系统组建完毕开始运转以后。系统的管理者要不断地在系统运行的过程中寻找、发现和利用新的创业机会，更新系统的活动内容，调整系统的结构，扩展系统的规模。

(三) 从创新的组织程度上看，可分为自发创新与有组织创新

任何组织都是在一定环境中运行的开放系统，环境的任何变化都会对系统的存在和存在方式产生一定影响，系统内部与外部直接联系的各子系统接收到环境变化的信号以后，为应对变化或适应变化的要求，在其工作内容、工作方式、工作目标等方面进行的积极或消极的调整。同时，社会经济组织内部的各个组成部分是相互联系、相互依存的。系统的相关性决定了当那些与外部有联系的子系统自发地做了调整后，那些与外部没有直接联系的子系统也会做相应的调整。自发调整可能产生两种结果：一种是各子系统的调整均是正确的，从整体上说是相互协调的，从而给系统带来的总效应是积极的，可使系统各部分的关系实现更高层次的平衡——除非极其偶然，这种情况一般不会出现；另一种情况是，各子系统的调整有的是正确的，而另一些则是错误的——这是通常可能出现的情况。因此，从整体上来说，调整后

各部分的关系不一定协调,给组织带来的总效应既可能为正,也可能为负(这取决于调整正确与失误的比例)。也就是说,系统各部分自发创新的结果是不确定的。

(四)与自发创新相对应的,是有组织的创新

有组织的创新包含两层意思:(1)系统的管理人员根据创新的客观要求和创新活动本身的客观规律、制度化地检查外部环境状况和内部工作,寻求和利用创新机会,计划并组织创新活动。(2)与此同时,系统的管理人员要积极地引导和利用各要素的自发创新,使之相互协调并与系统有计划的创新活动相配合,使整个系统内的创新活动有计划有组织地展开。有组织的创新,才能给系统带来预期积极的比较确定的结果。

(五)从创新与环境的关系来分析,可将其分为消极防御型创新与积极攻击型创新

防御型创新是指由于外部环境的变化对系统的存在和运行造成某种程度的威胁,为了避免威胁或由此造成的系统损失扩大,系统在内部展开的局部或全局性调整;攻击型创新是在观察外部世界运动的过程中,敏锐地预测到未来环境可能提供的某种有利机会,从而主动地调整系统的战略和技术,以积极地开发和利用这种机会,谋求系统的发展。

(六)从创新的性质来看,组织创新可以分为渐进式创新和激进式创新

渐进式创新(incremental innovation)也称为保护性创新,是指对现有的方式或技术的利用。要么是对已有的事物进行改进,要么是改造已有的方式或技术使之具有其他功能。从这个意义上讲,创新就是拓展已有技术或方式的边界。如 Intel 公司的奔四处理器代表着对奔三的渐进式创新。激进式创新(radical innovation)也称为破坏性创新,是指给这个世界增添了新事物,并且远远超过了现有的技术水平和方法。有时也称为"突破性创新"和"不连续性创新"。哈佛大学的克莱顿·克里斯坦森(Claton Christensen)教授提出了"破坏性技术"(disruptive technology)一词,用来形容可能颠覆现有组织或者行业中现行商业模式的技术创新。如由贝尔实验室发明的晶体管技术颠覆了真空管技术、数码相机取代传统相机等。来自伦斯勒工艺学院(Rensselaer Polytechnic Institute)的一个研究小组认为,激进式创新具有以下某个或多个特征:

* 一整套全新的性能特征
* 对已知的性能特征进行的改进达 5 次甚至更多
* 成本削减达到 30% 甚至更多
* 改变竞争的基础

(七)从创新的内容看,创新分为三类:技术创新、制度创新(或组织文化创新)以及环境创新等

技术创新主要是指在生产力方面的创新。狭义的技术创新仅指生产技术、工具的创新。

广义的技术创新是指由技术导致的营销目标、管理手段、市场开拓等创新。制度创新主要指生产关系的大幅度变革，即组织内部各种规则、制度、文化以及组织机构和结构的变革。

三、"革新"与维持的关系

作为管理的基本内容，维持与革新对组织都是非常重要的。从逻辑顺序上来考察，组织的管理工作主要包括：设计系统的目标、结构和运行规划；启动并监视系统的运行，使之按预定的规则操作；分析系统运行中的变化，进行局部或全局的调整，使系统不断呈现新的状态。显然，其核心就是：维持与革新。任何组织系统的任何管理工作无不包含在"维持"或"革新"中。维持和革新是管理的本质内容，有效的管理在于适度地维持与适度地革新组合。维持是保证组织活动顺利进行的基本手段，也是大部分管理人员，特别是中层和基层的管理人员要花大部分精力从事的工作。根据物理学的熵增原理，原来基于合理分工、职责明确而严密衔接起来的有序的系统结构，会随着系统在运转过程中各部分之间的摩擦而逐渐地从有序走向无序，最终导致有序平衡结构的解体。管理的维持职能便是要严格地按预定的规划来监视和修正系统的运行，尽力避免各子系统之间的摩擦，或减少因摩擦而产生的结构内耗，以保持系统的有序性。没有维持，组织的目标就难以实现，计划就无法落实，各成员的工作就有可能偏离计划的要求，系统组织的各个要素就可能相互脱离，各自为政、各行其是，从而整个系统就会呈现出一种混乱的状况。所以，维持对于系统生命的延续是至关重要的。但是，仅有维持是不够的。

任何社会系统都是由众多要素构成的，与外部不断发生物质、信息、能量交换的动态、开放的非平衡系统。而系统的外部环境是在不断地发生变化的，这些变化必然会对系统的活动内容、活动形式和活动要素产生不同程度的影响；同时，系统内部的各种要素也是在不断发生变化的。系统内部某个或某些要素在特定时期的变化必然要求或引起系统内其他要素的连锁反应，从而对系统原有的目标、活动要素间的相互关系等产生一定影响。系统若不及时根据内外变化的要求，适时进行局部或全局的调整，则可能被变化的环境所淘汰，或为改变的内部要素所不容。这种为适应系统内外变化而进行的局部和全局的调整，便是管理的"革新"职能。

组织的生命力取决于社会对组织贡献的需要程度和组织本身的贡献能力；而组织的贡献能力又取决于组织从社会中获取资源的能力、利用资源的能力以及对社会需要的认识能力。要提高组织的生命力、扩展其生命周期，组织就必须提高这些内部能力，并通过组织工作增强社会对组织贡献的需要程度。由于社会的需要是在不断变化的，社会向组织供应的资源在数量和种类上也在不断改变，组织如果不能适应这些变化，以新的方式提供新的贡献，则可能难以被社会允许继续存在。组织不断改变或调整取得和组合资源的方式、方向及结果，向社会提供新的贡献，这正是革新的主要内涵与作用。

综上所述，作为管理的两个基本职能，维持与革新对组织的生存发展都是非常重要的，它们是相互联系、不可或缺的。革新是维持基础上的发展，而维持则是革新的逻辑延续；维持是为了实现革新的成果，而革新则是为更高层次的维持提供依托和框架。任何管理工作，都应围绕着组织运转的维持和革新而展开。只有革新没有维持，系统会呈现无时无刻无所不变无序的混乱状态；而只有维持没有革新，系统则缺乏活力，犹如一潭死水，适应不了任何外界变化，最终会被环境淘汰。卓越的管理是实现维持与革新动态平衡、最优组合的管理。

四、组织变革与创新的意义

熊彼特说："创新是人类所特有的创造性劳动的本质体现，也是人类历史进步的核心动力和源泉""企业管理者精神的真谛就是创新，创新是一种管理职能。"著名管理学家彼得·德鲁克（Peter Druker）说："国家的繁荣是创造出来的，不是继承来的。它既不来自一个国家的自然资源禀赋，也不来自其劳动力技能储备，更不来自低利率。它来自于创新"。现代美国著名企业家艾柯卡也曾说："不创新，就死亡"。江泽民同志也曾多次指出，创新是一个民族进步的灵魂，是国家兴旺发达的不竭动力。

1. 通过组织变革与创新，不断提高组织适应环境的能力。适应环境是组织生存的前提。内外环境变化了，组织也必然要随之变化。但组织的变化是以对环境变化的正确认识为基础的。如果组织的领导者仅仅看到了自身的不适应，急功近利进行变革，可能会得利于一时，但无助于提高组织的真正适应能力。组织变革要通过建立健全组织运行机制，改造组织结构和流程，来增加组织对环境的适应性和灵活性。

2. 通过组织变革与创新，进一步提高组织的工作效率。通过有计划的、长期的、系统的发展改进，能使组织形成一整套适应内外环境变化的活动方式。通过变革，不断更新组织的知识、技能、结构、行为和心智模式，以获得更高的效率，并通过绩效提高使组织不断发展壮大。

3. 通过组织变革与创新，实现有方向的领导。组织的主管和高级领导人，通过组织变革可以实现有方向的领导，使组织保持生机与活力。

4. 通过组织变革与创新，不断提升核心竞争力。通过组织变革与创新可以推陈出新扬长避短，使组织紧跟时代步伐，与社会脉搏同步。

五、变革与创新的动因与必然性

任何组织变革都是有因而发的行为。要制定科学的组织变革对策，首先需要对组织变革的基本动因进行分析，以求对这个问题有一个清醒的认识。如果在制定组织变革对策时不考虑或没有正确认识产生变革的原因，变革的行为就很难成功。因此，组织变革的基本动因研究是研究组织变革的起点。组织变革是多种因素综合作用的结果。组织变革的基本动因可分为内部原因和外部原因两个方面。内部动因往往是促使组织变革最直接并具有决定性的因素,因为外因通过内因起作用。引起组织变革的内在基本动因可归纳为以下几个方面。

1.组织任务与目标的选择与修正

2.组织结构或组织规模的变化

3.技术手段的变化

4.克服组织低效率,保障信息畅通和快速反应,以及提高组织管理水平的要求。

组织外部环境的变化是组织变革的重要动因。组织外部的变化力量来源于:物质资源环境的变化;市场变化和竞争;全球化趋势和国际环境的变化;经济环境的变化。

正如培训大师余世维先生所说的那样:为什么我们要变革?因为在竞争激烈、复杂多变的市场环境中,我们的组织还不强,或面临着已有的竞争优势逐渐弱化乃至丧失的危险。通过积极变革和不断创新抓住变化中的机会,是持续提高组织竞争力的根本途径。

课堂小故事:

发现"不拉马的士兵"

一位年轻有为的炮兵军官上任伊始,到下属部队视察其操练情况。他在几个部队都发现了同样的问题:在一个单位操练中,总有一名士兵自始至终站在大炮的炮管下面,纹丝不动。军官不解,究其原因,得到的答案是:操练条例就是这样要求的。军官回去反复查阅军事文献,终于发现,长期以来,炮兵的操练条例仍因循非机械化时代的规则。站在炮管下的士兵的任务是负责拉住马的缰绳(在那个时代,大炮是由马车运载到前线的),以便在大炮发射后调整由于后坐力产生的距离偏差,减少再次瞄准所需要的时间。现在大炮的自动化和机械化水平很高,已经不再需要这样一个角色了,但操练条例却一直没有调整,因此才出现了"不拉马的士兵"。

军官的发现使上级对条例做了符合实际的调整,并使他获得了国防部的嘉奖。

管理启示:

因循守旧、墨守成规是管理的最大敌人,而创新则是企业生机勃勃的根本和源泉。

项目二 怎样进行变革

一、变革决策的主要内容

由于变革的内外两种动因,尤其是外部环境的经常变化对于任何组织都是一种常态,因此变革是任何组织都不能回避的,是管理者必须要经常回答的问题,即管理者需要对何时及如何实施变革做出决策。决策的主要内容包括:(1)要不要变? 即分析其所领导的组织要变革的原因和必要性;(2)变成什么样子? 即确定组织变革的方向和目标;(3)变什么? 即确定变革的主要内容有哪些,任务、技术、结构、人员、组织文化? (4)如何变?

二、组织在什么情况下应考虑变革?

组织失败的具体原因千差万别,但根本的一条就是失去了适应快速变革环境的能力。这些组织在变大的同时,不断滋生着"大企业病"——部门林立,人浮于事,造成职权分裂,"隧道视野"、各自为政;繁文缛节、文牍主义、官僚之风盛行;行动缓慢,对外界变化反应迟钝,拒绝接受新生事物。余世维博士认为,公司壮大以后总有这几个困难:只见制度,不见人性和弹性;人事成长,而非业务初衷;只将事情做好,而非做该做的事情;危机信号来自外部,而非内部;勤于内耗,而非攘外。因此,患上"大企业病"的企业部门就像是一只被投入温水的青蛙,对缓慢升高的水温毫无察觉,一旦到了无法承受的时候,却早已失去了跳出开水的能力。一个组织在出现下列情况下应考虑变革:

1.决策效率低或经常出现决策失误;

2.组织沟通渠道阻塞,信息不灵,人际关系混乱,部门协调不力;

3.组织职能难以正常发挥,如不能实现组织目标,人员素质低下,产品产量及产品质量下降等;

4.缺乏创新,因循守旧,产品或制度多年一贯制;

5.顾客忠诚度降低,投诉率居高不下。

三、变革的方向与目标

在组织变革实践中,首先应该解决的问题也就是组织变革冲突的焦点。组织变革大致涉及到四个方面的内容:组织的人员、组织的任务、技术、组织的结构和组织的环境等。不同的变革内容所采取的变革对策措施是不同的。

1.以人员为中心的变革。通过对组织成员的知识、技能、行为规范、态度、动机和行为的变革,来达到组织变革的目的,主要是组织文化方面的变革。这是最近几年管理变革的重点。

2.以任务、技术为中心的变革。通过对组织工作与流程的再设计,对完成组织目标所采用的方法设备和工艺等技术手段的改变,以及重新定义组织目标体系达到组织变革的目的。

3.以组织结构为中心的变革。通过对组织的职权关系、权责体系、协作机制、集权程度、职位设计、管理跨度等改变、调整,达到组织变革的目的。

4.以适应组织环境为中心的变革。即以调节和控制外部环境为中心的组织变革。

组织变革的四个方面以及在各自基础上制定的各种变革对策是相互依赖、相互影响、相互促进的。在制定组织变革对策的过程中,它们往往构成一个完整的变革规划体系。当然,由于不同组织所处的变革环境及组织内部状况不同，在选择变革方向与内容时的侧重点也是不同的。但是，无论如何变革、变革什么，组织变革的目标都是达到动态平衡的目的。一个组织的动态平衡包括：(1)有足够的稳定性，以利于组织绩效的提高和目标的实现。(2)有足够的持续性，以保证组织持续进行有序的变革与创新。(3)有足够的适应性，使组织更具环境适应性，以便组织捕捉并利用外部机会；使管理者更具适应性，以便对内部变化做出及时、恰当的反应；使员工更具适应性，以满足客户越来越多样化、个性化的需求。(4)有足够的革新性，以便使组织在条件适宜时能主动地进行变革。

组织变革的具体目标是：(1)完善组织结构；(2)优化组织功能；(3)和谐组织气氛；(4)提高组织效能。培训大师余世维博士认为，企业变革必须遵守品质第一和一切事情为顾客而做两个观念。变革工程的核心就是要丢掉原有的规则，改变自己的思维模式。

四、变革的流程及理论模型——如何变

组织变革是一个复杂、动态的过程，需要有系统的理论指导。管理学家对此提出了行之有效的理论模型，适合于不同类型的变革任务。其中影响最大的有：勒温(Lewin)变革模型，系统变革模型和库特(Kotter)变革模型。

(一)Lewin 变革模型

Lewin(1951)提出一个包含解冻、变革、再冻结等三个步骤的有计划组织变革模型，用以解释和指导如何发动、管理和稳定变革过程。

1.解冻。这一步骤的焦点在于创设变革的动机。鼓励员工改变原有的行为模式和工作态度，采取新的适应组织战略发展的行为与态度。为了做到这一点，一方面，需要对旧的行为与态度加以否定；另一方面，要使干部员工认识到变革的紧迫性。可以采用比较评估的办法，把本单位的总体情况、经营指标和业绩水平与其他优秀单位或竞争对手加以一一比较，找出差距和解冻的依据，帮助干部员工"解冻"现有态度和行为，迫切要求变革，愿意接受新的工作模式。此外，应注意创造一种开放的氛围和心理上的安全感，减少变革的心理障碍，提高变革成功的信心。

2.变革。变革是一个学习过程，需要给干部员工提供新的信息、新的行为模式和新的视角，指明变革方向，实施变革，进而形成新的行为和态度。在这一步骤中，应该注意为新的工作态度和行为树立榜样，采用角色模范、导师指导、专家演讲、群体培训等多种途径。Lewin认为，变革是个认知的过程，它通过获得新的概念和信息来完成。

3.再冻结。在再冻结阶段，利用必要的强化手段使新的态度与行为固定下来，使组织变革处于稳定状态。为了确保组织变革的稳定性，需要注意使干部员工有机会尝试和检验新的态度与行为，并及时给予正面的强化；同时，加强群体变革行为的稳定性，促使形成稳定持久

的群体行为规范。

(二)系统变革模型

系统变革模型是在更大的范围里解释组织变革过程中各种变量之间的相互联系和相互影响关系。这个模型包括输入、变革元素和输出等三个部分。

1.输入。输入部分包括内部的强点和弱项、外部的机会和威胁。其基本构架则是组织的使命、意愿和相应的战略规划。企业组织用使命表示其存在的理由;意愿是描述组织所追求的长远目标;战略规划则是为实现长远目标而制订的有计划变革的行动方案。

2.变革元素。变革元素包括目标、人员、社会因素、方法和组织体制等元素。这些元素相互制约和相互影响,组织需要根据战略规划,组合相应的变革元素,实现变革的目标。

3.输出。输出部分包括变革的结果。根据组织战略规划,从组织、部门群体、个体等三个层面增强组织整体效能。

(三)Kotter 组织变革模型

领导研究与变革管理专家 Kotter 认为,组织变革失败往往是由于高层管理部门犯了以下错误:没有能建立变革需求的急迫感;没有创设负责变革过程管理的有力指导小组;没有确立指导变革过程的愿景,并开展有效的沟通;没能系统计划,获取短期利益;没有能对组织文化变革加以明确定位等。Kotter 为此提出了指导组织变革规范发展的八个步骤:建立急迫感;创设指导联盟、开发愿景与战略;沟通变革愿景;实施授权行动、巩固短期得益、推动组织变革、定位文化途径等。Kotter 的研究表明,成功的组织变革有 70% ~90% 由于变革领导成效,还有 10% ~30% 是由于管理部门的努力。

(四)Bennis 的模型

Bennis 则提出,有关组织效能判断标准,应该是组织对变革的适应能力。当今组织面临的主要挑战,是能否对变化中的环境条件做出迅速反应和积极适应外界的竞争压力。组织成功的关键是能在变革环境中生存和适应,而要做到这一点,就必须有一种科学的精神和态度。这样,适应能力、问题分析能力和实践检验能力,是反映组织效能的主要内容。在此基础上,Bennis 提出有效与健康组织的标准:

1.环境适应能力:解决问题和灵活应对环境变化的能力;

2.自我识别能力:组织真正了解自身的能力,包括组织性质、组织目标、组织成员;

3.目标理解和拥护程度、目标程序等;

4.现实检验能力:准确觉察和解释现实环境的能力,尤其是敏锐而正确地掌握与组织功能密切相关因素的能力;

5.协调整合能力:协调组织内各部门工作和解决部门冲突的能力,以及整合组织目标与个人需求的能力。

(五)卡斯特(Kast)的组织变革过程模型

Kast 提出了组织变革过程的六个步骤:

1. 审视状态:对组织内外环境现状进行回顾、反省、评价、研究;

2. 觉察问题:识别组织中存在问题,确定组织变革需要;

3. 辨明差距:找出现状与所希望状态之间的差距,分析所存在问题;

4. 设计方法:提出和评定多种备选方法,经过讨论和绩效测量,做出选择;

5. 实行变革:根据所选方法及行动方案,实施变革行动;

6. 反馈效果:评价效果,实行反馈。若有问题,再次循环此过程。

(六)Schein 的适应循环模型

沙因(Schein)认为组织变革是一个适应循环的过程,一般分为六个步骤:

1. 洞察内部环境及外部环境中产生的变化;

2. 向组织中有关部门提供有关变革的确切信息;

3. 根据输入的情报资料改变组织内部的生产过程;

4. 减少或控制因变革而产生的负面作用;

5. 输出变革形成的新产品及新成果等。

经过反馈,进一步观察外部环境状态与内部环境的一致程度,评定变革的结果。

上述步骤与方法和 Kast 主张的步骤及方法比较相似,所不同的是,Schein 比较重视管理信息的传递过程,并指出了解决每个过程出现困难的方法。

我们认为,中国组织变革的步骤应该是:

1. 建立危机意识

无论是像 GE 一样的大企业还是在非盈利组织的一个小部门,在变革之前,变革者都会有强烈的危机意识,并且这种危机意识是超前的。有三种情绪对变革是极为不利的:自满、恐惧或者愤怒。但危机意识——有时是通过一些富有创造性的方法形成的——却可以使人们立即意识到进行变革的重要性,并准备随时为此而采取行动。20 世纪 80 年代初,美国经济开始萧条。1980 年美国通货膨胀率高达 18%。但 GE 人和大部分美国企业界人士一样,没有看到变革的必要性。他们希望这只是 20 世纪 60 年代、70 年代的翻版,只要稍微多加一把劲、只要美国经济再好转一点,GE 就会像以往那样一帆风顺。危机意识是韦尔奇对 GE 进行变革的开始。韦尔奇回忆道:"那个时候,整个公司内外没有一个人能感觉到危机的到来。无论是资产规模还是股票市值,GE 都是美国排名第 10 的大公司,它是美国人心目中的偶像。"GE 的家电事业部虽然还有赢利,但它正面临强大的竞争压力。当问到他们中的许多人是否感受到危机时,他们会说:"哦,现在不是还有赢利吗,有什么问题吗""这就够了,你还要干什么?"但是,韦尔奇看到了环境的巨大变化,强有力的日本竞争对手来了、油价大幅度攀升、美国汽车工业的萧条使得美国经济跟着衰退。只有靠产品的高质量并降低成本才能振兴企业,乃至整个美国经济。在韦尔奇看来,"如果我们对一项业务的长期竞争力没有有效的解决方案,那么终将有一天业务会陷入困境,这只不过是时间早晚的问题"。

2. 建立团队

变革不是某一位管理者的个人行为。有了危机感之后,成功的变革领导者会马上召集那些有着一定的可信度、技能、关系、声誉和权威的人员组成一支指导团队担任变革过程中的领导工作。这支团队应该有着很强的责任感,并且能够得到大家的信任。而那些不太成功的组织却会把所有工作重心都放在一个人的身上,有的时候甚至是依靠复杂的管理结构。当从事具体的变革领导工作的人缺乏必要的权威和能力的时候,整个变革工作也就变得难以继续开展。

约翰·科特认为,团队对变革能顺利进行所起的作用是十分明显的。在所有取得成功的大规模变革当中,总是需要有一支优秀的指导团队来为整个变革建立一种明确的方向感。在这个过程中,他们必须回答以下问题:我们需要对企业进行怎样的变革? 我们对新组织有怎样的期望? 当前组织中的哪些因素应当被保留下来? 实现目标的最佳方式是什么? 哪些变革战略由于风险太大而不应当被接受? 对这些问题的回答将使企业对即将发生的变革有一种明确的认识,从而为更加美好的未来奠定基础。GE 拥有一支出色的领导团队,这个团队制订了使 GE 实现长足发展的具有前瞻性的战略,同时也是 GE 一系列变革得以顺利推行的保证。GE 对团队中 A 级人才的评估标准是"4E"。韦尔奇强调:在领导层中,倾向于控制和指挥方式的力量颇为强大,但现在最需要的是那种无论在哪一个级别上都能够激发活力、催人奋进同时拥有控制大局的能力的领导者。中层管理者还必须成为团队的成员和教练,他们必须提供更多的帮助而不是控制,他们应该有能力去激发和称赞他的部下并且懂得何时赞扬与祝贺。即使他本人并不非常杰出,但如果他是一个优秀的团队成员,并且他可以提升整个团队的业绩,那么他仍是一个出色的领导者。

3. 重新明确目标

目标的确立是为了使变革始终按照既定的方向进行,而不是陷入迷惘的困境。变革的组织者应该就变革重新明确企业的意愿及相关战略,而不只是列出详细的计划和预算——这些虽然是进行变革的必要条件,但却并不充分;或者是一个并不符合当前世界及企业实际情况的目标;或者是一个由其他人制定并在很大程度上没有得到指导团队认同的目标。而在另外一些不大成功的企业当中,领导者所制定的战略常常过于缓慢、过于谨慎,以至于无法跟上时代的步伐。

韦尔奇提出了著名的"数一数二"战略。韦尔奇认为,GE 的各项业务都要力争在市场占有率和竞争力上都必须达到业界的数一数二,否则就要处理掉。追求数一数二,正是 GE 的新战略愿景。在此后的 20 年里,这一愿景就像一面旗帜,指引 GE 从当年的美国十强之一变成世界第一;从当年的大而有些僵化的"超级油轮",变成最具活力的企业——"会跳舞的大象"。

4.全方位沟通

全方位沟通就是变革的组织者把目标和战略传达给所有的相关人员。这一步骤的目标就是在所有相关人员内部形成一种共识、建立一种责任感,并因此而更多地释放组织中大多数人的能量。在这个过程当中,实际行动的力量通常要大于侃侃而谈。人们会更加注重领导者的行为,而且这些行为应当是可以被不断重复的。而在那些不大成功的组织当中,领导者很少能有效地进行这种传达,或者人们即使听到了命令也不会真正地接受它们。值得一提的是,很多智商很高的人并不善于沟通,但他们却一直都没有意识到这个问题。

为了解决沟通的问题,1989 年初,韦尔奇先是宣布实施"群策群力(Work – out)",这是一项发动全体员工动脑筋、想办法、共同解决问题以提高工作效率的活动。此举有效地克服了管理层的官僚主义,给公司带来明显的效益。接着,韦尔奇开始在 GE 倡导"无界限行为"。其目的就是为了拆毁所有阻碍沟通、阻碍找出好想法的"高墙"。它是以这些理念本身的价值,而非依照提出这些理念的人所在层级来对其进行评价的。GE 是一个规模庞大的企业,要解决沟通的问题就必须要求组织简洁,于是 GE 开始进行新的变革,提出 21 世纪的企业理想:21 世纪的企业特色就在于不分界限。无边界企业能够克服公司规模和效率的矛盾,具有大型企业的力量,同时又具有小型公司的效率、灵活性和自信。

5.充分授权

授权是变革成功的保障。执行者们通常得不到必要的权力,他们被束缚住了手脚,却不得不为自己的"工作不力"而辩解,这当然就会在整个组织内部滋生一种挫折情绪,最终使得变革无法进行下去。要想在组织变革中取得成功,领导者们必须进行充分的授权(empowerment)。通过授权,那些影响人们根据组织既定的目标采取行动的障碍就可以被清除。变革领导者们常常把重点集中在那些不肯放权的老板、不充分的信息和信息系统以及人们大脑中的自信障碍之上。这里的问题是清除障碍,而非"给予权力",因为你不能盲目地将权力拱手让人。

在变革中要很好地解决授权的问题,要求我们的企业必须要通过机制创新,抛弃传统军队式的组织模式,建立起类似于交响乐团那样的新型组织形式。在我们的企业中,一件很困难的事就是如何授权。授权和控制是相互矛盾的,关键在于如何平衡,正确处理控制与授权的关系。在强调控制时,要让民主和科学得到充分的发扬;在强调放权时,要使企业整体发展得到有力的维系和提升。这就要求企业的整个运行机制规范化、科学化,并建立起快速、灵敏的信息反馈机制。

作为变革的领导者,更多的应关注于领导,而不是管理。韦尔奇也认为,要做一个领导者,而非管理者。他认为,领导者的主要工作是提出意愿并激励他人为此奋斗。有人说,GE这么大,管得越少不就乱套了吗?韦尔奇却认为管得越少越好。这跟以往 GE 领导们的思想大相径庭——过去是井然有序，追求规范化。

6.取得明显的阶段性成效

明显的阶段性成效是为了使变革尽快获得组织内更多人认可的最好办法。这样可以为整个组织变革工作提供强有力的证明，并为随后的工作提供必要的资源和动力。而在那些不太成功的组织当中，变革的成效通常会来得更慢、更不明显而且也不大能引起人们的兴趣。事实上，在很多情况下，人们会怀疑这种"成效"是否真的意味着成功。所以，在开始的时候就应该为变革设计一个良好的流程、精心选择的初期项目，并以足够快的速度取得一些短期成效，组织中产生的怀疑情绪会让所有的变革工作功亏一篑。

7.始终坚持

当企业实现了一些短期目标后，应该让员工认识到目前的成功只是暂时的，企业应始终坚持变革的路线，直至变革最终取得成功。因为在这种情况下，整个组织的信心都被调动起来，早期的一些变革措施也开始得到理解和认可。这时人们就会精明地选择以后的行动，并不断地将变革推向前进，直到彻底实现组织变革的目标。而在那些不太成功的组织当中，人们总是容易犯急性病，他们希望一蹴而就，而不去考虑应当如何保持人们的情绪，这样就会使继续变革的士气下降到难以挽回的境地。

8.巩固变革的成果

变革的成果必须要不断地巩固。在那些取得成功的组织当中，整个组织的领导者们会通过培育一种新的企业文化把所有的变革成果固定下来。一种新的企业文化——包括组织当中的群体行为规范和人们的价值观念的建立需要相对长的一段时间。在这段时间里，整个组织还需要不断取得新的成功以证实变革措施的有效性。在这个过程当中，适当的人事变动、精心设计的新员工培训以及那些能引发人们某种情感反应的活动都可能起到很重要的作用。而在那些不太成功的案例当中，组织所进行的变革往往流于表面。在非常短的时间内，变革过程中的很多努力都会被传统之风一吹而散。

五、成功变革的关键

世界上的成功企业似乎没有通用的变革模式，相反，变革失败的企业却总有其相同之处。科特博士认为，组织变革之所以失败不外乎以下八个原因：主事者自视太高；缺少有力的变革团队；低估企业意愿的重要性；未将变革远景对员工作充分沟通；领导者坐视问题丛生而无能为力；欠缺足以庆功的近期战果；太早宣布胜利；未能将变革纳入体制。彼得·圣吉和其他作者研究并总结了各种企业的变革创新小组进行活动的经验，指出各级组织开展深层变革活动面临十大挑战：

1.无暇顾及：参与变革和创新的小组及个人得不到充分时间对变革中产生的重大问题进行思考并反复实践。革新小组无法控制自己的时间，缺少灵活性。

2.缺乏帮助:领导和有关方面没有给予创新变革者以必要的指导和支持。革新小组缺乏系统的培训、辅导和必要的帮助。

3.毫不相干:"这种改革究竟为了达到什么目的?"很多人看不到变革活动会对实际工作起到什么积极作用。

4.言行不一:领导和管理者所倡导的价值观念和他们自己的实际行动格格不入。

5.焦虑恐惧:由于革新小组开诚布公地提出问题,引起冲突,相互间又缺乏信任。改革者担心这样下去会影响到互相之间的关系,也开始考虑到自己的地位和前途。

6.此路不通:组织系统没有采取恰当的方法来评估和测量变革所取得的进步,甚至对改革已取得的成果做出负面的评价,以致得出这样的结论:"这样做行不通。"

7.傲慢孤立:组织系统中的其他人对变革创新小组抱有抵触情绪,甚至拒绝合作,使革新小组陷入到孤立无援的境地。

8.无人负责:革新者要求更多的自主权,而管理层却担心分权会造成混乱和分裂,结果会形成"各行其是无人负责"的局面。

9.原地踏步:组织系统未能及时将变革的状况及时公布,广为传播,以致变革取得的成果无法推广,企业总体还是按常规运作,毫无进展。

10.走向何方:企业和组织如何建立战略目标,企业向何处发展,企业有哪些新的责任,如何提高员工的生活质量等。

结合中国企业的情况,我们认为变革失败有以下八大原因:

1.沦于空洞的口号;

2.公司全体缺乏共识,也没有危机感;

3.没有公正的奖励,也没有惩罚;

4.忘记改造员工的思想;

5.没有突出变革的重点,也不加强贯彻的力度;

6.缺少反馈机制,没有把业绩、待遇与目标挂钩;

7.未能坚持,很快就恢复原状;

8.没有将变革深植于企业文化中。

因此,变革成功有三个核心环节和六个关键:一是领导人的眼光、决心以及对变革时机的把握。美国学者亨利凯司格尔说:"领导者的工作就是要把他的部属带到一个不曾到过的境界。一般大众并不完全了解这个世界,领导者就必须拓展他们的视野。"所以,领导人的眼光和决心是非常宝贵的组织资源。有眼光,才能在变化中发现机会,预见并创造机会;有决心,才敢于克服困难,迎接挑战。IBM的沃森曾说:"如果人人都想变革,我们就应该成为开路先锋。"二是变革团队的组建与权力。大的革新不能只靠一个人,更多的是依靠一个团队,改革团队中每一个成员的任务和角色必须要有明确的规定。三是执行的步骤、方法与监督机制。余世维博士说,变革成功的六大关键因素是:领导班子的强势作风与紧盯不懈;一切配套措施,即使是制度都要迎合变革;变革内容的事前沟通、事中观察与事后修正;遇到障碍或阻力,立刻克服;注意"薄弱领域"与"关键主题";主要是"打靶原理"和"海豚哲学"。

项目三 怎样进行创新

一、创新的流程

要有效地组织系统的创新活动,就必须研究和揭示创新的规律。

创新有无规律可循? 对这个问题是有争议的。美国的创新活动非常活跃,而经营成功的3M 公司的一位常务副总裁在一次讲演中甚至这样开头:"大家必须以一个坚定不移的信念作为出发点,这就是:创新是一个杂乱无章的过程。"是的,创新在本质上是杂乱无章的,因为创新是对旧事物的否定,是对新事物的探索。对旧事物的否定,创新必定要突破原先的制度,破坏原先的秩序,必须不遵守原先的章程;对新事物的探索,创新者只能在不断的尝试中去寻找新的程序、新的方法,在最终的成果取得之前,可能要经历无数次反复、无数次失败。因此,它看上去必然是杂乱的。但这种"杂乱无章性"是相对于旧制度、旧秩序而言的,是相对于个别创新而言的。就创新总体来说,它们必然依循一定的步骤、程序和规律。以公司为例说明创新的流程:

(一) 评估目前的创新机制

首先,我们要分析公司目前的创新机制如何,通过一系列问题列表的回答,我们可以得出判断:我们什么时候创新,我们该怎样进行创新,我们在创新方面的优势和劣势是什么?下面是问题列表的示例:

1. 公司能够理解它的客户、市场、竞争对手和外部环境(管制或政治等)吗?

2. 创新怎样能够进入战略文件(例如提及战略的价值和使命的陈述)、战略目标(公司设定新产品或服务销售目标)和战略计划(为了创新而投入多少资本支出和费用预算,有多少人被指派从事新产品、服务或其他创新的工作)?

3. 组织的行为与其战略想法始终保持一致(是否有大量的谈话,却只有很少的预算)吗?

4. 公司有一种结构化的方法实现创新吗,创新得到很清晰的定义了吗,有将想法变成产品的流程吗,人们知道其本质吗,有专门负责创新的人员吗,人们拥有与其责任相当的权利吗?

5. 创新的责任在哪里(个人、团队、领导或其他)?

6. 是否有经营业务禁止进行创新？

7. 公司能够在多大程度上容忍冲突、不一致、含糊、多元化思考和非传统行为？

8. 在导向计划或新来的员工的第一个月工作中，向他们展示什么或谈论什么有关创新的事情？

20 世纪 90 年代后期，汽车零部件制造商 Borg – Warner 公司发现，它需要重新启动自己的创新机制，新的素材已经不能为公司创造出超过 10 年的领先优势。它在外部咨询公司的帮助下，对其创新机制进行了评估，发现有两个主要问题：一是它缺乏一个递送创新的过程，"Borg – Warner 公司有思想，但却没有地方可以利用这些思想"；二是其下面有六个业务单元，每个业务单元都有自己的研发预算、人员和优先考虑，新的思想无法实现跨部门的整合。

(二)建立产生思想萌芽的机制

创新机制的现状评估之后，就需要对现状进行改进，改进的措施无非是从组织上、流程上、绩效上入手。比如，对一位高级经理的奖金内容加以修改，将他的奖金与员工建议数量结合起来，检验他是否能够通过老套但有效的雇员建议计划，使提出建议的数量增加三倍。采取改进措施的首要目的是在公司内部建立产生思想萌芽的机制，这些思想的萌芽是创新的基础，在公司任何层级的人都需要了解产生萌芽带来创新实实在在的经营理由。只有这样，他们才能拥护并有意识地这样做。为了鼓励创新，著名的 3M 公司告诉研究者花费其 15% 的时间用于那些没有纳入预算的项目工作。另外，讲故事也是 3M 公司培养创新文化的一条重要途径。新员工要和上级一起参加一个风险承受培训班，在所传授的内容中，他们被培训要愿意否定他们的上级。他们听到的一个故事就是：一位 CEO 尽管努力了五次，都无法"枪毙"掉一个项目，而最终恰恰是这个项目获得了广泛的成功。故事是文化信息的重要承载者。PWC(普华永道)公司为了突然加大公司的创新能力，资助了一次竞赛，公司宣布将向 150 名创新者提供 10 万美元的奖金，既包括个人也包括团队。两个星期内，同预想的一样，"超级 100"集中了很多有创意的想法，截止到活动的最后期限，普华永道公司已经从 700 个个人和团队那里获得了 700 个应用方案。PWC 的一位合伙人乔治·贝利说："我们应该陈述出创新的重要性，进化或死亡，或者两者兼而有之。但是，在谈论创新和说服人们如何接受创新之间还存在差别。而通过创意竞赛这样具体的形式，甚至没有人询问我们花的钱是否得到了相应的回报，实际上我们已经获得了几倍的回报。"

(三)创新萌芽的筛选

有了大量的思想萌芽，还需要建立一种筛选的机制。在筛选过程中，要能够让每一个思想萌芽有机会充分展现自己，因此头脑风暴和角色扮演是常见的方法。为了可以让思想流动起来，Borg – Warner 公司计划了一个创新高峰会，这是一个持续三天的盛会。为了准备创新高峰会，技术、销售、营销都研究趋势，并选择看起来充满机会的方面。在未来的几年中，汽车方面的电气系统——当前主要在 12 伏的电池中运行——将可以在 42 伏的条件下运行。这种转换的理由是 12 伏难以满足所有的需求——从 CD 播放器一直到电话和即时加热。现在，已经安置在一台轿车的电气系统中；新标准已经建立在 42 伏的基础上，因为这种条件下可以更有动力，但不至于造成触电的危险。70 个人参加了高峰会，所有人都有备而来，并讨论开发 42 伏所提供的机会，高峰会参加者提出了 140 个有关 42 伏的专门思想，他们进行了讨论。最终，经过筛选保留了 4 个。最后一天下午，公司的董事会到达会场，并聆听上述 4 个思想的介绍。然后，董事会利用放像机重新分析，并认可其中的一个，同时向这个思想提供资助。第二年，他们又召开了如何改善燃料经济性并减少能量散发的技术创新高峰会。通用电气公司也有类似于创新高峰会的机制以创造性地解决问题，并被应用到公司内部的流程中，用以创造出管理公司的思想。角色扮演也是常见的做法：一些公司通过建立团队来产生创意的机会，团队成员的工作就是假装参与到竞争中。

（四）设计一个具体可操作的流程

创新的基本阶段——市场感受、思想创造、确定目标市场、开发、形成原型和领航、推出和衡量，都是非常容易形成框架的，但不容易执行。因此，有了思想萌芽，有了筛选机制，为了让创新活动持之以恒，必须要建立符合公司实际的具体可执行的流程。Borg – Warner 公司的创新高峰会最佳之处就是它的成果：一个高度概括性的项目，公司的高层人员可以给予认可和资助，因为高层管理人员不太可能让几个小障碍阻止一个非常好的思想，而他们当众的承诺也会保证这个思想的最终实现。通过将创新高峰会变成公司运作流程中的一个重要环节，Borg – Warner 公司就建立了持续创新的基础。但是，知识工作不是线性的，而是反复再反复、退后再逆风航行地向前运动。知识创造过程也无法跳出这条原理。有一个知识创造的"供应链"，在纸面上就是：科学基础→市场知识→发明→产品开发→流程开发→应用开发→顾客流程开发→工厂支持→顾客支持。在实际生活中，传统的产品供应链中全部都是原料的流动，而创新的供应链则是与知识的流动相联系。两者不能用同样的方式进行管理：创新供应链不是线性的，尽管实物形态的供应链是线性的。创新是一个反复的过程。实际上，许多条创新供应链可以并行运行。

（五）持续改进

建立了具体可操作的流程并不是一劳永逸，必须随着外部环境的变化、组织内部的改变进行不断调整、不断优化。为了改善机制，Borg – Warner 公司的 CKO 亲自领导，努力改善公司在创新流程方面的重大缺陷，即公司在市场判断方面的重视。他说："我们已经在关注通用汽车、福特和克莱斯勒等公司，并了解在下一个年度中它们可能需要的装饰品。"另外，通过学习 3M 公司的"引导使用者流程"，Borg – Warner 公司更加关注超前的客户，它也通过研究调整的客户，发现市场可能发生变化的迹象。

总结众多成功企业的经验，结合我国的实际情况，我们认为成功的创新要经历"寻找机会、提出构思、迅速行动、忍耐坚持"这样几个阶段的努力。

1. 寻找机会

创新是对原有秩序的破坏。原有秩序之所以要打破，是因为其内部存在着或出现了某种不协调的现象，这些不协调对组织的发展提供了有利的机会或造成了某种不利的威胁，创新活动正是从发现和利用旧秩序内部的这些不协调现象开始的，不协调为创新提供了契机。

旧秩序中的不协调既可存在于组织的内部，也可产生于对组织有影响的外部。外部有可能成为创新契机的变化主要有：

(1)技术的变化，从而可能影响到企业资源的获取、生产设备和产品的技术水平。

(2)人口的变化，从而可能影响劳动市场的供给和产品销售市场的需求。

(3)宏观经济环境的变化。迅速增长的经济背景可能会给企业带来不断扩大的市场，而整个国民经济的萧条则可能降低企业产品需求者的购买能力。

(4)文化与价值观念的转变，从而可能改变消费者的消费偏好或劳动者对工作及其报酬的态度。

就组织内部来说，引发创新的不协调现象主要有：

(1)生产经营中的瓶颈，可能影响到劳动生产率的提高或劳动积极性的发挥，因而始终困扰着企业的管理人员。这种卡壳环节既可能是某种材料的质地不够理想，且始终找不到替代品，也可能是某种工艺加工方法的不完善，或是某种分配政策的不合理。

(2)企业意外的成功和失败，如派生产品的销售额从而其利润贡献不声不响、出人意料地超过了企业的主营产品，老产品经过精心整顿改进后，结构更加合理、性能更加完善、质量更加优异，但并未得到预期数量的订单……这些出乎企业意料的成功和失败，往往可以把企业从原先的思维模式中驱赶出来，从而可以成为企业创新的一个重要源泉。企业的创新，往往是从密切地注视、系统地分析社会经济组织在运行过程中出现的不协调现象开始的。

2. 提出构想

敏锐地观察到了不协调现象的产生以后，还要透过现象究其原因，并据此分析和预测不协调的未来变化趋势，估计它们可能给组织带来的积极或消极后果。并在此基础上，努力利用机会或将威胁转化为机会，采用头脑风暴、特尔菲、畅谈会等多种方法，提出多种解决问题、消除不协调，使系统在更高层次实现平衡的创新构想。

3. 迅速行动

创新成功的秘密主要在于迅速行动。提出的构想可能还不完善，甚至可能很不完善，但这种并非十全十美的构想必须要立即付诸行动才有意义。"没有行动的思想会自生自灭"，这句话对于创新思想的实践尤为重要，一味追求完美，以减少受讥讽、被攻击的机会，就可能坐失良机，把创新的机会白白送给自己的竞争对手。汤姆彼得斯和 W. 奥斯汀在《志在成功》一书中介绍了这样一个例子：20 世纪 70 年代，施乐公司为了把产品搞得十全十美，在罗彻斯特建造了一座全由工商管理硕士(MBA)占用的 29 层高楼。这些 MBA 们在大楼里对第一件可能开发的产品设计了拥有数百个变量的模型,编写了一份又一份市场调查报告……然而,当这些人继续不着边际地分析时,当产品研制工作被搞得越来越复杂时,竞争者已经把施乐公司的市场抢走了 50% 以上。创新的构想只有在不断的尝试中才能逐渐完善,企业只有迅速地行动才能有效地利用"不协调"提供的机会。

4.忍耐坚持

构想经过尝试才能成熟,而尝试是有风险的,是不可能"一打就中"的,有可能失败。创新的过程是不断尝试、不断失败、不断提高的过程。因此,创新者在开始行动以后,为取得最终的成功,必须要坚定不移地继续下去,决不能半途而废,否则便会前功尽弃。要在创新中坚持下去,创新者必须有足够的自信心,有较强的忍耐力,能正确对待尝试过程中出现的失败,既为减少失误或消除失误后的影响采取必要的预防或纠正措施,又不把一次"战役"(尝试)的失利看成整个"战争"的失败,因为创新的成功只能在屡屡失败后才会姗姗来迟。

伟大的发明家爱迪生曾经说过:我的成功乃是从一路失败中取得的。这句话对创新者应该有所启示。创新的成功在很大程度上要归因于"最后五分钟"的坚持。

二、创新活动的组织

组织管理者不仅要根据创新的上述规律和特点的要求对自己的工作进行创新,而且更主要的是组织下属的创新。组织创新,不是去计划和安排某个成员在某个时间去从事某种创新活动——这在某些时候也许是必要的,但更要为部属的创新提供条件、创造环境,有效地组织系统内部的创新。

(一)正确理解和扮演"管理者"的角色

管理人员往往是保守的,他们往往以为组织雇用自己的目的是维持组织的运行,因此自己的职责首先是保证预先制定规则的执行和计划的实现,"系统的活动不偏离计划的要求"便是优秀管理的象征。因此,他们往往自觉或不自觉地扮演现有规章制度的守护神的角色。为了减少系统运行中的风险、防止大祸临头,他们往往对创新尝试中的失败吹毛求疵,随意惩罚在创新尝试中遭到失败的人,或轻易地奖励那些从不创新、从不冒险的人。在分析了前面关于管理的维持与创新职能的作用后,再这样来狭隘地理解管理者的角色显然是不行的。管理人员必须自觉地带头创新,并努力为组织成员提供和创造一个有利于创新的环境,积极鼓励、支持、引导组织成员进行创新。

(二)创造促进创新的组织氛围

促进创新最好的方法是大张旗鼓地宣传创新,激发创新,树立"无功便是有过"的新观念，使每一个人都奋发向上、努力进取、跃跃欲试、大胆尝试。要造成一种人人谈创新、时时想创新、无处不创新的组织氛围，使那些无创新欲望或有创新欲望却无创新行动从而无所作为者感觉到在组织中无立身之处，使每个人都认识到组织聘用自己的目的不是要自己简单地用既定的方式重复也许重复了许多次的操作，而是希望自己去探索新的方法、找出新的程序，只有不断地去探索、去尝试才有继续留在组织中的资格。

(三)制定有弹性的计划

创新意味着打破旧的规则，意味着时间和资源的计划外占用。因此，创新要求组织的计划必须具有弹性。

创新需要思考，思考需要时间。把每个人的每个工作日都安排得非常紧凑，对每个人在每时每刻都实行"满负荷工作制"，则创新的许多机遇便不可能发现……创新的构想也无条件产生。美籍犹太人宫凯尔博士对日本人的高节奏工作制度就不以为然，他说：一个人"成天在街上奔走，或整天忙于做某一件事，没有一点清闲的时间可供他去思考，怎么会有新的创见？"他认为，每个人"每天除了必须的工作时间外，必须抽出一定时间去供思考用"。美国成功的企业，也往往让职工自由地利用部分工作时间去探索新的设想。据《创新者与企业革命》一书介绍，IBM、3M以及杜邦公司等都允许职工利用15%的工作时间来开发他们的兴趣和设想。同时，创新需要尝试，而尝试需要物质条件和试验的场所。要求每个部门在任何时间都严格地制定和执行严密的计划，则创新会失去基地，而那些没有尝试机会的新构想就只能留在人们的脑子里或图纸上，不可能给组织带来任何实际效果。因此，为了使人们有时间去思考、有条件去尝试，组织制定的计划必须具有一定弹性。

(四)正确地对待失败

创新的过程是一个充满着失败的过程。创新者应该认识到这一点，创新的组织者更应该认识到这一点。只有认识到失败是正常的，甚至是必需的，管理人员才可能允许失败、支持失败，甚至鼓励失败。当然，支持尝试、允许失败，并不意味着鼓励组织成员去马马虎虎地工作，而是希望创新者在失败中取得有用的教训，学到一点东西，变得更加明白，从而使下次失败到创新成功的路程缩短。美国一家成功的计算机设备公司在它只有五六条的企业哲学中甚至这样写道："我们要求公司的人每天至少要犯10次错误。如果谁做不到这一条，就说明谁的工作不够努力。"

(五)建立合理的奖酬制度

要激发每个人的创新热情，还必须建立合理的评价和奖惩制度。创新的原始动机也许是个人的成就感、自我实现的需要，但是如果创新的努力不能得到组织或社会的承认，不能得到公正的评价与合理的奖酬，则继续创新的动力便会渐渐失去。促进创新的奖酬制度至少要

符合以下条件:

1. 注意物质奖励与精神奖励的结合。奖励不一定是金钱挂帅,精神上的奖励也许比物质报酬更能满足驱动人们创新的心理需要。而且,从经济的角度来考虑,物质奖励的效益要低于精神奖励。金钱的边际效用是递减的,为了激发或保持同等程度的创新积极性,组织不得不支付越来越多的奖金。对创新者个人来说,物质上的奖励只在一种情况下才是有用的:奖金的多少首先被视作衡量个人工作成果和努力程度的标准。

2. 奖励不能视作"不犯错误的报酬",而应是对特殊贡献甚至是对希望做出特殊贡献的努力的报酬,奖励的对象不仅包括成功以后的创新者,而且还应当包括那些成功以前甚至是没有获得成功的努力者。就组织的发展而言,也许重要的不是创新的结果,而是创新的过程。如果奖酬制度能促进每个成员都积极地去探索和创新,那么对组织发展有利的结果是必然会产生的。

3. 奖励制度要既能促进内部竞争,又能保证成员间的合作。内部的竞争与合作对创新都是重要的。竞争能激发每个人的创新欲望,从而有利于创新机会的发现、创新构想的产生,而过度的竞争则会导致内部的各自为政、互相封锁;协作能综合各种不同的知识和能力,从而可以使每个创新构想都更加完善,但没有竞争的合作难以区别个人的贡献,从而会削弱个人的创新欲望。要保证竞争与协作的结合,在奖励项目的设置上可考虑多设集体奖、少设个人奖,多设单项奖、少设综合奖;在奖金的数额上,可考虑多设小奖、少设甚至不设大奖,以让每一个人都有成功的希望,避免"只有少数人才能成功的超级明星综合征",从而防止相互封锁和保密、破坏合作的现象。

三、创新的基本规则

因为创新是对旧事物的否定、是对新事物的探索。对旧事物的否定,就必定要突破原先的制度。破坏原先的秩序,必须打破原先的章程。因此,创新过程必须遵循创新的 7R 规则:重新思考(Rethinking)、重新组合(Reconfigure)、重新定序(Resequence)、重新定位(Relocate)、重新定量(Reduce)、重新指派(Reassign)和重新装备(Retool)。

四、激发组织的创新力

如果说变革是使事情发生变化,那么创新就是以具体的行动推进和实现变革。创新与创造有某种相似之处,但创造主要是指以独特的方式综合各种思想或在各种思想之间建立起独特联系的这样一种过程和能力。创新则是指形成创造性思想并将其转化为有用的产品、服务或作业方法、管理方法等的过程和能力。富有创造力的组织可以不断地提出新的思想,而富有创新力的组织则能不断地将创造性思想转变为某种有用的结果,如开发出某种新产品、新技术、做事的新方式或者解决问题的新办法。当管理者说要将组织塑造成富有创造性的时候，他们通常就是指要激发创新力。

管理者一般可以通过以下几方面措施来激发创新力：

1.实行有机式的组织结构。工作分工程度低、部门职能分化弱、横向沟通密切、纵向层次设置少，并且以分权化和非正规化方式来运作的组织（通常称为有机式组织），由于具有较高的灵活性和跨职能工作的能力，从而有利于形成创新成果并使创新更易于得到采纳。

2.拥有富足的资源。宽裕的资源为创新奠定了物质基础。这样的组织不仅有能力购买创新成果，而且更敢于投下巨资推行创新并承担创新失败的损失。

3.管理者较长时间的任期。创新通常需要在一段较长时间内才能显示出效果。任职期间过短会不利于管理者行为的长期化，从而妨碍创新得到应有的重视。

4.充满创新精神的组织文化。富有创新力的组织通常在组织文化方面表现出以下特征：鼓励尝试，允许失败；容忍不切实际的想法；容忍冲突，鼓励冒险；注重结果而放松对过程的控制；强调开放系统思维方式。

5.人力资源因素。富有创新力的组织十分注意招募那些做事具有持久力、高度自信、精力旺盛、敢冒风险等个性的员工，并积极对现职员工开展培训，使其保持知识的更新。同时，给予员工高工作保障，以减少他们担心因犯错误而遭解雇的顾虑。激发创新的组织还鼓励员工成为革新能手甚至成为在企业内部力行创业的企业家，使其一旦产生新思想就能义无反顾地主动将这种思想予以深化，形成创新的成果，并享受到创新过程的乐趣和创新结果给组织及个人带来的实质性好处。

6.创建学习型组织。正如管理大师彼得德鲁克在1988年所预见的，"未来的典型企业将是以知识为基础的，一个由大量根据同事、客户和上司的反馈信息进行自主决策、自我管理的各类专家构成的组织"。这种以信息和知识为基础的组织要求其每一个成员都要有意识并卓有成效地学习，以提高适应变化和进行创新的能力。学习型组织是关于组织的概念和员工的角色的一种崭新的态度或理念。学习型组织的核心在于解决问题和提升员工解决问题的能力，因此，新时代的组织管理者需要通过在整个组织范围内培养和提升员工的学习能力来确保组织获得持续的创新能力，并保持竞争优势。

开放式讨论：

案例一：北京大学和清华大学校长访谈：高校人事制度改革执行难

北京大学和清华大学作为我国最负盛名的两所综合性大学，一直在各类中国大学排行榜中稳居前两位。北大校长许智宏的一份人事改革方案曾引起全国的关注，而实际上清华大学也同时在进行着自己的改革。在"第二届中外大学校长论坛"上，记者和清华大学校长顾秉林、北京大学校长许智宏进行了面对面的对话，两位校长不约而同地谈到了高校改革的敏感话题，真诚坦率地表达了自己对于高校改革的真知灼见。

人事制度改革每一步都有困难

记者:您去年提出的北京大学人事制度改革方案,现在到了一个什么阶段?

许智宏:我去年就说过,那个改革方案只是一个征求意见稿,还需要进一步完善。大学人事制度改革每一步都有困难,你说现在采取聘任制,但是没能聘上的你能赶他走吗?事实上还是终身制格局,未来的方向应该是"非升则走"。

举个例子来说,在哈佛大学的副教授中有很多评不上正教授,但是如果他们离开了哈佛大学,凭借自身能力在其他地方差不多都能当上教授。这说明了什么问题?如果我们也有一个好的高校人才流动机制,重点大学不断为新的人才腾出位置,那就是一个良性循环。只可惜现在的外部条件还不成熟。

记者:作为北京大学校长,您一定感到压力很重。

许智宏:我说自己像大学校长在幼儿园,什么事情都要管。在和外国校长交流的过程中,我们都有同感——在中国当校长复杂性更大,大学无小事啊。人才教育、科研、筹资和其他社会性事务我都要管,还有教职员工的住房、子女等问题也都要我管,很难集中精力。根据建设世界一流大学的规划,2015年北京大学要成为世界一流大学,我觉得能不能得到社会各界稳定的支持是一个必要条件,为了这个奋斗目标,还有许多工作要做。

顾秉林:高校建设最忌盲目跟着走。

人事制度改革执行难度太大

记者:顾校长,北京大学校长许智宏曾提出过一个人事改革方案,引起了全国各界的强烈反响,清华大学目前有没有类似的借鉴国外大学管理经验的改革方案?

顾秉林:实际上从1993年开始,清华大学就尝试实施人事制度改革,当时我们就提出了"非升即走"的方案。但是正如许校长所说的,执行难度太大。所以迄今为止,清华的改革措施还是相对平稳的。按照规定,经过2个周期也就是6年,如果你还没有升职,那就应该离开,但是实际上还做不到这一点。

创建一流大学不能唯指标论

记者:社会上都很关注清华大学什么时候能够成为世界一流大学,您认为清华大学建设世界一流大学的难点在哪里?

顾秉林:我觉得有四点,一是管理体制和管理人员存在问题,二是缺少世界知名学者,三是没有充足经费支持,四是学科结构有待改善。其中我着重要说经费不足问题。外界也许觉得奇怪,清华大学都会经费不足?我可以举一组数字说明,清华大学每年的运营费用是30亿元,而每年从国家财政部、教育部等方方面面获得的拨款不到10亿元,通过清华大学科研人员的努力,能再争取到10亿元的各类科研经费,而还有10亿元的空缺我们只能从校办企业、出版社等方面筹措。根据测算,要真正达到世界一流大学水准,年运营费用要在40亿元~50亿元。

不过我们也不是没有优势——我们拥有最好的生源。外国校长问我,你们的生源当中有多少是属于前5%的。我一算才知道,在全国的考生中,能进清华大学、北京大学的基本上都是前1‰的。我们学生的优秀是毋庸置疑的，清华大学就要想办法让"高分"变成"高能"。现在的学生独立意识强，以自我为中心，只愿做红花，不愿做绿叶，如何为人的这一课清华大学也要帮他们补上。

记者：创建世界一流大学有很多硬指标，如发表的论文数量、要有诺贝尔奖得主等，您怎么看这些指标？

顾秉林：我认为，唯指标论只能适得其反。现在有些青年教师每年出好多篇论文，清华大学在SCI检索的论文数量也越来越多了，但是质量却未必很高。这就是一个评价体系的问题，你只提指标，就会造成"唯指标论"。那么即使达到了指标，也未必就是世界一流大学。一流大学是一个外界的客观评价，而且世界上不同的学校都有自己不同的定位，没有必要用指标强求一致。高校建设最忌盲目跟着走，一定要自己把握住自己。

记者：前面许校长谈到做大学校长的难处，你有同感吗？

顾秉林：说起来很简单，校长就管两样——人和钱，但是做起来却很难。要建立合理的教师评价体系，要改善运行机制，要更新管理者理念，还要争取为大学筹集资金。总结起来就是一句话，外国校长应该做的，中国校长要做；外国校长不该做的，中国校长也还是要做。
（资料来源：周三多编著. 管理学原理［M］. 南京大学出版社，2009）

讨论题：

1. 你认为高校人事制度改革遇到的最大阻力是什么？

2. 你认为在清华大学和北京大学的改革中，应采取哪些方法来减小变革的阻力？

案例二：联想集团的组织成长

联想集团初创于1984年11月，经过11年的艰苦奋斗，到1995年底已发展成为拥有12亿元资产、3000多名员工，包括北京联想集团公司和20余家国内分公司27个海外分支机构及600多个经销服务网点的大型产业集团，主要从事计算机研究、开发和生产经营。1995年集体销售收入达67亿元，联想集团在中国500家最大工业企业中排名第56位，在中国电子百家企业中排名第4位，是中国最大的计算机企业。

联想集团是一家国有民营企业，实行董事会领导下的总裁负责制，总裁室下设14个事业部和12个职能管理部门。公司总部主要对公司的发展方向、发展战略、重大投资项目、投资效益等进行直接控制，其他企业的经营和管理权下放给各事业部，事业部独立经营、自负盈亏。

回顾联想的发展历程，其间充满了艰辛、坎坷。然而，让联想人最难以忘怀的则是由两次组织结构调整所带来的飞速成长。

借船出海

1988年，由于联想汉卡在市场推广方面获得了初步成功，联想继续发展的条件有了很大的改善。这主要表现在以下几个方面：一是企业实力增强，由20万元的投入发展到拥有上千万元的自有资本；二是由于西文汉化问题的解决，扫除了计算机在中国推广的一大障碍，联想在中国也有了一定的知名度；三是当时有许多外国知名计算机厂商为占领中国市场寻求与联想合作，从而为联想通过合作发展自己提供了条件；四是联想已经有了一个可以向汉卡以外其他计算机产品进军的队伍。再从市场形势看，由于中国开放不断扩大，人们对计算机的认识日渐提高，这将导致中国计算机市场迅速增长。而世界知名计算机厂商向中国进行简单商品输出已有四五年的历史，但这时中国市场上尚缺乏先进的主导型计算机。这使得联想与外国公司合作推广某种合适计算机会比较有利。从计算机技术方面看，美国和日本在当时具有垄断性优势，而一般性辅助技术则集中于亚洲"四小龙"等发展中国家和地区。对于初获成功的联想来说，如果马上在核心技术和关键领先技术方面与发达国家的实力雄厚的计算机厂商展开竞争，则无异于以卵击石。联想经营者经过大量的调研和分析，决定将市场定位于计算机板卡的开发和制造方面，同时争取作某些世界著名计算机厂家的中国总代理，创造中国市场的主导型计算机，以积累资金和销售经验，并学习计算机整机开发技术。

在着手板卡开发和制造项目时遇到了很大的政策性困难。当时，全国有不少国家计划内计算机制造项目正在多家国营厂实施，对于联想这一计划外计算机厂家提出的计划项目一时间难以得到批准。联想拿不到批文，就决定采取"打出去"的办法，到海外去拓展生存和发展空间。但由于联想对国际市场知之不多，而且自身经济实力也不强，因此，就采取"瞎子背瘸子"的优势互补经营策略。1988年投入30万元港元与一家香港计算机经销商合资成立香港联想计算机公司（联想占54%的股份）。将自身科技开发优势与港商对世界计算机市场熟悉的优势结合起来。联想这一强壮的"瞎子"与港商这一眼亮的"瘸子"联合起来共闯计算机市场。

香港联想以贸易积累一定资金后马上投入了计算机板卡的开发。他们依托一批来自内地的一流科技专家，在1989年就拿出了深受客户欢迎的286板卡产品。然后，香港联想又把板卡的生产基地建在深圳，利用当地劳动力低廉且素质较高的优势，使生产成本迅速下降。这样联想的板卡产品就以良好的性能价格比赢得了较好的市场地位。

在内地市场，联想继续大力开发联想汉卡的市场，占领了全国汉卡市场的50%以上份额。同时，联想选定美国AST公司作为合作伙伴，成为AST公司在中国大陆的唯一代理商。经过双方的共同努力，使得AST计算机成为中国微机市场上的主导机型，以后连续数年都成为在中国销量最大的微机。

由于在这一阶段成功的组织拓展策略，使得联想集团有了进一步的发展。一是企业实力进一步提高，联想集团成功地跻身国际市场，同时在国内市场的实力也稳步增长。二是建立良好的市场资源，培育了企业发展新的生长点。在这一阶段，联想相继在美国、新加坡、德国等地设立了分公司，在国内建立了十几家子公司，从而把自身的经营触角向发达国家和国内各城市延伸，奠定了向产业化发展的基础。三是培育了一支可参与国际市场竞争的队伍，同时也树立了良好的企业形象。

组织转型

随着联想集团规模的扩大,管理变得越来越复杂,企业有了一些规范的规章制度,确定了建立具有国际影响的高技术产业跨国集团的长远目标。公司强调和规范各部门、员工的专业化分工以及职责、权力、义务,强调部门、员工的全局意识和公司的统一管理,联想人把这种组织结构称为"大船结构型"。它在经营方面的突出表现是统一指挥、集中作战,资源向重点项目集中,形成突破。

到1994年下半年,联想集团步入了一个新的发展阶段,开始逐步成为一个成熟的企业。企业的自有资本已逾10亿元,海内外互补性经营格局基本形成。联想集团已经成为拥有在国内包括北京联想集团公司和20几家分公司、子公司及分布在全国各地的600多个经销网点,在境外包括中国香港联想控股有限公司及设在美国、德国、新加坡等国的27个海外公司的具有一定规模和实力的跨国企业。1994年初,香港联想公司成为香港上市公司,更为企业发展带来了新的发展机会,企业资本在短期内迅速增加到数十亿港元。由于联想集团的现实规模和强劲发展势头,联想板卡产品在世界市场的重要地位和联想计算机在中国市场的重要地位,许多国际大公司已把联想当作重要竞争对手。这样一来,联想既获得了抵抗风险、持续发展的能力,同时也因为自身更引人注目而面临着更加激烈的竞争。

在这种形势下,联想集团的决策者们开始认真研究继续发展的问题。根据联想的现有实力,出于规避风险、寻找新的增长机会、提高企业经营效率的考虑和对企业经营管理国际化经验的借鉴,联想决定要在坚持公司电脑产业主导地位、向国际化发展的同时,开拓新的经营领域,向多样化发展。为了适应新的多样化、国际化经营的要求,也为了解决联想由于规模和业务范围扩大、人员增多、经营区域广阔、市场变化迅速的问题,原来的"大船结构型"或职能式结构管理已难以适应新的情况,公司的统一管理也难以对世界各地地区的各种业务领域包括汉卡、板卡、微机、终端、打印设备等出现的新情况做出迅速正确的反应。因此,公司提出改革组织体制,调整集权与分权的关系,形成"多中心"公司,把"大船结构型"组织模式变为"舰队结构型"组织模式,实行事业部制。公司把地区业务和产品领域适当结合起来,把现有业务与今后的发展结合起来划分事业部的经营领域,成立了14个事业部。集团总部主要对公司的发展方向、发展战略、投资收益、重大投资项目、主要经理人员和财务负责人、科技开发负责人等进行直接控制,其他的经营管理权都下放给事业部。形成由集团总部这艘旗舰统帅下的由各个事业部即各种战舰组成的联合舰队,在世界市场的汪洋大海里搏击风浪,各事业部在总部指挥下独立完成经营任务。

成立事业部后,各个事业部的经营机制灵活,能够更有效、更灵活地对市场做出反应,均取得了很好的经营业绩。如微机事业部,仅1995年一年就销售了10万台联想台式微机,1996年更是达到20万台,成为中国大陆销量最大的台式机品牌,第一次把外国品牌台式机抛在了后面。以此为契机,联想集团又再次迈入新的发展阶段,各项销售指标节节攀升,规模不断扩大,经营业绩也呈现出逐年上升的态势,联想人的梦想正在逐渐成为现实。(资料来源:周三多编著.管理学原理[M].南京大学出版社,2009)

项目四 管理变革与组织创新

为了适应环境变化，组织革新已经成为不可逆转之势。然而，据统计，70%左右的企业变革和再造工程以失败告终，陷入了"不变革是等死，变革是找死"的革新怪圈。为什么组织变革和创新发展到一定阶段往往停滞不前呢？彼得·圣吉指出：自然界的任何生物都是通过促进生长过程和抑制生长过程的相互作用而不断发展的。例如，种子吸收水分和养料生根发芽，但能成长到什么程度则取决于一系列限制因素的影响，如水分、养料是否充足，温度光照是否恰当，根系和其他植物之间的空间有多大，以及是否有虫害等。组织开展的革新活动也一样。变革就是促进变革过程和抑制变革过程之间的相互作用。因此，要使革新活动保持增长的势头，就必须了解哪些是促进发展的因素，并不断激发这些因素。另外，还要认清和分析哪些是限制发展的因素，并找出恰当的方法来克服这些抑制因素带来的负面影响。

一、革新的动力与阻力

组织变革的动力，就是指发动、赞成和支持变革并努力去实施变革的驱动力。总的来说，组织变革的动力来源于人们对变革的必要性及变革所能带来好处的认识。从组织变革的实践看，促使组织变革的动力主要来自组织内部和外部两个方面。

（一）组织革新的动力

影响组织革新的内部因素主要有：

1. 管理技术条件的改变；

2. 管理人员的调整与管理水平的提高；

3. 组织运行政策与目标的改变；

4. 组织规模的扩张与业务的迅速发展；

5. 组织内部运行机制的优化；

6. 组织成员对工作的期望与个人价值观念的变化；

7. 各层次管理者（尤其是高层管理者）居安思危的忧患意识和开拓进取的创新意识；

8. 变革可能带来的权力和利益关系的有利变化，以及能鼓励革新、接受风险、赞赏失败并容忍变化、模糊和冲突的开放型组织文化；

9. 组织本身存在的缺陷和问题。

引发组织变革的外部力量主要有以下几个方面因素：

1. 科学技术的进步；

2. 国家有关法律、法规的颁布与修订；

3. 国家宏观经济调控手段的改变；

4. 国家产业政策的调整与产业结构的优化；

5. 国内外经济形势的变化；

6. 国内政治形势及政治制度的变化；

7. 国际外交形势及本国外交政策的变化；

8. 国内外市场需求的变化与市场竞争激烈程度的加剧。

以上这些因素都可能会影响到组织目标、组织结构及组织权力系统等的调整和修正，形成变革的推动力量，引发变革的动机、欲望和行为，从而引起组织的变革，这种变革往往是全面而深刻的。

（二）组织革新的阻力

组织变革中的阻力是指人们反对变革、阻挠变革甚至对抗变革的制约力。组织变革意味着打破原有状态，建立新的组织状态。面对变革，组织中的一些人必须放弃自己原有的观念和行为方式，以适应新的方式。因此，组织变革不可能一帆风顺，势必遇到来自各个方面的阻力。充分认识这些阻力，并设法排除阻力是保证组织变革取得成功的基本条件。

这种抵制和反对的原因一般来自对于不确定性的恐惧，对于可能失去个人利益的恐惧，不认为革新符合组织的利益。余世维博士认为，产生变革阻力的原因是员工对变革的后果不确定，是对自己的一种威胁；在个人利益和整体利益上难以取舍；对变革的发动者缺乏信心。

事实上，制约组织变革的力量可能来源于个体、群体，也可能来自组织本身甚至外部环境。组织变革阻力的主要来源：

1. 个体和群体方面的阻力。主要包括：个人惯性。人类是有习惯的动物，为了应对各种复杂情况，人们往往依赖于习惯和模式化的反应。而革新则要求组织成员改善落后的知识结构，更新管理观念，调整已经习惯了的工作方式等。这种改变意味着原有的平衡系统被打破，因此组织成员有理由拒绝革新。安全心理。革新通常是用模糊或不太确定的未来代替现在的状态，这意味着要承担一定的风险，从而使员工产生不安全感，造成心理上的革新阻力。经济利益。变革从某种意义上讲是利益上的调整，如机构的撤并、管理层级的扁平等都有可能使某些组织成员失去原有的地位、权力与利益，从而引发抵制；非正式组织成员要求一致的压力，也有可能成为变革的障碍因素。

2. 组织的阻力：

组织的惯性。随着组织年龄的增长，组织往往有保持其稳定性的倾向，这将促使其反对变革，使组织产生一种惯性。组织中的绝大多数人都是在昨天的组织中成长起来的，他们的态度、期望和价值观都是在早期形成的。他们一般倾向于用昨天的经验指导今天的工作，把组织以前所发生的事看作是常规,对任何一种不合"常规"的事都会持强烈的拒绝态度。这种变革阻力严重制约着组织的变革。

组织的保守倾向。国外学者对组织寿命周期研究表明:由于组织年龄的增长,组织内部建立起来制度化的规则就越多,这些规则约束了组织对环境的反应、限制了组织变革。而且,随着组织年龄的增长,组织中具有创新精神的管理者将会被具有保守倾向的管理人员所取代,使组织逐渐失去其创新型人才。因此,组织会变得越来越保守。组织变革将使已知的东西变成模糊不清并具有不确定性,导致变革风险。组织中的人都有理性避险的倾向,从而与组织变革发生抵触。

对变革和变革者缺乏有效的保护,也会造成普遍的组织惰性。组织变革本身是一种社会发明,尤其是那些解决组织管理中的一般性问题的组织变革更是如此。但是,组织变革从来没有像技术创新那样得到严格的保护,是一种没有专利权的社会发明。一项组织创新成果可以被其他组织无偿使用,这使组织失去了创新的动力。

外部环境的阻力。主要来自外部各种类型的公众、资源、竞争对手,甚至某些客户的惰性和对不确定的观望与茫然。

(三)组织变革阻力的管理对策

恰当判定、认识革新的动力和阻力,是对保证革新成功的重要前提。力场分析是常用于识别某一特定的革新活动的动力与阻力的一种工具。力场分析的方法是由勒温提出的。在贯彻变革的过程中,如果遇到阻力,可以用力场分析的方法去分析组织中支持变革和反对变革的所有因素,采用图示方法进行排队、分析,比较其强弱,然后采取措施。通过增强支持因素和削弱反对因素的办法,推行变革。

改变组织变革力量及其对比的策略有三类:一是增强或增加驱动力,二是减少或减弱阻力,三是同时增强动力与减少阻力。彼得·圣吉指出,强化革新促进因素的可以从以下三个方面入手:

1. 把革新活动和个人的努力结合起来,使革新活动和个人的成就、利益相一致;

2. 建立一个有责任心的员工组成的网络,彼此联系互相帮助;

3. 不断改善组织的业绩。

深层次的变革要求投入时间精力和各种资源,而所有成功的重大变革活动都具有以下特点:与实际工作目标和过程紧密相连;与不断改善组织业绩紧密相连;实现目标的决策行动人的积极参与;在行动与反思之间保持平衡,一面咨询,一面实验;给人们充分时间进行思考和反思,不要迫使人们匆忙做出决定;提高人们系统思考和解决问题的能力;把重点放在提高学习能力上,特别是组织整体的学习能力。

减小组织变革阻力的方法:

美国管理学家威尔顿(Goodwin Walton)认为,一个组织如果能采取以下12种方法,则可以减少变革的阻力。

1. 让有关人员参与变革的计划，使其认为此变革的方案是他们自己提出来的；

2. 设法使变革方案得到高层管理者的全力支持；

3. 使参与变革者认为此变革将减少而不是增加他们的负担；

4. 使变革计划所依据的价值观念和理性准则为参与变革者所熟悉和理解；

5. 使变革计划所提供的新经验为变革的参与者感兴趣；

6. 变革计划能使参与变革者感觉到他们的自主权与安全没有受到威胁；

7. 让参与变革者能参与共同的组织诊断，以使他们同意变革的基本问题，并感受其重要性；

8. 让参与变革者一对一地决定变革的计划；

9. 使变革的赞成者与反对者增进交流，了解反对的正当理由，并设法减轻其不必要的恐惧；

10. 认识到创新可能被误解，同时做好变革计划的信息反馈与宣传解释工作；

11. 使参与变革者之间彼此相互接受、相互信任和相互支持；

12. 公开地讨论变革计划，则此种变革有望成功进行。

美国管理学家朱兰在《管理突破》一书中，总结了处理文化阻力的一些措施。他认为，这些规则同样适用于其他各种组织克服变革阻力：(1)使受到变革影响的人们参与变革的计划和实施；(2)为人们接受变革提供足够的时间；(3)从小规模的试点开始；(4)避免突然；(5)选择适当的时机，变革方案应当避免超负荷；(6)做好领导者的工作；(7)尊重人们的尊严；(8)站在对方的位置考虑问题；(9)直接与阻力打交道，包括劝说、提供补偿以换取支持、修改方案、改变氛围等。

美国著名管理学家斯蒂芬·P. 罗宾斯总结了各位学者的观点，概括出六种应对变革阻力的管理策略。

表 11 - 4 - 1　　　　　　　　用以减少阻力的六种管理策略

教育与沟通
- 与员工们沟通，帮助他们了解变革的缘由
- 通过个别会谈、备忘录、小组讨论或报告会等教育员工
- 这种策略适合在变革阻力来源于不良沟通或误解时使用
- 要求劳资双方相互信任和相互信赖

参与
- 吸收持反对意见者参与决策
- 假定参与者能以其专长为决策做出有益的贡献
- 参与能降低阻力、取得支持，同时提高变革决策的质量

促进与支持
- 提供一系列支持性措施，如员工心理咨询和治疗、新技能

培训以及短期的带薪休假等

·需要时间，花费也较大

谈判

·以某种有价值的东西来换取阻力的减少

·在阻力来自少数有影响力的人物时是必要的措施

·潜在的高成本，并可能面临其他变革反对者的勒索

操纵与合作

·操纵是将努力转换到施加影响上，如有意扭曲某些事实、
隐瞒具有破坏性的消息，制造不真实的谣言

·合作是介于操纵和参与之间的一种形式

·使用成本降低，也便于争取反对派的支持

·要是欺骗或利用的意图被察觉，易适得其反

强制

·直接使用威胁或强制手段

·取得支持的花费低，也较容易

·可能是不合法的，即便合法的强制也容易被看成是一种暴力

——

可以看出，减少变革阻力的一个重要方法是让有关人员共同参与变革的计划执行。有关专家的实践表明，全面参与或部分参与远比不让成员参与好。变革自始至终都要有群众基础，因此，要减少变革的阻力，就应该与有关的人员公开讨论变革的内容与执行方式，以减少他们内心的恐惧与不安，以利于变革的顺利推进与实施。

二、企业变革需要打破的九大惯性思维

余世维博士在总结了革新成功的经验与失败的教训后，总结出成功的变革必须要打破九大惯性思维：

1. 流程改造集中在缩短时间上 。流程改造不仅是缩短时间，还要考虑重新设计系统与制度，甚至必要的时候系统应全部重新设计。

2. 出了事情再变革。在不需要改变的时间，逐步改变，反弹会小，代价也较少。

3. 变革是没有限制因素的。尽量减少束缚我们想法、做法、判断能力的限制因素。

4. 组织越来越大、品类越来越多、规模越来越广。实际上，组织层级可以上下压缩，品类部门可以压缩，规模产量可以集中压缩。

5. 只要底下的人建议就可以变革了。"变革活动的3/4都与领导而不是管理有关"，科特说，除非领导人愿意，否则变革成功的希望一定不大。

6. 以为"满足顾客需要"是企业单方努力的事情。要找出和满足顾客的需求，就请顾客参与设计、参与讨论、参加实验。超越顾客的期望，才会更好。

7. "顾客优先"只是一句口号。养成顾客优先的习惯，就是公司的每一层都要让顾客优先，公司做什么事情都要顾客优先。

8. 面对顾客的额外需求，业务员要请示公司。"在面对顾客时，业务员应具有董事长的权力"，摩托罗拉前总裁 Robert Galvin 说道。

9. 认为员工只要有能力会做东西就行。都认为有能力会做东西就可以了，其实有良知、有道德更重要，提倡"品德管理"（Ethical Management）。

三、领导者在革新中的作用

传统的观念认为，领导即主管，是"英雄"，是"救星"，有远见卓识和彻底改造组织的能力，变革和创新只须依靠这些人即可实现。彼得·圣吉指出，迷信"英雄型"领导会给并且已经给组织带来困难，并使组织为寻找"救世主"付出了惨重的代价。革新成功归根结底依靠的是组织集体的创新能力与热情。领导真正的含义是"创造性的张力"，是具备带领团队塑造美好未来的一种能力。领导者是设计师、指挥者，更是不断学习、一心为组织发展服务的开拓者。

但是，无庸讳言，领导者在革新中的作用无疑是至关重要的。但发挥领导作用的方式却有许多种。一种是具有超凡的个人魅力的领导者，这种领导者一般具有比较外向的个性，通常表现出高度的自信和热情，常常会强烈主张引人入胜的组织愿景，并冒极大的个人风险支持其远景。他们的个人魅力更容易激发组织成员的热情，唤起组织成员强烈的群体感和团队精神，从而领导革新走向成功。还有一种领导者，尽管从个性上不如前一类领导者那样醒目，但他们可能会对革新施加更为深远的影响。这类领导者能够持之以恒地关注问题的重点，并善于用恰当的办法处理问题。

要使革新顺利进行并取得成功，革新的推动者就必须充满自信，同时还必须有足够的谦逊听取组织成员的意见；他们必须有远景、战略和指导原则，但也必须注重实效；他们必须能够最大限度地建立"统一战线"，而不能让很多人"边缘化"；他们必须有耐性，但也需要快速而果断的行动。尤其是高层管理者，他们清楚自己的使命在于对整个组织及其未来负责，但又必须认识到凡事"事必躬亲"并非美德。

四、营造促进革新的组织文化

文化是一种极具深远意义的影响力。如果一个人改善自己的专业能力，组织会产生1倍的效果；如果一个部门愿意改造流程，组织会产生10倍的效果；但是，如果整个组织改造自己的文化，就会有 100 倍的效果。

组织成功革新有赖于员工对组织发展战略的认同、共识，有赖于员工共同的奋斗目标和对待工作的共同价值观，有赖于员工个人愿望与组织发展目标的一致性。一句话，要靠组织文化与群体共识。因此，组织要重视文化建设，找到共同的价值观，并内化为组织成员的思想和行动，经过不断的强化和坚持，最后才能扩散到组织的各个部门、各个角落，细化到组织的每一个环节，实现组织成员行为的改变，从而确保组织成功的变革与创新，以提高组织绩效、实现组织目标，求得组织的长期生存与发展。

讨论题：

1. 联想集团在成长过程中采用了哪几种组织结构？

2. 联想集团进行了哪几次组织变革，为什么要进行这样的组织变革？

本模块重要概念：

创新　变革　创新的过程

本模块小结：

组织、领导和控制职能是保证计划目标实现所不可缺少的。从某种意义上说，它们同属于管理的"维持"职能，其任务是保证系统按预定的方向和规则运行。但是，组织管理是在动态环境中求得生存与发展，仅有维持是不够的，还必须不断调整系统活动的内容与目标，以适应环境变化的要求——这就是经常被人们忽视管理的变革与创新职能。本章旨在分析变革、创新的类型、内容及过程，以揭示变革与创新的规律，指导变革与创新职能的履行。

练习与实训：

1. 变革与创新的规律？

2. 在企业管理中如何进行管理创新以适应环境变化的要求？

3. 选取当地一家熟悉的企业，了解企业的管理创新，撰写企业为什么要进行管理创新的报告。